Medienkompetenz

Digitale Medien verstehen – erstellen – einsetzen

Peter Bühler
Patrick Schlaich

Holland+Josenhans
Handwerk und Technik

1. Auflage 2016

Dieses Werk folgt der reformierten Rechtschreibung und Zeichensetzung.

Dieses Buch ist auf Papier gedruckt, das aus 100 % chlorfrei gebleichten Faserstoffen hergestellt wurde.

Verlag Holland + Josenhans GmbH & Co. KG, Postfach 10 23 52, 70019 Stuttgart, Tel. 0711/6143915,
Fax: 0711/6143922, E-Mail: info@handwerk-technik.de, Internet: www.handwerk-technik.de

Umschlagfoto: Fotolia Deutschlang, Berlin, © www.fotolia.de (vege)
Satz: Peter Bühler, Patrick Schlaich
Druck und Weiterverarbeitung: M. P. Media-Print Informationstechnologie GmbH, 33100 Paderborn

ISBN 978-3-7782-6058-6

Vorwort

Medienkompetenz – ein im Bildungssektor vielbenutztes Schlagwort dieser Zeit. Doch was heißt eigentlich Medienkompetenz? Welche Teilkompetenzen gehören dazu? Wie können Sie Ihre Medienkompetenz in puncto digitale Medien erweitern?

Fragen, auf die wir in diesem Buch Antworten geben. Dabei verfolgen wir das Ziel, die Metaebene so schnell wie möglich zu verlassen, um zur konkreten (schul-)praktischen Anwendung zu kommen. Denn oft sind es Kleinigkeiten, an denen Lehrkräfte beim Einsatz digitaler Medien im Unterricht scheitern: ein fehlender Adapter, die falsche Beamerauflösung oder eine in den Tiefen des Betriebssystems verschwundene Datei. In kleinen Workshops zeigen wir Ihnen Schritt-für-Schritt, wie Sie derartige Stolpersteine aus dem Weg räumen können.

Neben dieser technischen Dimension legen wir einen zweiten Fokus auf die gestalterische Dimension der Medienkompetenz. Aus der Wahrnehmungspsychologie kennen wir viele Regeln, deren Kenntnis und Einhaltung erforderlich sind, um einen optimalen Kommunikationsprozess, bei dem das digitale Medium als Übermittler von Information dient, zu gewährleisten. Dies fängt bei der Auswahl geeigneter Schriften, Schriftgrößen und Farben an und mündet in Fragen nach der optimalen Bedienbarkeit (Usability) digitaler Medienprodukte.

In Lehr-Lern-Prozessen von zentraler Bedeutung ist schließlich die pädagogisch-didaktische Dimension der Medienkompetenz. Sie fragt danach, ob die Auswahl eines bestimmten Mediums dadurch gerechtfertigt ist, dass sich hierdurch ein effektiver Mehrwert für Schülerinnen und Schüler ergibt. Ist dieser Mehrwert nicht erkennbar, dann ist der Medieneinsatz nicht erforderlich. Medien, auch digitale Medien, dürfen niemals Selbstzweck sein, sondern müssen Werkzeuge bleiben, die unter fachdidaktischen Aspekten zu einer Verbesserung der Unterrichtsqualität beitragen können.

Wir sind sicher, dass es Ihnen gelingen wird, einen Zugang zu digitalen Medien zu bekommen und damit Ihre eigene Medienkompetenz zu erweitern. Und Sie werden sehen – der Einsatz digitaler Medien im Unterricht macht richtig Spaß!

Stuttgart, im Frühjahr 2016
Peter Bühler
Patrick Schlaich

Inhaltsverzeichnis

Medien einsetzen   195

How to use

In diesem Kapitel geben wir Ihnen eine Übersicht über die Buchstruktur (Was finde ich wo?) sowie Hinweise zur Nutzung des Buchs. Dabei unterscheiden wir zwischen der Printversion und der digitalen Version (E-Book).

Buchstruktur

Das Buch bzw. E-Book gliedert sich in drei Hauptkapitel:

Medien verstehen

Im ersten Teil definieren wir den Begriff *Medienkompetenz* und gehen auf die mit diesem Begriff verbundene pädagogische, didaktische, technische und gestalterische Dimension ein (▶ SEITE 18).

Das didaktische Potenzial, mögliche Stolpersteine und Einsatzmöglichkeiten der digitalen Medien Dokumentenkamera, interaktives Whiteboard, Tablets und Smartphones finden Sie in kompakter tabellarischer Form ab ▶ SEITE 26.

Im letzten Teil dieses Kapitels gehen wir ab ▶ SEITE 34 auf die medienrechtlichen Grundlagen ein, die Sie für den Umgang mit Texten, Fotos, Grafiken, Videos und Sounds benötigen. Das Internet bietet einen unerschöpflichen Fundus, doch nur wer die Nutzungsrechte und Lizenzmodelle kennt, bewegt sich im rechtssicheren Raum.

Medien erstellen

Im ersten Praxisteil erlernen Sie ab ▶ SEITE 53 mit Hilfe von Schritt-für-Schritt-Anleitungen, wie Sie am Laptop oder mit Ihrem Tablet bzw. Smartphone Texte, Fotos, Grafiken sowie Sound und Video erstellen, bearbeiten und im korrekten Format speichern, um diese im nächsten Schritt für eine Präsentation oder für ein interaktives Tafelbild zu verwenden.

Da Sie auf Ihrem Laptop mit Windows oder Mac OS arbeiten, bei Tablets und Smartphones die Betriebssysteme Android oder iOS überwiegen, ist die Kenntnis des Datei- und Datenhandlings der Betriebssysteme unerlässlich, damit Sie Ihre Dateien von Gerät A auf B übertragen können und dort auch wiederfinden. Dabei spielen auch Cloud-Dienste wie Dropbox oder iCloud eine wichtige Rolle.

Die in diesem Buch beschriebene Software und mobile Software (Apps) wurde nach zwei Kriterien ausgewählt: Erstens soll sie möglichst kostenfrei sein. Zweitens soll die Software möglichst für alle Betriebssysteme verfügbar sein, so dass Sie z. B. wahlweise mit einem iPad oder mit einem Android-Tablet arbeiten können. Die Erfüllung dieser Forderung erscheint uns wichtig, da der Geräteeinsatz in der Schullandschaft sehr heterogen ist.

Medien einsetzen

Im zweiten Praxisteil geht es um den Einsatz digitaler Medien im Unterricht. Häufig erleben wir bei Unterrichtsbesuchen, dass das vorhandene IWB (interaktive Whiteboard) allenfalls als Beamer verwendet oder die Dokumentenkamera ausgeschaltet bleibt und stattdessen der „olle" OH-Projektor zum Einsatz kommt.

Dabei ist das Handling digitaler Medien erlernbar und ihr möglicher Nutzen und Mehrwert für den Unterricht kann groß sein. Hierbei gilt es in erster Linie, die anfängliche Scheu vor der vermeintlich komplizierten Technik zu überwinden und sich an die Geräte zu trauen. Das hierzu erforderliche technische Grundverständnis möchten wir Ihnen – ebenfalls Step-by-Step – vermitteln. Um alles in Ruhe ausprobieren und testen zu können, werden Sie nicht umhin kommen, einige Stunden außerhalb des Unterrichts in der Schule zu verbringen.

In diesem Buch ist es nicht leistbar, die *fach*didaktische Dimension der digitalen Medien für einzelne Fächer zu beschreiben. Für die Mathematik ergeben sich andere Möglichkeiten als für Englisch, für Betriebswirtschaftslehre andere als für Elektrotechnik. Wir haben versucht, zentrale Anwendungsmöglichkeiten zu beschreiben, die Sie dazu inspirieren sollen, diese Ideen für Ihr eigenes Fach, idealerweise in Zusammenarbeit mit der jeweiligen Fachschaft, weiterzuentwickeln.

Medienmatrix

Auf den nächsten beiden Seiten finden Sie eine Matrix, der Sie entnehmen können, welche Medien in den jeweiligen Kapiteln beschrieben werden. Wenn Sie sich beispielsweise für die Einsatzmöglichkeiten von interaktiven Whiteboards interessieren, dann sehen Sie in dieser Spalte auf einen Blick, in welchen Kapitel hiervon die Rede ist.

TIPP Im E-Book können Sie die Seitenzahlen anklicken oder mit dem Finger antippen, um zu diesem Kapitel zu gelangen.

MEDIEN ERSTELLEN	📱	📱	💻	🌐	SEITE
DATEIVERWALTUNG					
Apps	●	●			56
Dateien lokal verwalten	●	●			59
Dateien in der Cloud verwalten	●	●		●	61
Dateien übertragen	●	●	●		66
Dateien drucken	●	●			69
Moodle Mobile	●	●		●	71
TEXT					
Texte verarbeiten	●	●			73
Schrift und Layout	●	●	●		75
FARBE					
Farbharmonie als Gleichklang	●	●	●		80
Farbharmonie als Kontrast	●	●	●		82
FOTOS					
Einfach mal fotografieren	●	●			85
Fotos verwalten	●	●			88
Grundlagen der Bildgestaltung beachten	●	●	●		91
Fotos bearbeiten	●	●	●		96
Screenshots erstellen und verwalten	●	●			105
GRAFIK					
Selbst zeichnen	●	●			107
Zeichnen mit vorgegebenen Elementen	●	●			109
Diagramme lokal erstellen	●	●			112
Diagramme online erstellen	●	●		●	115
VIDEO					
Video verstehen	●	●	●		119
Video schauen	●	●	●		125
Video aufnehmen	●	●			129
Video bearbeiten	●	●			132
SOUND					
Eigene Aufnahmen machen	●	●			139
Podcasts einsetzen	●	●		●	145
INTERAKTIVE TAFELBILDER					
Open-Sankoré installieren			●		151
Interaktive Tafelbilder erstellen			●		154
Dokumente verwalten			●		162

Buch oder E-Book?

Dieses Buch ist so konzipiert, dass Sie es wahlweise in gedruckter Form oder als E-Book, z. B. auf Ihrem Tablet, nutzen können. Das Format wurde so gewählt, dass eine komplette Seite auf allen gängigen Tablets lesbar ist. Auf linke und rechte Seiten, wie bei gedruckten Büchern üblich, wurde verzichtet. Zahlreiche Links erleichtern die schnelle Navigation im E-Book. Für die Nutzung des E-Books benötigen Sie eine Software bzw. App, die interaktive PDFs darstellen kann. Wir stellen die App *Adobe Acrobat Reader* ab ▶ SEITE 224 vor.

Es stellt sich die Frage, weshalb es überhaupt eine gedruckte Version gibt. Die Antwort darauf ist, dass viele Menschen, übrigens auch viele Jugendliche, immer noch bevorzugt in gedruckten Büchern lesen. Sie können blättern, sich Notizen machen, Lesezeichen einlegen und das Buch aufgeschlagen neben den Computer legen.

Hauptkapitel

In der Kopfzeile sehen Sie die Hauptkapitel des Buches. Sie sind im E-Book als Buttons gestaltet, so dass Sie sie anklicken oder antippen können, um zum jeweiligen Kapitel zu gelangen. Das Kapitel in dem Sie sich aktuell befinden, ist optisch hervorgehoben, so dass die Kopfzeile im gedruckten Buch zumindest diese informierende Funktion besitzt.

Textlinks

Ein wesentlicher Vorteil digitaler Bücher besteht in der Möglichkeit, über Links auf einfache Weise zur verlinkten Seite gelangen zu können. Im E-Book werden diese Links einfach angeklickt oder mit dem Finger angetippt.

Damit Ihnen diese Links auch in der Druckversion von Nutzen sind, haben wir sie farbig gekennzeichnet und schreiben wo nötig die Seitenzahl hinzu. In diesem Buch unterscheiden wir vier Arten von Links:

▶ SEITE 18 — Link zu einem anderen Kapitel. Für die Printversion ist die Seitenzahl angegeben.

▶ INFOBOX AUF SEITE 93 — Link zu einer Infobox im roten Kasten. In dieser finden Sie wichtige Informationen zum jeweiligen Kapitel. Für die Printversion ist die Seitenzahl angegeben.

▶ TETHERING — Link zum angegebenen Begriff im Glossar. In der Printversion blättern Sie ins Glossar am Buchende.

▶ WWW.APPLE.COM/DE — Link auf eine externe Website, z. B. zur verwendeten Software. Die angegebene Adresse kann alternativ im Browser eingetippt werden.

Hard- und Software

Hardware und Betriebssysteme

Der Markt an digitalen Geräten ist nahezu unüberschaubar. In einem Buch wie diesem kann es nicht gelingen, auf die Spezifika einzelner Marken und Modelle einzugehen. Wir begrenzen uns deshalb einerseits auf *Gerätekategorien*, also Smartphones, Tablets, Laptops usw., und andererseits auf die gebräuchlichsten *Betriebssysteme*.

Win Microsoft ist im Bereich der Laptops und Desktop-PCs Marktführer. Die derzeit wichtigsten Betriebssysteme sind Windows 7, 8.1 und – seit 2015 – Windows 10. Im Bereich der mobilen Geräte spielt Windows momentan fast keine Rolle ▶ **SEITE 23**. Ob sich dies mit Windows 10 ändern wird, bleibt abzuwarten.

iOS Das Apple-Betriebssystem für Laptops und Desktop-PCs heißt Mac OS X, für seine mobilen Geräte (iPhones, iPads) hat Apple ein eigenes Betriebssystem namens iOS entwickelt. Obwohl Apple-Hardware relativ hochpreisig ist, haben diese Geräte aufgrund der intuitiven Bedienbarkeit und nicht zuletzt wegen ihres Designs eine große Fangemeinde.

Das Betriebssystem Android von Google spielt nur im Bereich der mobilen Endgeräte eine Rolle, hat hier aber einen hohen Marktanteil . Es gibt etliche Android-Versionen, die alle nach Süßigkeiten benannt sind, z. B. Jelly Bean, KitKat, Lollipop. Android ist – im Unterschied zu Apple und Windows – ein offenes Betriebssystem, das von allen Geräteherstellern verwendet werden darf. Demzufolge werden Android-Geräte von vielen Firmen (Samsung, HTC, Sony, LG u. a.) in jeder Preiskategorie angeboten.

Zur besseren Orientierung im Buch bzw. E-Book finden Sie in der linken Spalte Grafiken, die Ihnen die Gerätekategorie sowie das zugehörige Betriebssystem illustrieren:

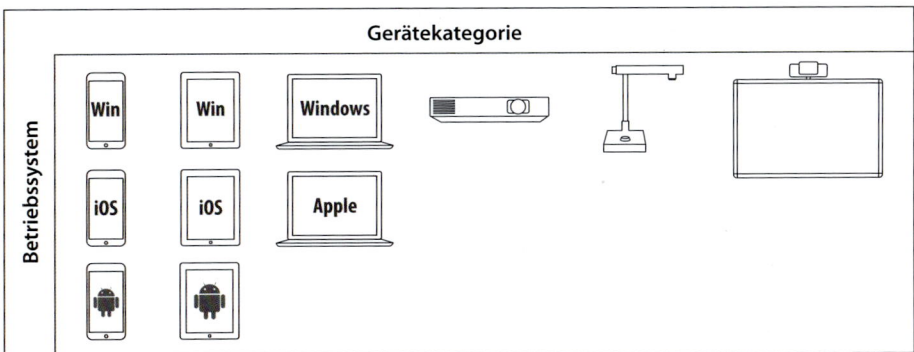

Zusammenhang zwischen Gerätekategorien und gebräuchlichen Betriebssystemen

Software und Apps

Ähnlich wie mit der Hardware verhält es sich mit der Software bzw. mit Apps: Das Angebot ist riesig und wächst ständig. Im Unterschied zur Hardware gibt es zahlreiche Produkte, die durch jedermann frei nutzbar sind (▶ OPEN SOURCE). Dies ist insbesondere für den Schulbereich von Bedeutung, da Sie diese Software/Apps Ihren Schülerinnen und Schülern zur Nutzung empfehlen können.

Unser Bestreben war es, wenn möglich kostenfreie Software zu beschreiben. In einzelnen Fällen ist dies nicht gelungen, weil es Software wie z.B. PowerPoint gibt, die sich zum Quasi-Standard entwickelt hat und die deshalb in den meisten Schulen eingesetzt wird.

Auch im Bereich der Apps gibt es Produkte, die zwar ein paar Euro kosten, aber dafür sehr leistungsfähig sind. Für Schulen sind hier insbesondere Volumenlizenzen von Interesse, die eine flexible und kostengünstige Nutzung für Lehrkräfte und Schüler ermöglichen. Apple bietet ein derartiges Lizenzprogramm an.

Damit Sie Ihr Laptop, Smartphone und/oder Tablet vorbereiten können, finden Sie hier eine Zusammenstellung der in diesem Buch verwendeten Software mit Internetlinks, unter denen Sie diese erwerben bzw. herunterladen können.

SOFTWARE	Win	Apple	€	LINK
PDF-READER				
Adobe Acrobat Reader	●	●	–	GET.ADOBE.COM/DE/READER
CLOUD-SPEICHER				
Dropbox	●	●	–	WWW.DROPBOX.COM
Google Drive	●	●	–	DRIVE.GOOGLE.COM
BILDBEARBEITUNG				
Irfanview	⊖	⊖	–	WWW.IRFANVIEW.COM
ShiftN	●		–	WWW.SHIFTN.DE
INTERAKTIVE TAFEL				
Open-Sankoré	●	(●)	–	OPEN-SANKORE.ORG/DE
PRÄSENTATION				
PowerPoint	●	●	80,–*)	diverse Anbieter
Keynote		●	–	vorinstalliert

* Zirkapreis für komplettes Office-Paket (Volumenlizenzen zu günstigeren Konditionen sind erhältlich)

Die Installation der Apps erfolgt direkt aus dem jeweiligen App-Store. Informationen zur Vorgehensweise finden Sie ab ▶ SEITE 56.

APPS	iOS	Android	Win	€	HINWEIS
PDF-READER					
Adobe Acrobat Reader	●	●	●	–	
CLOUD-SPEICHER					
Dropbox	●	●	●	–	
Google Drive	●	●		–	
Moodle Mobile	●	●		–	
TEXT					
WPS Office	●	●		–	
FOTOS					
Kamera	●	●	●	–	bereits vorinstalliert
Fotos	●	●	●	–	bereits vorinstalliert
Snapseed	●	●		–	
GRAFIK					
Grafio	●			–	
Excel	●	●	●	–	Anmeldung erforderlich
Numbers	●			–	bereits vorinstalliert
VIDEO					
Kamera	●	●	●	–	bereits vorinstalliert
iMovie	●			–	
Podcasts	●			–	
Podcast Republic		●		–	
SOUND					
WavePad	●	●		–	
Podcasts	●			–	
Podcast Republic		●		–	
TABLET ALS INTERAKTIVE TAFEL					
Explain Everything	●	●	●	4,–	
PRÄSENTATION					
PowerPoint	●	●	●	–	Anmeldung erforderlich
Keynote	●			–	bereits vorinstalliert
WPS Office	●	●		–	

Medien verstehen

1.1 Medienkompetenz

Was heißt Medienkompetenz? Eine simple Frage – deren Beantwortung jedoch scheint schwierig. So listet Gapski[1] über Hundert unterschiedliche Definitionen von Medienkompetenz auf, die vermutlich alle irgendwie berechtigt sind. Zur Klärung des Begriffs kann diese Sammlung jedoch nur bedingt beitragen.

1.1.1 Begriffsbestimmung

Woher kommt diese fast schon babylonische Sprachverwirrung? Der Grund hierfür dürfte sein, dass Medienkompetenz zwei Begriffe zusammenfasst, die ihrerseits mehrdeutig und schwer zu fassen sind. So hängt es vom Kontext ab, was wir unter *Medien* verstehen:

» Als Medien oder auch Massenmedien bezeichnen wir *Kommunikationsmittel* zur Verbreitung von Informationen in der Öffentlichkeit. Dies sind neben den Printmedien Zeitung, Zeitschrift, Plakate usw. die elektronischen Medien Radio, Fernsehen und Internet.

» Im schulischen Kontext sprechen wir ebenfalls von Medien, meinen aber Informationsträger, die im Unterricht eingesetzt werden. Bei diesen *Unterrichtsmedien* wird zwischen analogen Medien Tafel, OH-Projektor, Pinnwand usw. und digitalen Medien Beamer, Computer, Tablets, interaktiven Whiteboards usw. unterschieden.

» Im Zusammenhang mit *Multimedia* verstehen wir unter Medien die einzelnen, in der Regel digitalen Komponenten multimedialer Applikationen, nämlich Text, Bild, Grafik, Sound, Video und Animation.

Wenn wir über Medien sprechen, müssen wir also zunächst klären, *welchen Medienbegriff* wir meinen. Sicherlich ist Ihnen aufgefallen, dass wir auch in diesem Buch in doppelter Weise von Medien sprechen: Im Kapitel *Medien erstellen* beschäftigen wir uns mit der Erstellung und Bearbeitung der medialen Bestandteile multimedialer Endprodukte wie Präsentationen oder interaktiven Tafelbildern. Das Kapitel *Medien einsetzen* behandelt hingegen Einsatzmöglichkeiten digitaler Unterrichtsmedien.

Ebenso schwierig scheint die unmissverständliche Fassung des Kompetenzbegriffs im bildungstheoretischen Kontext. Dies erscheint umso

---

1 Harald Gapski: Medienkompetenz, Westdeutscher Verlag, 2001, S. 255ff

problematischer, als Lehrkräfte zunehmend mit Kompetenzorientierung, Kernkompetenzen und Kompetenzrastern konfrontiert werden und die dort formulierten Kompetenzen ihren Schülerinnen und Schülern vermitteln sollen.

Als umfassende und gut verständliche Definition von Kompetenz zitieren wir an dieser Stelle Weinert[2], der darunter *„die bei Individuen verfügbaren oder durch sie erlernbaren kognitiven Fähigkeiten und Fertigkeiten, um bestimmte Probleme zu lösen, sowie die damit verbundenen motivationalen, volitionalen und sozialen Bereitschaften und Fähigkeiten, um die Problemlösungen in variablen Situationen erfolgreich und verantwortungsvoll nutzen zu können"* versteht.

Sie erkennen, dass der Kompetenzbegriff demnach mehr umfasst als die bloße Befähigung, etwas tun zu können. Diese Befähigung ist zwar eine notwendige, aber noch keine hinreichende Voraussetzung für erfolgreiches Handeln, denn dieses setzt die Triebkraft (Motivation) voraus, diese Handlung auch tun zu wollen (Volition). Als Lehrkraft wissen Sie: Wenn Schülerinnen und Schüler nicht *wollen*, dann *kann* der Unterricht nicht zum angestrebten Lernerfolg führen.

Kommen wir auf die Eingangsfrage zurück, was unter Medienkompetenz zu verstehen sei. Begrenzen wir uns auf den schulischen Kontext und folgen der Definition von Weinert, dann verstehen wir darunter das erforderliche technische, gestalterische und rechtliche Knowhow sowie die Motivation und Absicht, (multi-)mediale Materialien zur Vorbereitung oder während des Unterrichts zu recherchieren oder neu zu erstellen und (digitale) Unterrichtsmedien unter pädagogisch-didaktischen Gesichtspunkten auszuwählen und in Lehr-Lern-Arrangements einzusetzen.

Der Einsatz digitaler Medien kann die Motivation und Lernbereitschaft der Schülerinnen und Schüler steigern und somit zu einer Verbesserung der Unterrichtsqualität beitragen. Medienkompetenz ist hierfür eine unabdingbare Voraussetzung. Im nächsten Abschnitt gehen wir auf die einzelnen Dimensionen ein, die für den Erwerb von Medienkompetenz erforderlich sind.

1.1.2 Dimensionen der Medienkompetenz

Die Erweiterung der eigenen Medienkompetenz ist kein leichtes Unterfangen, sondern setzt die Bereitschaft voraus, sich auf etwas Neues einzulassen,

---

2   Franz Weinert (Hrsg): Leistungsmessungen in Schulen, Weinheim und Basel, 2001, S. 27f

Risiken einzugehen und anfängliche Misserfolge wegzustecken. Diese Bereitschaft bringen Lehrkräfte mit: In einer 2014 durch BITKOM[3] durchgeführten Studie geben 95 % aller befragten Lehrkräfte (der Sekundarstufe I) an, dass sie der Nutzung elektronischer Medien „positiv" oder „eher positiv" gegenüberstehen[4]. Allerdings fordern die Lehrkräfte in besagter Studie ein besseres Qualifizierungsangebot (79 %), bessere Lernmaterialien (70 %), eine bessere technische Ausstattung der Schule (69 %) sowie bessere technische Betreuung (69 %)[5].

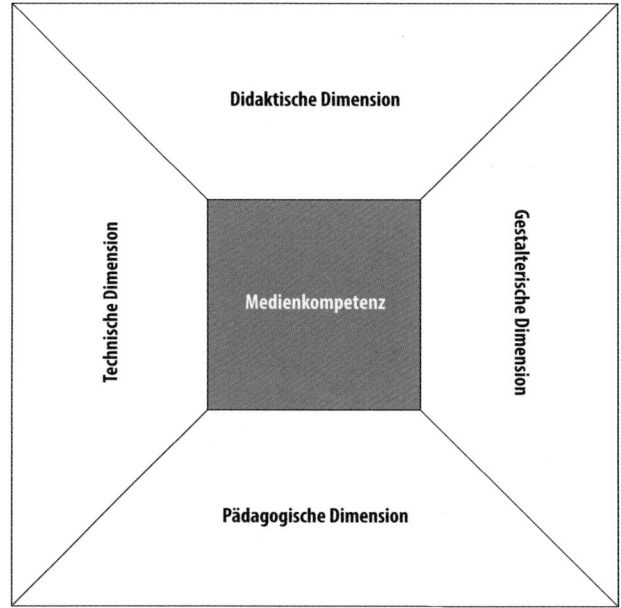

Dimensionen der Medienkompetenz

Pädagogische Dimension

Schule hat neben ihrem Bildungs- stets auch einen Erziehungsauftrag. So ist die Forderung nach Medienbildung untrennbar mit der Forderung nach Medienerziehung verbunden, die beispielsweise Fragen nach der kritischen Auseinandersetzung und dem verantwortungsbewussten Umgang mit Medien stellt. Die Thematik ist populär – die Positionen hierzu, wie so oft in der Pädagogik, kontrovers.

---

3   Bundesverband Informationswirtschaft, Telekommunikation und neue Medien e.V.
4   http://www.bitkom.org/files/documents/BTIKOM_Charts_PK_Digitale_Schule_07_05_2014.pdf, Folie 5 (abgerufen am 20.01.2015)
5   ebd., Folie 15

So fordern die einen ein kategorisches Mediennutzungsverbot in Schulen und befürchten angesichts des hohen Medienkonsums eine fortschreitende „digitale Demenz"[6]. Andere sehen digitale Medien als Allheilmittel gegen Schulmüdigkeit und -verweigerung.

Die Wahrheit liegt vermutlich dazwischen. Ob ein Handyverbot in der Schule dem Auftrag nach Medienerziehung gerecht wird, darf stark bezweifelt werden. Denn es gehört ja gerade zu den Kernaufgaben einer pädagogischen Institution, sich nicht nur mit den Chancen, sondern auch mit den Risiken und Gefahren der Medienrezeption auseinanderzusetzen und Kindern und Jugendlichen aufzuzeigen, dass es außer Facebook, WhatsApp und Co. noch andere Möglichkeiten gibt, sein Smartphone zu nutzen. Verbote erscheinen uns hier kontraproduktiv.

Umgekehrt ist aber auch fragwürdig, ob der Hype berechtigt ist, den viele (Medien-)Pädagogen und auch Bildungspolitiker um den Einsatz digitaler Medien im Unterricht machen. Digitale Medien machen per se noch keinen besseren Unterricht aus. Ihr pädagogisch-didaktisch reflektierter Einbezug in Lehr-/Lernprozesse *kann* jedoch einen Beitrag dazu leisten, Schülerinnen und Schüler auf die Anforderungen einer mediatisierten Gesellschaft vorzubereiten.

Didaktische Dimension

Mediendidaktik wird in der Literatur häufig als Teildisziplin der Medienpädagogik betrachtet. Wir nehmen hier eine bewusste Trennung vor und fragen bei der Mediendidaktik gezielt nach dem *didaktischen Potenzial* digitaler Medien und ob sich hierdurch Lernvorgänge initiieren oder verbessern lassen. Wichtig dabei erscheint uns der Begriff des *Mehrwerts*: Ergibt sich durch den Einsatz eines digitalen Mediums ein effektiver Mehrwert oder lassen sich dieselben Resultate vielleicht sogar einfacher auf andere Weise erzielen?

Eine Frage, die nicht leicht zu beantworten ist und zu deren Beantwortung auch seitens der Wissenschaft noch kaum empirische Resultate vorliegen. Dennoch sind wir der Überzeugung, dass digitale Medien diesen Mehrwert durchaus bieten können. Denken Sie beispielsweise daran, dass Sie mit einem Smartphone letztlich das Inventar einer gesamten Medienbildstelle in Händen halten: Mikrofon, Videokamera, Digitalkamera, Satellitenempfänger, Lautsprecher, Taschenrechner, Mikrocomputer, Internetzugang uvm. Hätten Sie noch vor zehn Jahren gedacht, dass dies alles einmal in eine kleine Kiste passen wird?

---

6   Manfred Spitzer: Digitale Demenz, Droemer, 2012

Dies erklärt auch, weshalb alle, die ihre Lehrerausbildung vor zehn Jahren oder länger abgeschlossen haben, noch gar nicht die Gelegenheit haben *konnten*, sich mit diesem Thema auseinanderzusetzen. Das Thema ist noch so neu, dass Sie alle Pionierarbeit leisten können und müssen. Die Ausstattung der Schulen mit digitalen Medien schreitet voran, doch ist es damit nicht getan. Ohne didaktische Konzepte, ohne eine fundierte technische Einweisung und ohne mediengestalterische Kompetenz wird sich das erwähnte didaktische Potenzial dieser Geräte nicht entfalten lassen.

Technische Dimension

Die technische Dimension gibt es bei analogen Medien Tafel, Pinnwand und OH-Projektor nicht, und dies dürfte der Grund dafür sein, dass sich viele Lehrkräfte den Einsatz digitaler Medien nicht *zutrauen* oder diesem Einsatz nicht *vertrauen*. Denn auch bei Kolleginnen und Kollegen mit hoher technischer Affinität bleibt ein Restrisiko, dass ausgerechnet, wenn es darauf ankommt, das Internet nicht funktioniert, der Beamer kein Bild zeigt oder der Computer abstürzt. Selbst wenn man persönlich nichts dafür kann, wird dies als Blamage empfunden und die schöne Unterrichtsplanung ist dahin. Deshalb muss für diesen Fall ein Plan B in der Tasche sein, was den Aufwand beträchtlich erhöht. Viele Lehrerinnen und Lehrer, insbesondere, wenn sie sich in Ausbildung befinden und der Unterricht möglichst gut laufen soll, tendieren deshalb dazu, Plan B zu Plan A zu machen und auf den Einsatz digitaler Medien zu verzichten. Das ist verständlich, aber schade.

Der souveräne Umgang mit der Technik gehört deshalb zu den Kernaufgaben der Medien(aus-)bildung. Leider macht es uns die derzeitige Angebotsvielfalt an Hard- und Software nicht gerade leicht: An den Umgang mit Windows auf Laptops oder Desktop-PCs haben wir uns gewöhnt, auch wenn die ständigen Updates (Windows XP, Vista, 7, 8.1, 10 etc.) immer wieder eine Umgewöhnung erforderlich machen.

Bei Smartphones und Tablets spielt Windows derzeit (Stand: 2015) fast keine Rolle, hier haben die Betriebssysteme ▶ IOS (Apple) und ▶ ANDROID (Google) die Nase vorn (siehe Grafik auf der nächsten Seite). Nicht nur die Benutzeroberfläche, auch das Datei- und Programmhandling unterscheiden sich grundlegend und erfordern Einarbeitung.

Noch größere Herausforderungen stellt die unterschiedliche Hardware an uns: Tablet X über Dokumentenkamera Y mit Beamer Z zu verbinden, kann auch für Spezialisten zu einem Geduldsspiel werden. Die Administration und Wartung der Hardware stellt eine Zusatzbelastung für Lehrkräfte dar.

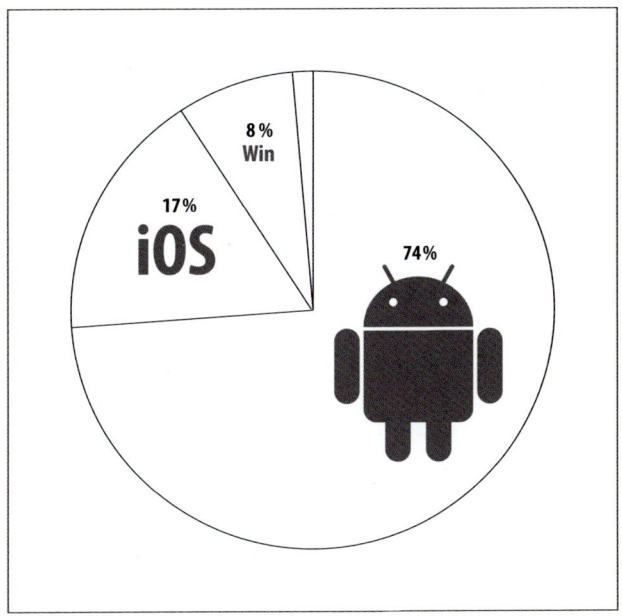

Betriebssysteme der mobilen Endgeräte in Deutschland , Stand: 09/15
Quelle: http://www.app-entwicklung.info (abgerufen am 21.03.2016)

Eine häufig gestellte Forderung lautet ▶ BYOD („bring your own device"). Vieles spricht dafür, die Verantwortung für ein Tablet in die Hand der Schülerinnen und Schüler zu legen, denn auf eigenen Besitz wird bekanntlich besser geachtet als auf fremdes Eigentum, und in Schulversuchen wurden damit gute Erfahrungen gemacht. BYOD wirft aber auch eine Reihe von Fragen auf, z. B. nach Lehr-/Lernmittelfreiheit oder nach Chancengleichheit für finanziell benachteiligte Schülerinnen und Schüler. Hier ist die Politik gefragt.

Im Bereich der interaktiven Whiteboards kämpfen etliche Hersteller um ein großes Stück vom prestigeträchtigen und lukrativen „Bildungsmarktkuchen". Jedes Board wird mit spezieller Boardsoftware ausgeliefert, deren Nutzung dann aber wiederum nur mit diesem Board möglich ist. Somit sind Unterrichtsvorbereitungen für ein Board X in einer Schule mit Board Y nicht verwendbar. Wir greifen deshalb in diesem Buch auf eine frei verfügbare Boardsoftware zurück, die zwar nicht ganz so ausgereift ist, dafür aber auf allen Boards funktioniert.

Es gibt zahlreiche weitere Forderungen an die Technik wie beispielsweise WLAN mit ausreichender Übertragungsgeschwindigkeit, Lizenzmodelle für mobile Software (Apps), sichere Datenspeicherung in Clouds. Wir gehen an dieser Stelle nicht näher darauf ein, weil es sich hierbei um Rahmenbedingungen handelt, die durch die Schulverwaltung geschaffen werden müssen. Trotz der vielen offenen Fragen wäre es schade, wenn Sie daraus den Schluss ziehen würden, dass auf digitale Technik besser zu verzichten sei. Als vor hundert Jahren die ersten Autos auf den Markt kamen, schien deren Nutzung ebenso kompliziert – heute fahren wir alle Auto. Es ist absehbar, dass sich Internet und digitale Technik immer stärker in alle Lebensbereiche integrieren wird, und wir damit in einigen Jahren ebenso selbstverständlich umgehen werden wie heute mit dem Auto.

Gestalterische Dimension

Im Ausbildungsberuf Mediengestalter/in erlernen die Auszubildenden die Konzeption, Gestaltung und Produktion von Printmedien und von digitalen Medien und benötigen hierfür drei Jahre.

Als Lehrkräfte stehen Sie, ohne dass Sie diese Ausbildung genossen haben, genau vor derselben Herausforderung: Ob Übungsblätter, Tafelbilder oder Präsentationen – Sie *planen, gestalten und produzieren* Medien. Mediengestaltung ist niemals beliebig, sondern unterliegt vielen Regeln, die z. B. aus der Wahrnehmungspsychologie kommen. Die Grafik illustriert das Gestaltgesetz der Geschlossenheit, das besagt, dass unser Gehirn bestrebt ist, Formen zu erkennen, die ihm bekannt sind: Wir sehen kein Dreieck, aber wir interpretieren das Gesehene als Dreieck. Dieser Vorgang läuft unbewusst ab, Medien-

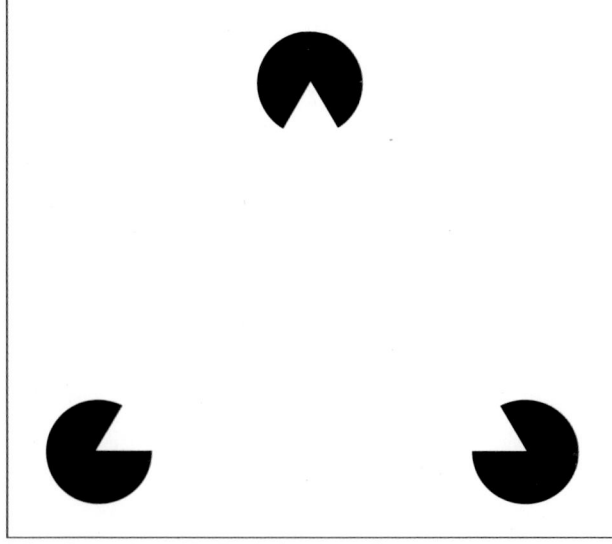

Sehen Sie ein Dreieck? – Es gibt kein Dreieck!

gestalter/innen müssen sich aber dieser Gesetzmäßigkeiten bewusst sein, um beispielsweise ein Layout so zu gestalten, dass zusammengehörende Informationen auch als solche wahrgenommen werden. Missachtung dieser Regeln werden den Betrachter irritieren und zu Fehlinterpretationen führen.

Neben der Wahrnehmung beschäftigen sich Mediengestalter/innen intensiv mit der nonverbalen, insbesondere mit der visuellen Kommunikation, die bei allen visuellen Medien eine zentrale Rolle spielt: Wie wirkt eine Schrift? Welche Stimmung ruft eine bestimmte Farbe hervor? Wie führe ich den Betrachter über eine Webseite? Beispielsweise lesen wir in unserem Kulturkreis von links nach rechts, so dass ein nach rechts zeigender Pfeil „vorwärts" bedeutet. Aufgrund der umgekehrten Leserichtung im Arabischen bedeutet derselbe Pfeil dort „rückwärts". In Europa steht die Farbe Schwarz für Trauer und Tod, in östlichen Kulturen ist dies die Farbe Weiß. Auch wenn wir in unserem Kulturkreis bleiben, gibt es viele Regeln, die bei der benutzerfreundlichen Gestaltung digitaler Medien Beachtung finden müssen. Der Fachbegriff hierfür lautet ▶ USABILITY.

Mediengestaltung schließt rechtliche Fragestellungen ein: Darf ich ein Foto verwenden? Zitiere ich richtig? Darf ich ein PDF an Schüler weitergeben? Als Lehrkräfte brauchen Sie Rechtssicherheit bei der Planung und Erstellung medialer Produkte. Und im Rahmen der Medienerziehung gehört es letztlich auch zu Ihren Aufgaben, diesen rechtssicheren Umgang mit digitalen Medien Ihren Schülerinnen und Schülern zu vermitteln.

1.2   Didaktisches Potenzial digitaler Medien

Lange Zeit waren die Kreidetafel neben Schreibheften und Schulbüchern *die* Medien in Schulen. Als dann in den 70er-Jahren der Overhead- oder auch Tageslichtprojektor auf den Markt kam, schien das Ende der „Kreidezeit" besiegelt, und auch die meisten heutigen Schülerinnen und Schüler mussten schon einmal Folien beschreiben, um damit die Ergebnisse einer Gruppenarbeit zu präsentieren.

Etwa 30 Jahre lang tat sich nicht viel Neues, doch seit etwa zehn Jahren überschlagen sich die Ereignisse: Angefangen von Dokumentenkameras über interaktive Whiteboards bis hin zum Einsatz von Tablet-Computern scheinen digitale Medien einen unaufhaltsamen Siegeszug angetreten zu haben. Die Aufrüstung der Schulen ist in vollem Gange und der Erwerb von Medienkompetenz wird in aktuellen Curricula festgeschrieben und hält Einzug in die Lehrerausbildung.

Sind digitale Medien ein Garant für guten Unterricht? Tragen sie zur Verbesserung des Lernerfolgs bei? Erhöhen sie die Motivation einer heute oft schulmüden Generation?

Die Antwort auf diese Fragen lautet: Dies *kann* so sein, *muss* aber nicht so sein. Der bekannte Bildungsforscher John Hattie hat nachgewiesen, dass Computerunterstützung, webbasiertes Lernen und auch das Einbeziehen von audiovisuellen Medien nicht *zwangsläufig* zu einer Verbesserung des Lernerfolgs führen[1]. Wer jedoch daraus den Umkehrschluss zieht, dass deshalb auf diese Medien verzichtet werden müsse, hat Hattie nicht richtig verstanden. Denn digitale Medien haben ein großes didaktisches Potenzial, das durchaus zu einer Verbesserung des Lernerfolgs beitragen *kann*. So stellt Hattie beispielsweise computerbasierten Tutorien ein gutes Zeugnis aus: „Es scheint, dass Computer-Lernprogramme von besserer Instruktionsqualität sind als viele Unterrichtsmethoden von Lehrpersonen."[2]

Hinzu kommt, dass es für den Einsatz der neueren digitalen Medien wie Tablets im Unterricht noch kaum empirische Untersuchungen gibt. Hierüber wird man sich erst nach einigen Jahren im Praxiseinsatz fundiert äußern können.

---

1   John Hattie: Lernen sichtbar machen, Schneider-Verlag 2013, S. 259 ff
2   ebd. S. 264

1.2.1 Dokumentenkamera

Die Dokumentenkamera, oft auch als *Visualizer* bezeichnet, ist das älteste der „neuen" digitalen Medien und löst den Overhead-Projektor ab. Laut Bitkom-Studie[3] vom Mai 2014 sind Dokumentenkameras in Schulen der Sekundarstufe I mittlerweile zu 91 % verfügbar und zwei Drittel der Lehrerinnen und Lehrer setzen sie „regelmäßig" oder „an allen Tagen" ein.

DOKUMENTENKAMERA

DIDAKTISCHES POTENZIAL

Die Dokumentenkamera projiziert nicht nur handgeschriebene oder gedruckte Unterlagen wie Arbeitsblätter, Zeichnungen oder Buchseiten, sondern auch dreidimensionale Anschauungsobjekte, z. B. für den naturwissenschaftlichen Unterricht. Da der Kamerakopf gedreht werden kann, lassen sich auch größere Versuchsaufbauten zeigen. Bei besseren Kameras – oder durch Anschluss eines Computers mit Zusatzsoftware – können Sie das Motiv zur Ergebnissicherung fotografieren oder ein Experiment filmen.

Alternativ können Sie eine Dokumentenkamera als Tafelersatz nutzen. Der Vorteil besteht darin, dass Sie alle Schreibwerkzeuge wie z. B. Farbstifte, Zirkel und Geodreieck nutzen können. Im Unterschied zur Tafel schreiben Sie nicht mit dem Rücken zur Klasse.

STOLPERSTEINE

» Lichteinfall, z. B. durch Sonnenschein, kann sich störend auswirken.
» Die automatische Scharfstellung (Autofocus) funktioniert bei älteren Geräten oft nicht.
» DIN-A4-Seiten können in der Regel nicht komplett dargestellt werden, so dass ein Verschieben des Blattes erforderlich ist.
» Der Einsatz erfolgt häufig im Frontalunterricht mit geringer Schüleraktivität.

ALTERNATIVEN

Mit einem kleinen Stativ wird jedes Smartphone oder Tablet zur Dokumentenkamera. Das Motiv kann problemlos fotografiert oder gefilmt werden.

EINSATZBEREICHE	SCHÜLER	LEHRER
Präsentation von Arbeitsergebnissen, Unterlagen, Objekten	X	X
Schrittweise Entwicklung eines Gedankengangs (als Tafelersatz)		X
Durchführen von Experimenten		X
Dokumentieren von Experimenten (Fotografie oder Video)		X
Digitalisieren von Unterlagen (evt. Computer und Zusatzsoftware)		X

---

3 http://www.bitkom.org/de/themen/54629_79291.aspx (01.08.2015)

1.2.2 Interaktives Whiteboard

Trotz der relativ hohen Anschaffungskosten nimmt die Ausstattung der Schulen mit interaktiven Whiteboards, kurz: IWB, derzeit zu. So verfügen gemäß der bereits erwähnten Bitkom-Studie bereits etwa 60 % aller Schulen im Sekundärbereich I über IWBs und die Hälfte der Lehrkräfte setzen diese in ihrem Unterricht ein. Immer mehr Schulbuchverlage springen auf den Zug auf und bieten Unterrichtsmaterialien für IWBs an.

INTERAKTIVES WHITEBOARD

DIDAKTISCHES POTENZIAL

Ein interaktives Whiteboard (IWB) kombiniert die Vorteile einer Tafel mit den Möglichkeiten, die der Computer- und Interneteinsatz im Unterricht bietet: Sämtliche digitalen Materialien, ob dies nun eigene Arbeitsblätter, Präsentationen oder E-Books sind, können Sie nicht nur zeigen, sondern im Unterricht (weiter-)bearbeiten. Das IWB eignet sich hierdurch nicht nur zur Präsentation, sondern auch zur interaktiven Erarbeitung, Vertiefung, Wiederholung und Übung.

Unterrichtsmaterialien können Sie entweder mit Hilfe einer IWB-Software selbst erstellen oder auf Material zurückgreifen, das auf Bildungsservern oder durch Schulbuchverlage zur Verfügung gestellt wird. Da sämtliche Materialien digital vorliegen, können Sie diese Ihren Schülerinnen und Schülern, z. B. über eine Lernplattform wie Moodle, zur Verfügung stellen.

STOLPERSTEINE

» Die Fläche eines IWBs ist für größere Klassenzimmer zu klein.
» Handschrift erfordert Übung, die Lesbarkeit kann beeinträchtigt sein.
» Die Bedienung muss erlernt, die technische Hürde muss überwunden werden.
» Der Vorbereitungsaufwand für eigene Materialien ist hoch.
» Der Einsatz erfolgt vorwiegend im Frontalunterricht mit geringer Schüleraktivität.

ALTERNATIVEN

Die meisten Boardfunktionen können auch mit einem Tablet realisiert werden. Sind mehrere Tablets vorhanden, erhöht dies den Anteil an Schüleraktivität.

EINSATZBEREICHE	SCHÜLER	LEHRER
Präsentation aller digitalen Medien, z. B. Bilder, Video, Animation, Sound	X	X
Unterrichtsvorbereitung mit IWB-Software wie Open-Sankoré		X
Einsatz fertiger Lehr-/Lernmaterialien	X	X
Interaktives Arbeiten, z. B. Lückentext, Zuordnung, Bildbeschriftung	X	X
Aufzeichnen von Unterrichtsabläufen zur Ergebnissicherung		X
Softwareschulung		X

1.2.3 Tablets

Ob sich der Einsatz von Tablet-Computern, kurz: Tablets, in der Schule bewährt, wird derzeit in vielen Schulen getestet. Laut Bitkom-Studie verfügten im Jahr 2014 erst 18 % der Schulen im Sekundärbereich I über Tablets. Über die Frage, ob Geräte mit Android-Betriebssystem, iPads (Apple) oder Windows-Tablets zu bevorzugen seien, streiten sich die Experten. Wir beschränken uns hier deshalb auf grundsätzliche didaktische Möglichkeiten, die unabhängig vom Betriebssystem mit allen Geräten möglich sind.

TABLETS

DIDAKTISCHES POTENZIAL

Tablets sind kleine Wunderwerke der Technik, die eine komplette Medienausstattung in sich vereinen: Digitalkamera, Videokamera, Mikrofon, Satellitennavigation (GPS), Computer, interaktives Board. Hierdurch ergeben sich für jedes Fach zahllose Möglichkeiten, z. B. Sprachaufnahmen, Lernvideos, Experimente. Das riesige Angebot an Software (App) vereinfacht die Medienerstellung, z. B. Bildbearbeitung, Videoschnitt, oder kann zur – oft spielerischen – Unterstützung des Lernprozesses beitragen.

Der vielleicht entscheidende Mehrwert von Tablets ist jedoch, dass, wenn sie in ausreichender Zahl vorhanden sind, *alle* Schülerinnen und Schüler in den Lernprozess einbezogen werden und niemand zur Passivität verdonnert ist. Wenn die Schülerinnen und Schüler die Geräte mit nach Hause nehmen können, ist Lernen nicht mehr zwingend an den Lernort Schule gebunden.

STOLPERSTEINE

- » Die vielseitigen Nutzungsmöglichkeiten bergen die Gefahr der Ablenkung.
- » Gehen Kulturtechniken wie handschriftliches Schreiben/Rechnen verloren?
- » Tablets steigern den ohnehin hohen Medienkonsums Jugendlicher.
- » Unterricht wird immer stärker von Technik abhängig.

ALTERNATIVEN

Fast alle Funktionen eines Tablets stellen auch Smartphones zur Verfügung. Der Vorteil von Smartphones ist, dass nahezu alle Schülerinnen und Schüler eines besitzen.

EINSATZBEREICHE	SCHÜLER	LEHRER
Präsentation aller digitalen Medien, z. B. Bilder, Video, Animation, Sound	X	X
Erstellung digitaler Medien, z. B. Video, Tonaufnahme, Präsentation	X	X
Recherche, z. B. in E-Books, E-Magazines, digitalen Schulbüchern	X	
Softwaregestütztes Lernen, z. B. Learning Apps	X	
Dokumentation und Ergebnissicherung mittels Stift	X	
(Naturwissenschaftliche) Experimente mittels Tablet-Hardware	X	X

1.2.4 Smartphones

Technisch unterscheiden sich Smartphones von Tablets im Wesentlichen durch ihre Größe. Der entscheidende Unterschied ist jedoch, dass gemäß JIM-Studie[4] im Jahr 2014 bereits 94% aller Haushalte über Smartphones verfügten. D.h., dass praktisch alle Jugendliche über ein derartiges Gerät verfügen und – genauso wichtig – es auch immer bei sich haben.

SMARTPHONES

DIDAKTISCHES POTENZIAL

Smartphones stellen wie Tablets eine komplette Medienausstattung bereit: Digitalkamera, Videokamera, Mikrofon, Satellitennavigation (GPS), Computer, interaktives Board. Sie enthalten zahlreiche Sensoren (z.B. Bewegungs-, Näherungs-, Helligkeitssensor, Gyroskop), die zu naturwissenschaftlichen Experimenten herangezogen werden können.

Zahllose, oft kostenfreie Apps für nahezu alle Fächer eröffnen die Möglichkeit des individuellen, zeit- und ortsunabhängigen Lernens im eigenen Lerntempo. Das didaktische Prinzip, ein persönlich verfügbares Gerät zu verwenden, wird als BYOD (bring your own device) bezeichnet. Hierdurch reduziert sich nicht nur der administrative Aufwand zur Wartung und Pflege schuleigener Geräte. Es eröffnet sich auch die Möglichkeit, Lernen vom Lernort Schule zu entkoppeln und Schülerinnen und Schüler dazu zu bringen, ihre Smartphones in ihrer Freizeit nicht nur für WhatsApp, Facebook und Co., sondern (auch) für Lernen zu verwenden. Ob dies zu höherer Lernmotivation und zu höherem Lernerfolg führen kann als in der Schule, wird sich noch zeigen müssen.

STOLPERSTEINE

» Technische Unterschiede (Betriebssysteme, Modelle) erschweren die gemeinsame Nutzung.
» Smartphones steigern den ohnehin hohen Medienkonsum Jugendlicher.
» Schreiben auf Smartphones ist relativ mühsam.
» Kontrolle durch Lehrkraft ist nur eingeschränkt möglich.

ALTERNATIVEN

Tablets verfügen über dieselben Funktionen wie Smartphones, sind aber durch die größeren Abmessungen einfacher zu bedienen.

EINSATZBEREICHE	SCHÜLER	LEHRER
Präsentation digitaler Medien, z.B. Bilder, Videos, Animationen, Sound	x	x
Erstellung audiovisueller Medien, z.B. Bilder, Video, Tonaufnahme	x	x
Recherche, z.B. in mobilen Webseiten	x	
Softwaregestütztes Lernen, z.B. Learning Apps	x	
(Naturwissenschaftliche) Experimente mittels Smartphone-Hardware	x	x

4   JIM-Studie 2014, S. 6

1.2.5 Zusammenfassung

Die Ausführungen auf den vorherigen Seiten zeigen, dass es das universal einsetzbare digitale Medium nicht gibt. Viel wichtiger ist die Kenntnis des didaktischen Potenzials, der Stärken und Schwächen des jeweiligen Mediums, um eine für den eigenen Unterricht begründete und sinnvolle Auswahl treffen zu können.

Dokumentenkamera

Dokumentenkameras sind weit verbreitet und ersetzen nach und nach den in die Jahre gekommenen Overhead-Projektor. Sie eignen sich in idealer Weise zur Projektion analoger Medien vom Arbeitsblatt bis zum Buch. Auch Gegenstände oder Experimente können für die Zuschauer sichtbar gemacht werden. Aufgrund der sehr einfachen Bedienbarkeit erfahren sie eine hohe Akzeptanz.

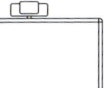

Interaktives Whiteboard

Das Handling eines interaktiven Whiteboards ist im Vergleich zur Dokumentenkamera schwieriger und erfordert die Bereitschaft zur Einarbeitung und Unterrichtsvorbereitung. Da es eine Kombination aus (multimedialer) Tafel und Computer mit Touchscreen darstellt, eignet es sich nicht nur zur Visualisierung, sondern kann für interaktive Sequenzen eingesetzt werden – allerdings kann immer nur eine Person, Lehrer oder Schüler, aktiv am Board arbeiten.

Tablets

Der Einsatz von Tablets ermöglicht die Beteiligung aller Schülerinnen und Schüler, sofern die Tablets als Klassensatz vorliegen. Letztlich handelt es sich bei diesen Geräten um kleine interaktive Whiteboards, die darüber hinaus weitere Medien wie Digitalkamera, Mikrofon oder Videokamera zur Verfügung stellen. Ihre Einsatzmöglichkeiten im schüleraktiven Unterricht scheinen fast unbegrenzt und erste Erfahrungsberichte von „Tabletklassen" hören sich vielversprechend an.

Der Forderung vieler Medienpädagogen, dass Schülerinnen und Schüler zumindest für die Zeit der Ausbildung ein eigenes Gerät besitzen sollten, schließen sich die Autoren dieses Buches an (▶ BYOD). Jeder weiß, dass mit eigenem Besitz pfleglicher umgegangen wird als mit ausgeliehenem Material. Ob es nun politischer Wille wird, dass staatliche Schulen ein Leih- oder Bonussystem für Tablet-Computer erhalten, ist derzeit offen. Hierzu müssen nicht nur technische Fragen (Modell?, Betriebssystem?, Kosten für Apps?), sondern auch rechtliche Fragen (Lernmittelfreiheit?, Versicherung?, Haftung bei Missbrauch?) beantwortet werden.

Smartphones

Bei Smartphones ist die oben genannte Forderung nach dem eigenen Gerät erfüllt, da Kinder und Jugendliche bereits jetzt flächendeckend ein Smartphone besitzen. Viele Eltern betrachten die zentrale Bedeutung des Smartphones im Alltag Ihrer Kinder mit Sorge. Denn die viele Zeit, die ihre Kinder mit diesen Geräten in der Freizeit verbringen, könnte auch sinnvoller genutzt werden.

Dennoch ist fraglich, ob ein Smartphone-Verbot, wie es heute an vielen Schulen gilt, aus pädagogisch-didaktischer Sicht sinnvoll ist und ob dies der medialen Realität unserer Gesellschaft entspricht. Denn auch wenn das Argument richtig ist, dass Kinder und Jugendliche (zu) viel Zeit mit ihren Smartphones verbringen, so gehört zu den medienpädagogischen Herausforderungen dieser Zeit, Schülerinnen und Schülern das Potenzial dieser Geräte *zur Bewältigung des Schul- und späteren Berufsalltags* aufzuzeigen. Und dabei können wir Lehrkräfte von unseren Schülerinnen und Schülern ebenso lernen wie umgekehrt.

Rahmenbedingungen

Die Entscheidung für ein bestimmtes Medium hängt aber nicht nur von dessen didaktischem Potenzial ab. Weitere Faktoren und die Rahmenbedingungen der Schule spielen eine große Rolle:

» Geräteausstattung der Schule bzw. des Klassenzimmers
» Verfügbarkeit von LAN, WLAN und Internet
» Unterrichtsfach
» Thema und Ziele des Unterrichts
» Schulart und -stufe
» Alter der Schülerinnen und Schüler, Klassengröße
» gewählte Lehrstrategie, z. B. offener vs. geführter Unterricht
» Medienkompetenz der Lehrkraft
» persönlicher Zugang der Lehrkraft zum Medium

Insbesondere der letzte Aspekt ist von Bedeutung, denn Sie als Lehrkraft müssen sich beim Umgang mit dem Medium im Unterricht wohl und sicher fühlen.

Tafel, Pinnwand und Co.

In der derzeitigen Diskussion und den Hype um den Einsatz digitaler Medien in der Schule wird manchmal vernachlässigt, dass es nicht nur digitale, sondern auch analoge Medien wie Tafel, Pinnwand oder Lernplakat gibt. Es ist bedauerlich und aus unserer Sicht falsch, wenn diese bewährten Medien durch digitale Medien ersetzt und nicht um diese ergänzt werden. Denn wir könnten hier auch zahlreiche Argumente aufführen, die den Einsatz analoger Medien rechtfertigen und sogar einfordern. Denken Sie an ein Tafelbild, das Schritt für Schritt entwickelt wird, lange sichtbar bleibt und durch die Schülerinnen und Schüler abgeschrieben und hierdurch nochmals nachvollzogen wird. Denken Sie an Lernplakate, die für einen längeren Zeitraum im Klassenzimmer hängen und zwangsläufig immer wieder betrachtet werden. Oder denken Sie an die Pinnwand, auf der innerhalb von wenigen Minuten ein Brainstorming mittels Kärtchen visualisiert werden kann.

Fazit

Der Königsweg wird also ein Medienmix sein, zu dem auch analoge Medien gehören. Durch einen abwechslungsreichen und zur jeweiligen Unterrichtssequenz passenden Medieneinsatz stellen Sie nicht nur Ihre Medienkompetenz unter Beweis, sondern ermöglichen damit einen kurzweiligen und motivierenden Unterricht.

1.3 Medienrecht und -recherche

Sie nutzen, bearbeiten und erstellen Medien, Ihre Schülerinnen und Schüler nutzen, bearbeiten und erstellen ebenfalls Medien – Gründe genug, sich näher mit den medienrechtlichen Grundlagen zu befassen. Das Medienrecht ist kein einheitliches Rechtsgebiet, sondern umfasst alle Gesetze und Verordnungen, die für den Umgang mit Medien relevant sind.

Concept-Map nach Wikipedia

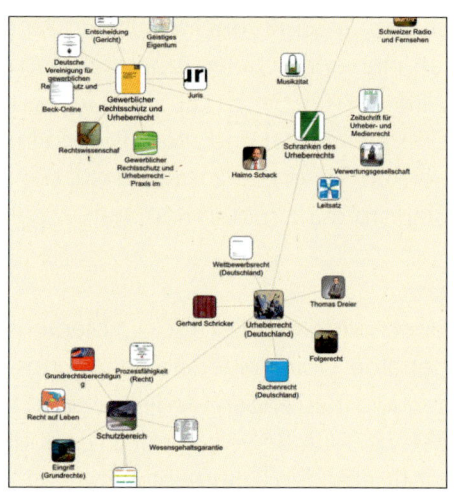

Verschaffen wir uns zunächst einen Überblick, welche Gebiete zum Medienrecht gehören und recherchieren in Wikipedia. Die App *Wikilinks* liefert als erstes Ergebnis unserer Recherche die folgende ▶ CONCEPT-MAP.

Kommunikationsgrundrechte (Art. 5 GG)
Die Grundlage aller Gesetze, Verordnungen und Vorschriften ist natürlich auch im Medienrecht das Grundgesetz. Hier ist besonders Artikel 5 von Interesse. In ihm sind die sogenannten Kommunikationsgrundrechte geregelt. Sie werden durch Gesetze in verschiedenen Rechtsgebieten beschränkt. Für die Medienarbeit in der Schule sind dies vor allem das Urheberrecht, das Bildrecht, das Nutzungsrecht und das Datenschutzrecht.

INFOBOX – KOMMUNIKATIONSGRUNDRECHTE (ART. 5 GRUNDGESETZ)

(1) Jeder hat das Recht, seine Meinung in Wort, Schrift und Bild frei zu äußern und zu verbreiten und sich aus allgemein zugänglichen Quellen ungehindert zu unterrichten. Die Pressefreiheit und die Freiheit der Berichterstattung durch Rundfunk und Film werden gewährleistet. Eine Zensur findet nicht statt.

(2) Diese Rechte finden ihre Schranken in den Vorschriften der allgemeinen Gesetze, den gesetzlichen Bestimmungen zum Schutze der Jugend und in dem Recht der persönlichen Ehre.

(3) Kunst und Wissenschaft, Forschung und Lehre sind frei. Die Freiheit der Lehre entbindet nicht von der Treue zur Verfassung.

1.3.1 Urheberrecht

Die Rechte des Urhebers und des Nutzers sind im Urheberrechtsgesetz (UrhG), im Kunsturheberrechtsgesetz (KunstUrhG) und im Strafgesetzbuch (StGB) geregelt. Die aktuelle Fassung der Gesetze können Sie als PDF-Datei kostenlos von der Internetseite des Bundesministerium der Justiz und für Verbraucherschutz unter ▶ **WWW.GESETZE-IM-INTERNET.DE** herunterladen. Wir werden die für die Schule wichtigsten allgemeinen urheberrechtlichen Regelungen vorstellen. Darüber hinaus gelten in den 16 Bundesländern noch verschiedene Rechtsvorschriften für die Arbeit mit Medien in der Schule.

Urheber

Urheber wird man durch die Erstellung oder, wie es im §7 UrhG heißt, durch die Schöpfung eines Werkes. Sie müssen sich also nicht als Urheber irgendwo registrieren oder als Schöpfer anmelden, die Schöpfung des Werkes reicht.

Geschützte Werke

Das Urheberrechtsgesetz schützt die Rechte des Urhebers an seinen Werken. In § 1 und § 2 ist geregelt, um welche Art Werke es sich dabei handelt. Wenn Sie die Aufzählung im § 2 anschauen, dann stellen Sie fest, dass das *UrhG* auch den Schutz aller Arten von Medien mit einschließt.

INFOBOX – GESCHÜTZTE WERKE (URHG)

§ 1 Allgemeines
Die Urheber von Werken der Literatur, Wissenschaft und Kunst genießen für ihre Werke Schutz nach Maßgabe dieses Gesetzes.

§ 2 Geschützte Werke
(1) Zu den geschützten Werken der Literatur, Wissenschaft und Kunst gehören insbesondere:
1. Sprachwerke, wie Schriftwerke, Reden und Computerprogramme;
2. Werke der Musik;
3. pantomimische Werke einschließlich der Werke der Tanzkunst;
4. Werke der bildenden Künste einschließlich der Werke der Baukunst und der angewandten Kunst und Entwürfe solcher Werke;
5. Lichtbildwerke einschließlich der Werke, die ähnlich wie Lichtbildwerke geschaffen werden;
6. Filmwerke einschließlich der Werke, die ähnlich wie Filmwerke geschaffen werden;
7. Darstellungen wissenschaftlicher oder technischer Art, wie Zeichnungen, Pläne, Karten, Skizzen, Tabellen und plastische Darstellungen.
(2) Werke im Sinne dieses Gesetzes sind nur persönliche geistige Schöpfungen.

Verwertungs- und Nutzungsrechte

Ein Werk ist nach dem *UrhG* immer das Ergebnis einer persönlichen geistigen Schöpfung. Wenn Sie nun beispielsweise ein Bild aus einer Bilddatenbank verwenden und es in einem Bildbearbeitungsprogramm bearbeiten, ist es dann ein eigenes Werk? Bevor wir diese Frage beantworten, müssen wir zunächst klären, ob Sie überhaupt das Recht hatten, das Bild zu bearbeiten. Das *UrhG* unterscheidet hier zwischen Nutzungsrecht und Nutzungsart. Die Rechte an einem Medienelement sind in der zugehörigen Lizenz geregelt. Wir werden später in diesem Kapitel auf die Lizenzregelungen noch näher eingehen. Nehmen wir an, Sie haben das Recht das Bild zu bearbeiten, dann ergibt sich aus der Bearbeitung erst dann ein

Bearbeitung mit geringer Schöpfungshöhe

INFOBOX – NUTZUNGSRECHT UND NUTZUNGSART (URHG)

§ 23 Bearbeitungen und Umgestaltungen
Bearbeitungen oder andere Umgestaltungen des Werkes dürfen nur mit Einwilligung des Urhebers des bearbeiteten oder umgestalteten Werkes veröffentlicht oder verwertet werden. (…)

§ 24 Freie Benutzung
(1) Ein selbständiges Werk, das in freier Benutzung des Werkes eines anderen geschaffen worden ist, darf ohne Zustimmung des Urhebers des benutzten Werkes veröffentlicht und verwertet werden.

§ 31 Einräumung von Nutzungsrechten
(1) Der Urheber kann einem anderen das Recht einräumen, das Werk auf einzelne oder alle Nutzungsarten zu nutzen (Nutzungsrecht). Das Nutzungsrecht kann als einfaches oder ausschließliches Recht sowie räumlich, zeitlich oder inhaltlich beschränkt eingeräumt werden.
(2) Das einfache Nutzungsrecht berechtigt den Inhaber, das Werk auf die erlaubte Art zu nutzen, ohne dass eine Nutzung durch andere ausgeschlossen ist.
(3) Das ausschließliche Nutzungsrecht berechtigt den Inhaber, das Werk unter Ausschluss aller anderen Personen auf die ihm erlaubte Art zu nutzen und Nutzungsrechte einzuräumen. Es kann bestimmt werden, dass die Nutzung durch den Urheber vorbehalten bleibt.

neues Urheberrecht, wenn Ihre Leistung eine bestimmte Schöpfungshöhe hat. Allerdings ist in der Praxis diese Schöpfungshöhe nicht definiert und im Einzelfall nur schwer eindeutig festzulegen.

Amtliche Werke

In § 5 ist geregelt, dass amtliche Werke wie Gesetze und Verordnungen keinen urheberrechtlichen Schutz genießen und in der Verbreitung nicht behindert werden dürfen. Somit können Sie alle Gesetzes- und Verordnungstexte frei nutzen und sie auch als Datei Ihren Schülerinnen und Schülern zur Verfügung stellen.

Mit Texten arbeiten

Die Übernahme von Texten ist durch das Zitatrecht im § 51 UrhG geregelt. Das Gesetz unterscheidet zwei Zitatarten. Im Großzitat übernehmen Sie große Teile oder sogar das vollständige Werk. Mit dem Kleinzitat übernehmen Sie nur Auszüge aus einem urheberrechtlich geschützten Werk. Natürlich muss das Zitat als solches kenntlich gemacht und mit einer Quellenangabe, § 63 UrhG, belegt werden.

INFOBOX – ZITATRECHT (URHG)

§ 51 Zitate
Zulässig ist die Vervielfältigung, Verbreitung und öffentliche Wiedergabe eines veröffentlichten Werkes zum Zweck des Zitats, sofern die Nutzung in ihrem Umfang durch den besonderen Zweck gerechtfertigt ist. Zulässig ist dies insbesondere, wenn
1. einzelne Werke nach der Veröffentlichung in ein selbständiges wissenschaftliches Werk zur Erläuterung des Inhalts aufgenommen werden,
2. Stellen eines Werkes nach der Veröffentlichung in einem selbständigen Sprachwerk angeführt werden.

§ 63 Quellenangabe
(1) Wenn ein Werk oder ein Teil eines Werkes in den Fällen des § 45 Abs. 1, der §§ 45a bis 48, 50, 51, 53 Abs. 2 Satz 1 Nr. 1 und Abs. 3 Nr. 1 sowie der §§ 58, 59, 61 und 61c vervielfältigt wird, ist stets die Quelle deutlich anzugeben. Bei der Vervielfältigung ganzer Sprachwerke oder ganzer Werke der Musik ist neben dem Urheber auch der Verlag anzugeben, in dem das Werk erschienen ist, und außerdem kenntlich zu machen, ob an dem Werk Kürzungen oder andere Änderungen vorgenommen worden sind. Die Verpflichtung zur Quellenangabe entfällt, wenn die Quelle weder auf dem benutzten Werkstück oder bei der benutzten Werkwiedergabe genannt noch dem zur Vervielfältigung Befugten anderweit bekannt ist.

» weiter auf der nächsten Seite

» Fortsetzung

(2) Soweit nach den Bestimmungen dieses Abschnitts die öffentliche Wiedergabe eines Werkes zulässig ist, ist die Quelle deutlich anzugeben, wenn und soweit die Verkehrssitte es erfordert. In den Fällen der öffentlichen Wiedergabe nach den §§ 46, 48, 51 und 52a sowie der öffentlichen Zugänglichmachung nach den §§ 61 und 61c ist die Quelle einschließlich des Namens des Urhebers stets anzugeben, es sei denn, dass dies nicht möglich ist.

(3) Wird ein Artikel aus einer Zeitung oder einem anderen Informationsblatt nach § 49 Abs. 1 in einer anderen Zeitung oder in einem anderen Informationsblatt abgedruckt oder durch Funk gesendet, so ist stets außer dem Urheber, der in der benutzten Quelle bezeichnet ist, auch die Zeitung oder das Informationsblatt anzugeben, woraus der Artikel entnommen ist; ist dort eine andere Zeitung oder ein anderes Informationsblatt als Quelle angeführt, so ist diese Zeitung oder dieses Informationsblatt anzugeben. Wird ein Rundfunkkommentar nach § 49 Abs. 1 in einer Zeitung oder einem anderen Informationsblatt abgedruckt oder durch Funk gesendet, so ist stets außer dem Urheber auch das Sendeunternehmen anzugeben, das den Kommentar gesendet hat.

Mit Digitalisaten arbeiten

Allgemein werden mit dem Begriff ▶ DIGITALISAT Produkte oder Ergebnisse der Digitalisierung bezeichnet. Für die Verwendung in der Schule sind dies vor allem digitalisierte Texte und Bilder aber auch Audio- und Videodateien.

Um der besonderen Situation der Schulen Rechnung zu tragen und Rechtssicherheit zu schaffen, haben die Kultusministerien der 16 Bundesländer mit den Bildungs- und Schulbuchverlagen sowie den Verwertungsgesellschaften WORT, Bild-Kunst und Musikedition die folgenden Regelungen für die Nutzung von Digitalisaten nach dem UrhG für die Schulen vertraglich vereinbart. Die Regeln gelten seit dem 1. Januar 2013.

Regeln zu Digitalisierung

»   Für den eigenen Unterrichtsgebrauch können Sie aus allen Printmedien, die ab 2005 erschienen sind, Teile einscannen oder z. B. mit der Dokumentenkamera aufnehmen. Der Umfang darf bis zu 10 %, jedoch nicht mehr als 20 Seiten haben.

»   Vollständig digitalisieren dürfen Sie Musikeditionen mit maximal 6 Seiten, sonstige Druckwerke (außer Schulbüchern und Unterrichtsmaterialien!) mit maximal 25 Seiten sowie alle Bilder, Fotos und sonstige Abbildungen.

Regeln zur Nutzung der Digitalisate

»   Zu den Digitalisaten müssen Sie stets die Quelle angeben (Autor, Buchtitel, Verlag, Erscheinungsjahr und Seite).

» Aus einem Werk dürfen Sie pro Schuljahr und Klasse nur einmal in dem oben beschriebenen Umfang Teile digitalisieren.

» Sie können die Digitalisate für den eigenen Unterrichtsgebrauch verwenden und diese auch digital an Ihre Schüler für den Unterrichtsgebrauch weitergeben oder ausdrucken und die Ausdrucke an die Schülerinnen und Schüler der Klasse verteilen.

Lehrkräfte als Urheber

Das Urheberrecht unterscheidet, wie wir gesehen haben, zwischen Urheber- und Nutzungsrechten. Wenn eine Lehrkraft Werke erstellt, dann hat die Lehrkraft in jedem Fall die Urheberrechte an diesem Werk. Bei den Nutzungsrechten sieht das etwas anders aus. Wir unterscheiden zwischen Pflichtwerken und freiwilligen Werken. Pflichtwerke sind alle Werke, wie z. B. Unterrichtsvorbereitungen oder Arbeitsblätter, die eine Lehrkraft im Rahmen ihrer Dienstpflichten erstellt. Bei Pflichtwerken liegen die Nutzungsrechte immer und eindeutig bei der Schule. Die Nutzungsrechte an freiwilligen Werken wie Artikel in einer Zeitschrift oder Bücher sind vom Einzelfall abhängig. Sie können beim Autor, in unserem Fall der Lehrkraft, oder auch beim Verlag liegen.

Schülerinnen und Schüler als Urheber

An Schülerarbeiten, die eine eigene geistige Schöpfung darstellen, erwerben natürlich auch unsere Schülerinnen und Schüler das Urheberrecht. Bei Schülerarbeiten ergibt sich nicht wie bei den Lehrkräften ein automatisches Nutzungsrecht. Es müssen deshalb auch bei der schulischen Verwendung der Arbeiten Nutzungsvereinbarungen getroffen werden. Bei minderjährigen Schülerinnen und Schülern muss die Zustimmung der Erziehungsberechtigten eingeholt werden.

Eine Miturheberschaft der Lehrkraft ergibt sich, wenn die Lehrkraft nicht nur die Aufgabe stellt, sondern bei der Erstellung des Werks aktiv gestaltend mitwirkt.

1.3.2 Bildrecht

Mit Bildern arbeiten

Bilder und Videos sind ein wichtiger Teil unserer Medienwelt. Kein Referat, keine Präsentation keine Erarbeitung fachlicher Inhalte kommt ohne die Visualisierung durch Bilder aus. Dabei müssen Sie eine Reihe von Rechtsvorschriften beachten.

Panoramafreiheit

Im öffentlichen Raum dürfen Sie aus frei zugänglicher Perspektive aufnehmen und die Bilder oder Videos öffentlich wiedergeben. Bei Gebäuden gilt dies nur für die Außenansicht, Innenansichten unterliegen nicht der Panoramafreiheit. Für Innenaufnahmen müssen Sie immer um Erlaubnis fragen.

INFOBOX – PANORAMAFREIHEIT (URHG)

§ 59 Werke an öffentlichen Plätzen
(1) Zulässig ist, Werke, die sich bleibend an öffentlichen Wegen, Straßen oder Plätzen befinden, mit Mitteln der Malerei oder Graphik, durch Lichtbild oder durch Film zu vervielfältigen, zu verbreiten und öffentlich wiederzugeben. Bei Bauwerken erstrecken sich diese Befugnisse nur auf die äußere Ansicht.

Recht am eigenen Bild

Das Recht am eigenen Bild ist ein wichtiger Teil des Persönlichkeitsrechts jedes Menschen. Im Kunsturhebergesetz (KunstUrhG) § 22 ist festgelegt, dass Bilder nur mit der Einwilligung des Abgebildeten verbreitet und veröffentlicht werden dürfen. Bei Minderjährigen muss die Zustimmung der gesetzlichen Vertreter zu einer Verbreitung oder Veröffentlichung eingeholt werden.

INFOBOX – RECHT AM EIGENEN BILD (KUNSTURHG)

§ 22
Bildnisse dürfen nur mit Einwilligung des Abgebildeten verbreitet oder öffentlich zur Schau gestellt werden. Die Einwilligung gilt im Zweifel als erteilt, wenn der Abgebildete dafür, daß er sich abbilden ließ, eine Entlohnung erhielt. Nach dem Tode des Abgebildeten bedarf es bis zum Ablaufe von 10 Jahren der Einwilligung der Angehörigen des Abgebildeten. Angehörige im Sinne dieses Gesetzes sind der überlebende Ehegatte oder Lebenspartner und die Kinder des Abgebildeten und, wenn weder ein Ehegatte oder Lebenspartner noch Kinder vorhanden sind, die Eltern des Abgebildeten.

Eine Ausnahme vom Recht am eigenen Bild sind absolute Personen der Zeitgeschichte. Absolute Personen der Zeitgeschichte sind z. B. Politiker, Schauspieler oder Sportler. Bei ihnen besteht ein absolutes Informationsinteresse der Allgemeinheit. Die Ausnahmeregelung gestattet aber nicht die Verwendung des Bildes zu Werbezwecken oder eine entstellende Bearbeitung.

Personen, die nur zufällig mit im Bild sind gelten als Beiwerk. Sie müssen ebenfalls nicht um Erlaubnis gefragt werden.

INFOBOX – RECHT AM EIGENEN BILD (KUNSTURHG)

§ 23

(1) Ohne die nach § 22 erforderliche Einwilligung dürfen verbreitet und zur Schau gestellt werden:

1. Bildnisse aus dem Bereiche der Zeitgeschichte;
2. Bilder, auf denen die Personen nur als Beiwerk neben einer Landschaft oder sonstigen Örtlichkeit erscheinen;
3. Bilder von Versammlungen, Aufzügen und ähnlichen Vorgängen, an denen die dargestellten Personen teilgenommen haben;
4. Bildnisse, die nicht auf Bestellung angefertigt sind, sofern die Verbreitung oder Schaustellung einem höheren Interesse der Kunst dient.

(2) Die Befugnis erstreckt sich jedoch nicht auf eine Verbreitung und Schaustellung, durch die ein berechtigtes Interesse des Abgebildeten oder, falls dieser verstorben ist, seiner Angehörigen verletzt wird.

Panoramafreiheit

Mit Einwilligung der Erziehungsberechtigten

Mit Einwilligung der Person

Personen der Zeitgeschichte

Heimliche Aufnahmen

Seit 2014 ist im § 201a des Strafgesetzbuchs (StGB), dem sogenannten Paparazzi-Paragrafen, die Erstellung und Verbreitung heimlicher Foto- und Videoaufnahmen geregelt. Im Kunsturheberrechtsgesetz (KunstUrhG) ist nur die Veröffentlichung von Bildern ohne Einwilligung der abgebildeten Personen untersagt. Der § 201 StGB geht darüber hinaus, indem er schon die heimlichen Aufnahmen in besonders geschützten Bereichen unter Strafe stellt. Auch das Zugänglichmachen in Schülerzeitungen, auf der Homepage der Schule oder in sozialen Netzwerken sowie die Weitergabe solcher Aufnahmen ist verboten. Das Gesetz möchte damit den höchstpersönlichen Lebensbereich einer Person schützen.

INFOBOX – RECHT AM EIGENEN BILD (STGB)

§ 201a Verletzung des höchstpersönlichen Lebensbereichs durch Bildaufnahmen

(1) Mit Freiheitsstrafe bis zu zwei Jahren oder mit Geldstrafe wird bestraft, wer

1. von einer anderen Person, die sich in einer Wohnung oder einem gegen Einblick besonders geschützten Raum befindet, unbefugt eine Bildaufnahme herstellt oder überträgt und dadurch den höchstpersönlichen Lebensbereich der abgebildeten Person verletzt,

2. eine Bildaufnahme, die die Hilflosigkeit einer anderen Person zur Schau stellt, unbefugt herstellt oder überträgt und dadurch den höchstpersönlichen Lebensbereich der abgebildeten Person verletzt,

3. eine durch eine Tat nach den Nummern 1 oder 2 hergestellte Bildaufnahme gebraucht oder einer dritten Person zugänglich macht oder

4. eine befugt hergestellte Bildaufnahme der in den Nummern 1 oder 2 bezeichneten Art wissentlich unbefugt einer dritten Person zugänglich macht und dadurch den höchstpersönlichen Lebensbereich der abgebildeten Person verletzt.

(2) Ebenso wird bestraft, wer unbefugt von einer anderen Person eine Bildaufnahme, die geeignet ist, dem Ansehen der abgebildeten Person erheblich zu schaden, einer dritten Person zugänglich macht.

(3) Mit Freiheitsstrafe bis zu zwei Jahren oder mit Geldstrafe wird bestraft, wer eine Bildaufnahme, die die Nacktheit einer anderen Person unter achtzehn Jahren zum Gegenstand hat,

1. herstellt oder anbietet, um sie einer dritten Person gegen Entgelt zu verschaffen, oder

2. sich oder einer dritten Person gegen Entgelt verschafft.

(4) Absatz 1 Nummer 2, auch in Verbindung mit Absatz 1 Nummer 3 oder Nummer 4, Absatz 2 und 3 gelten nicht für Handlungen, die in Wahrnehmung überwiegender berechtigter Interessen erfolgen, namentlich der Kunst oder der Wissenschaft, der Forschung oder der Lehre, der Berichterstattung über Vorgänge des Zeitgeschehens oder der Geschichte oder ähnlichen Zwecken dienen.

(5) Die Bildträger sowie Bildaufnahmegeräte oder andere technische Mittel, die der Täter oder Teilnehmer verwendet hat, können eingezogen werden. § 74a ist anzuwenden.

1.3.3 Nutzungsrecht

Sie haben das Nutzungsrecht schon im Zusammenhang mit dem Urheberrecht kennengelernt. In diesem Kapitel möchten wir nun auf zwei besondere
Aspekte des Nutzungsrecht eingehen, die Nutzung von Bilddatenbanken und
verschiedene Lizenzmodelle.

Bilddatenbanken nutzen

Google-Bildersuche, für viele ein beliebter und schneller Weg um Bilder zu
suchen und zu finden. In aller Regel sind die Nutzungsrechte dieser Bilder
eindeutig geregelt und zwar so, dass Sie keine Rechte haben diese Bilder zu
nutzen. Was also tun, wenn Sie die Bilder nicht selbst erstellen können oder
wollen? Eine gute und vor allem legale Bildquelle für die Schule sind die Mediendatenbanken der Landes- oder Kreismedienzentren.

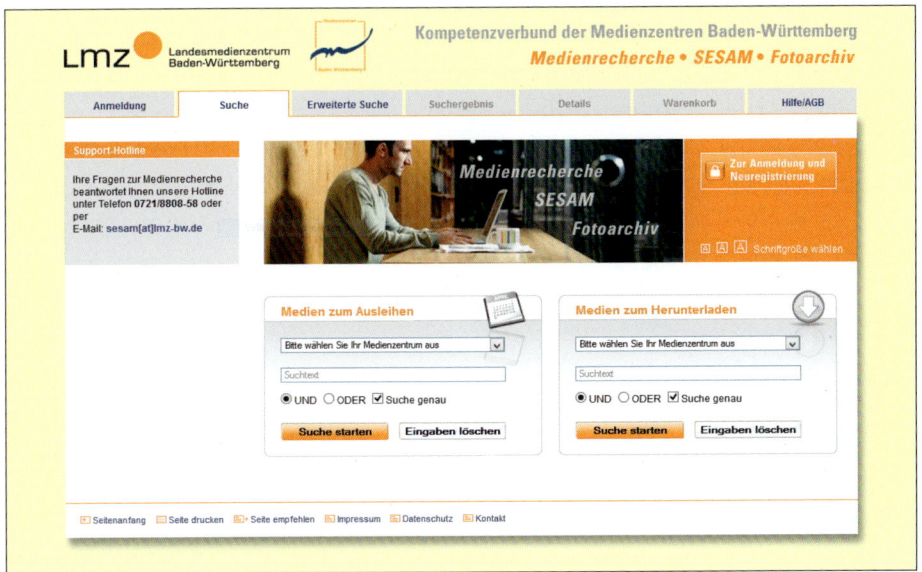

www.lmz-bw.de (abgerufen am 7.3.2015)

Lizenzmodelle

Die Nutzungsrechte an Medien sind in der Lizenz geregelt. Es werden indi-
viduelle und die allgemeinen Lizenzen unterschieden. In einer individuellen
Lizenz regelt ein Vertrag, beispielsweise ein Autorenvertrag, die Nutzungs-
rechte zwischen dem Urheber und dem Rechteverwerter oder Nutzer. Die
Regelungen allgemeiner Lizenzen gelten grundsätzlich für alle Nutzer eines
Mediums.

»   **Copyright**

Copyright und das ©-Zeichen sind ein Schutzvermerk. Es kennzeichnet den Rechteinhaber der Verwertungsrechte an einem Werk. Wenn in der Lizenz nicht anderes angegeben ist, dann sind Sie verpflichtet, den Copyright-Hinweis bei der Nutzung eines fremden Medienelements oder Digitalisats anzuzeigen.

»   **Public Domain**

Public Domain bedeutet auf deutsch Gemeinfreiheit. Werke mit dieser Lizenz unterliegen keinerlei urheberrechtlichen Beschränkungen. Es sind Werke, bei denen entweder die urheberrechtlichen Schutzfristen abgelaufen sind oder für die der Urheber ausdrücklich die Gemeinfreiheit erklärt hat.

»   **Copyleft**

Copyleft ist ein Lizenzmodell, bei dem im Gegensatz zum Copyright die Freiheit des Nutzers nicht eingeschränkt, sondern ausdrücklich garantiert wird. Das Copyleft-Logo ist ein vertikal gespiegeltes Copyright-Zeichen. Die am weitesten verbreitete Copyleft-Lizenz ist die GNU General Public Licence (GPL). Nähere Informationen finden Sie unter ▶ **WWW.GNU.ORG**. Werke oder Programme, die mit Copyleft lizensiert sind, können Sie ohne Einschränkungen frei nutzen. Alle darauf basierenden modifizierten oder erweiterten Werke müssen ebenfalls frei sein.

»   **Creative Commons**

Creativ Commons ist eine 2001 in den USA gegründete gemeinnützige Organisation. Ein wichtiges Ziel ist die Erhaltung des freien Austauschs von Inhalten im Internet, ohne die Rechte der Urheber zu verletzen. Creative Commons bietet unter ▶ **CREATIVECOMMONS.ORG/CHOOSE** dazu modular aufgebaute Lizenzverträge an, mit denen Sie als Urheber abgestufte Rechte an ihrem Werk vergeben können. Die vier wichtigsten kombinierbaren Lizenzelemente sind in der Infobox dargestellt.

INFOBOX – CC-LIZENZELEMENTE

 Namensnennung   Keine Bearbeitungen

 Nicht-Kommerzielle Nutzung in Europa   Weitergabe unter gleichen Bedingungen

---

1.3.4 Datenschutzrecht

Das Bundesamt für Sicherheit in der Informationstechnik (BSI) definiert Datenschutz als „Schutz der allgemeinen Persönlichkeitsrechte von natürlichen Personen (Menschen), insbesondere den Anspruch auf Achtung der Privatsphäre, vor einer missbräuchlichen Datenverarbeitung." Konkretisiert wird dies im Bundesdatenschutzgesetz (BDSG) und in den Landesdatenschutzgesetzen und - verordnungen der 16 Bundesländer.

INFOBOX – BUNDESDATENSCHUTZGESETZ (BDSG)

§ 1 Zweck und Anwendungsbereich des Gesetzes
(1) Zweck dieses Gesetzes ist es, den Einzelnen davor zu schützen, dass er durch den Umgang mit seinen personenbezogenen Daten in seinem Persönlichkeitsrecht beeinträchtigt wird.

Datenschutzmaßnahmen

Bei der Nutzung digitaler Endgeräte wie Tablets und Smartphones müssen Sie besonders auf technische und organisatorische Schutzmaßnahmen achten. Es geht dabei nicht nur um die Abwehr von Schadsoftware, sondern vor allem um die Datensicherheit auf den Geräten und in der Cloud. Die folgenden Fragen sollen Sie dabei unterstützen:

» Werden die allgemeinen Datenschutzgrundsätze eingehalten?
» Welche technischen Maßnahmen zur Datensicherheit sind getroffen?
» Ist das Gebot der Datensparsamkeit beachtet?
» Wo und wie werden die Daten gespeichert?
» Wer hat Zugriff auf die Daten?
» Welchen Verbreitungsbereich haben die Dateien?
» Enthalten die Dateien personenbezogene Daten?
» Sind alle Bildrechte vorhanden?
» Sind alle notwendigen Einwilligungen vorhanden?
» Werden die Urheber- und Nutzungsrechte eingehalten?
» Wann werden die Daten gelöscht?

1.3.5 Medienrecherche im Internet

Bei der Arbeit mit Smartphone und Tablet im Unterricht kommt der Medienrecherche eine zentrale Bedeutung zu. Sie recherchieren Inhalte, Sie arbeiten mit Texten, Bildern, Videos und weiteren multimedialen Elementen. Im Internet können Sie alles suchen – fraglich ist, ob Sie das Gesuchte auch finden. Machen wir es aber zunächst wie unsere Schüler und suchen bei Google und in der Wikipedia. Als Suchbegriff wählen wir den Gegenstand unseres Buchs: „Medienkompetenz" und verändern die Suche im zweiten Schritt in „Medienkompetenz in der Schule". Im ersten Durchgang erhalten wir bei Google über eine Million Ergebnisse, im zweiten Durchgang sind es „nur" noch ungefähr 627.000 Ergebnisse. Die ersten zehn Links auf der ersten Seite sind andere als bei der ersten Suche mit dem Begriff „Medienkompetenz". In der Wikipedia gibt es einen Artikel zum Thema „Medienkompetenz", die zweiten Suche verweist auf 141 Artikel.

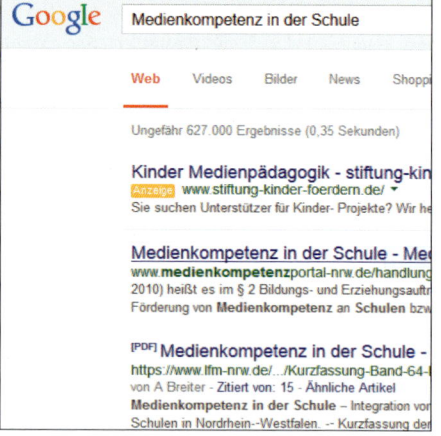

www.wikipedia.de (abgerufen am 7.3.2015)

1.3.6 Suchstrategien

Die Ergebnisse unserer Suche waren, wie Sie gesehen haben, nicht wirklich erfolgreich und zielführend. Wir möchten deshalb in diesem Kapitel vorstellen, wie Sie eine Suchstrategie entwickeln können, um bei der Internetrecherche erfolgreich zu sein.

Suchziel definieren

Eine erfolgreiche Recherche beginnt immer mit der Formulierung des Rechercheziels und dem daraus abgeleiteten Rechercheprofil. Definieren Sie Ihr Ziel eindeutig. Sie können Ihr Ziel auch als Frage formulieren. Die erfolgreiche Recherche liefert die Antwort. Die folgenden Leitfragen möchten Sie dabei unterstützen:

» Liegt der Schwerpunkt der Recherche auf Aktualität, Spezialität oder Vollständigkeit?

Beispielhaft weiter mit Leitfragen zu unserem Thema Medienkompetenz.

» In welchem Kontext interessiert uns die Medienkompetenz?
» Geht es um die Medienkompetenz der Lehrkräfte oder um die der Schülerinnen und Schüler?
» Liegt unser Fokus auf der Medienpädagogik, der Mediendidaktik, dem Medienrecht, der Medientechnik oder der Mediengestaltung?

Eine unvollständige Liste verschiedener weiterer Aspekte zum Thema Medienkompetenz: Schulart, Schulstufe, Fach, Berufsfeld, technische Ausstattung, Weiterbildung usw.

Suchbegriffe finden

Nachdem Sie Ihr Rechercheziel formuliert haben, müssen Sie die Suchbegriffe finden, die Sie in das Suchfeld der Suchmaschine oder der Mediendatenbank eingeben. Berücksichtigen Sie dabei auch Synonyme und verwandte Begriffe.

Operatoren nutzen

Operatoren werden genutzt, um mehrere Suchbegriffe miteinander zu verknüpfen oder sie voneinander zu trennen und damit die Suche zu präzisieren. Die wichtigsten boolschen Operatoren, benannt nach dem britischen Mathematiker George Boole, sind AND (UND), OR (ODER) und NOT (NICHT). AND definiert die Schnittmenge der Treffer. Mit OR bekommen Sie die Vereinigungsmenge der Treffer zu Ihren Suchbegriffen angezeigt und mit NOT definieren Sie die Ausschlussmenge, indem Sie bestimmte Suchbegriffe verbieten.

In Suchmaschinen und Mediendatenbanken werden die Operatoren teilweise durch Symbole dargestellt. In Google wird das AND durch ein Pluszeichen (+) und NOT durch ein Minuszeichen (-) direkt vor dem Suchbegriff dargestellt. Für die Oder-Verknüpfung gilt dagegen der boolsche Operatorbegriff OR.

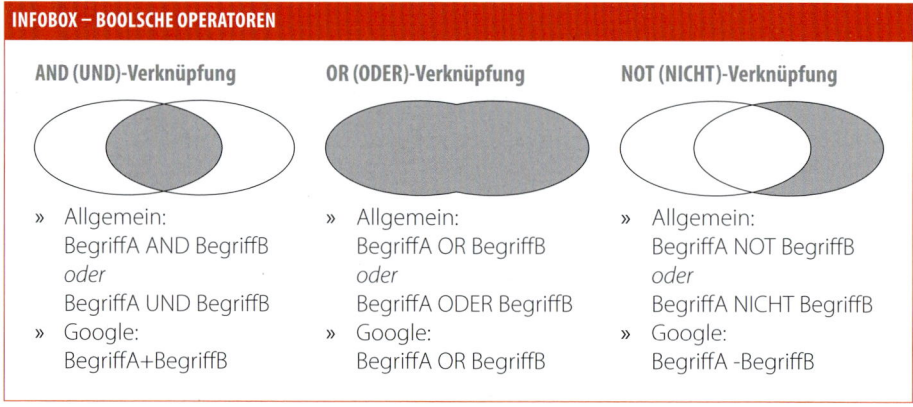

INFOBOX – BOOLSCHE OPERATOREN

AND (UND)-Verknüpfung

» Allgemein:
BegriffA AND BegriffB
oder
BegriffA UND BegriffB
» Google:
BegriffA+BegriffB

OR (ODER)-Verknüpfung

» Allgemein:
BegriffA OR BegriffB
oder
BegriffA ODER BegriffB
» Google:
BegriffA OR BegriffB

NOT (NICHT)-Verknüpfung

» Allgemein:
BegriffA NOT BegriffB
oder
BegriffA NICHT BegriffB
» Google:
BegriffA -BegriffB

Komplexe Suchanfragen können Sie durch die Verwendung mehrerer Operatoren in Kombination mit Klammerungen stellen. Allgemein dargestellt: BegriffA AND (BegriffB OR BegriffC). Die Suchanfrage tablets + (android or iOS) liefert Ergebnisse zu Tablets mit Android- und iOS-Betriebssystem.

Phrasen formulieren

Phrasen sind nach Duden ein „zusammengehöriger Teil eines Satzes; aus mehreren, eine Einheit bildenden Wörtern, auch aus einem einzelnen Wort bestehender Satzteil; Satzglied". Bei der Eingabe in ein Suchfeld der Suchmaschine oder einer Mediendatenbank werden Phrasen in Anführungszeichen gesetzt. Ein Beispiel für die Eingabe einer Phrase haben Sie in diesem Kapitel schon kennengelernt: „Medienkompetenz in der Schule" ▶ **SEITE 46**.

Weitere Suchparameter verwenden

Suchmaschinen und Mediendatenbanken erlauben meist die Verwendung weiterer Suchparameter wie z. B. Dateiformat, Datum oder auch die Unterscheidung nach Groß- und Kleinschreibung der Suchbegriffe. Informieren Sie sich darüber in den Hilfedateien der jeweiligen Suchmaschinen oder Mediendatenbanken.

1.3.7 Medienquellen

Google und Wikipedia sind auch mit einer guten Suchstrategie nur der Einstieg in die Medienrecherche. Recherchieren Sie mit anderen Suchmaschinen, in Verzeichnissen und Katalogen, auf Websites von Institutionen und Firmen sowie in Mediendatenbanken. Beachten Sie dabei immer die Grundsätze des Medienrechts ▶ SEITE 35.

Verzeichnisse und Kataloge

Ebenso wie in der klassischen analogen Recherche gibt es auch für die digitale Recherche Verzeichnisse und Kataloge. Eine sehr gute und kommentierte Linksammlung von Medienquellen und -datenbanken zu vielfältigen Themen finden Sie unter ▶ WWW.LMZ-BW.DE/FREIE-INHALTE-FINDEN.HTML.

Das Hochschulbibliothekszentrum des Landes Nordrhein-Westfalen, Köln (hbz) bietet unter ▶ WWW.DIGIBIB.NET eine sehr umfangreiche Website mit Recherchemöglichkeiten in Bibliothekskatalogen und Literaturdatenbanken.

Dies sind nur zwei Beispiele der vielfältigen Verzeichnisse im Netz. Erstellen Sie für Ihre Fächer eigene Verzeichnisse und teilen Sie diese mit Kollegen.

INFOBOX – VALIDIERUNG DER INHALTE EINER RECHERCHE

Oft ist es schwierig, die Qualität, Glaubwürdigkeit und Nachvollziehbarkeit der Inhalte von Internetseiten zu beurteilen. Die folgenden Kriterien helfen Ihnen bei der Einordnung Ihrer Rechercheergebnisse:

» Autor, Institution
» Aktualität der Inhalte
» Aktualisierung der Seite
» Verlinkung, intern und extern
» Quellenangaben und Zitate
» Sprache, Orthografie und Grammatik

Bilder

Bei der Bildersuche im Internet geht es nicht nur darum, das passende Motiv zu finden. Sie müssen auch die technischen Parameter wie Bildgröße und Dateiformat sowie die Bildlizenzen beachten ▶ SEITE 40. Wählen Sie immer die erweiterte Bildersuche bei Ihrer Recherche. Dort können Sie die Bildersuche gezielt nach den erforderlichen Kriterien filtern. Als Beispiel zeigen wir hier die *Erweiterte Bildersuche* von Google und das Suchfenster der Bilddatenbank Pixelio ▶ WWW.PIXELIO.DE.

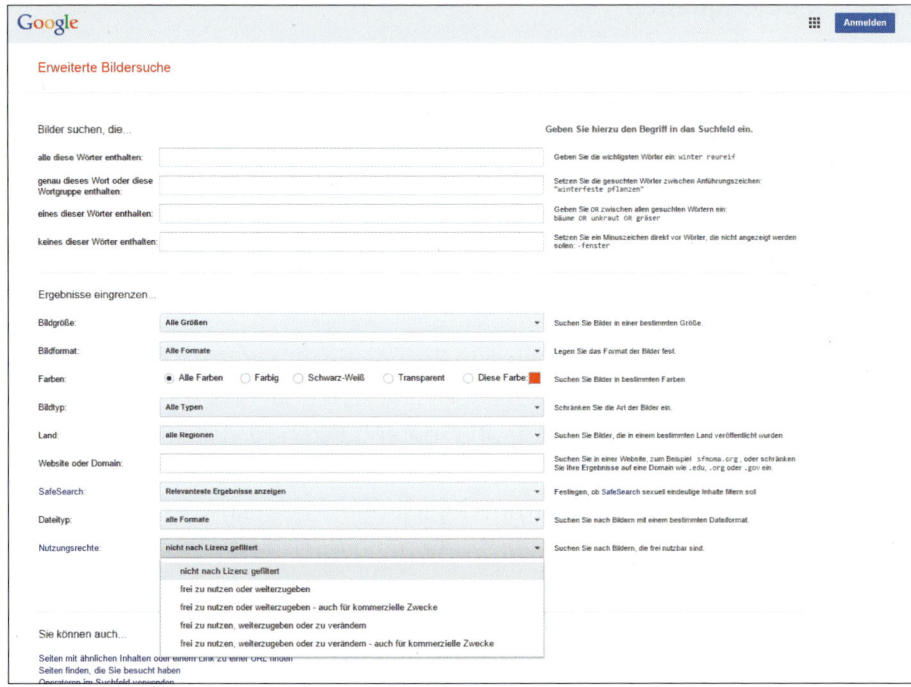

Suchmaschine Google: Erweiterte Bildersuche, www.google.de (abgerufen am 17.3.2015)

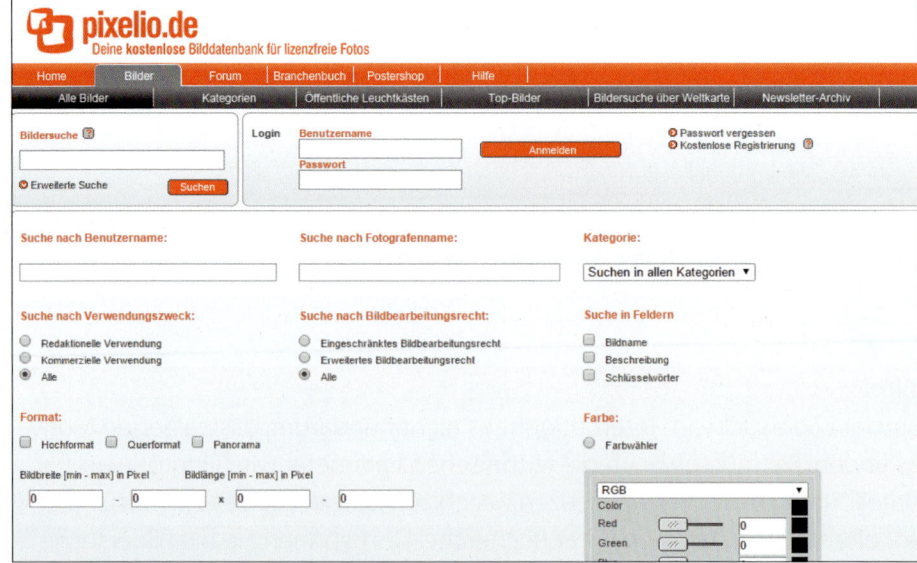

Bilddatenbank Pixelio: Erweiterte Bildersuche, www.pixelio.de (abgerufen am 17.3.2015)

Videos

Jugendliche googeln nicht, sie schauen auf YouTube wie´s geht. Laut einer Pressemeldung von YouTube werden pro Minute 300 Stunden Videomaterial auf YouTube hochgeladen. Vermutlich ist auch für Ihre Recherche das Passende dabei.

YouTube bietet eine spezielle Suche nach Videos, die unter Creative Commons lizenziert sind.

1 Geben Sie Ihren Suchbegriff im *Suchfeld* Ⓐ ein.

2 Öffnen Sie das Kontextmenü *Filter* Ⓑ.

3 Klicken Sie die gewünschte Filterfunktion an, hier *Creative Commons* Ⓒ.

www.youtube.de (abgerufen am 17.3.2015)

Wie Sie die Videos in Ihre Anwendung einbinden erfahren Sie auf ▶ **SEITE 159** und ▶ **SEITE 170**.

Musik und Geräusche

Musik als Hintergrund, Musik als Stilmittel, Geräusche als ▶ **ATMO**. Audio ist ein genauso wichtiger Teil eines digitalen Mediums wie Bilder und Videos. Wenn Sie eigene Aufnahmen verwenden, sind Sie medienrechtlich auf der sicheren Seite. Wenn Sie allerdings auf fremde Aufnahmen zurückgreifen, dann müssen Sie wie bei allen fremden Medien die jeweiligen Lizenzen beachten. YouTube ▶ **WWW.YOUTUBE.COM** bietet außer Videos auch Musik zum Download an. Sie können sich auch hier über Filtereinstellungen Audiodateien mit einer CC-Lizenz anzeigen lassen.

Auf der Website des Landesmedienzentrums Baden-Württemberg finden Sie auf ▶ **WWW.LMZ-BW.DE/FREIE-INHALTE-FINDEN.HTML** ein Verzeichnis mehrerer Internetadressen mit Musik- und Geräuschdateien unter CC-Lizenz.

Medien erstellen

2.1 Dateiverwaltung

Sie arbeiten schon lange mit dem Computer. Sie erstellen damit Arbeitsblätter und Klassenarbeiten, recherchieren im Internet und präsentieren mit dem Computer. Als Software nutzen Sie u. a. die gängigen Office-Programme, Programme zur Medienbearbeitung und -erstellung und natürlich Anwenderprogramme aus Ihrem Fachgebiet. Die Dateien speichern Sie auf der Festplatte eines Computers oder Wechseldatenträger. Auch die Verwaltung der Dateien ist für Sie Routine.

Wozu also ein Kapitel zum Thema Dateiverwaltung? Die Antwort ist eigentlich ganz einfach: Auf Smartphones und Tablets unterscheiden sich das Betriebssystem, die Programme und damit verbunden auch die Dateiverwaltung von der bisher gewohnten Art auf dem Computer. Bedingt durch die andere Systemarchitektur mobiler Geräte muss sich auch die Arbeitsweise der Benutzer verändern.

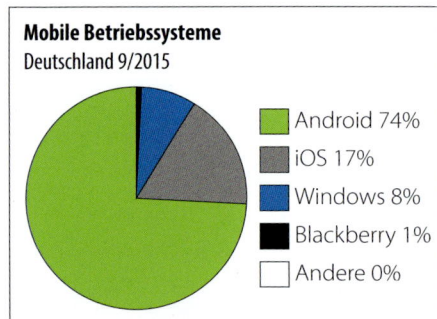
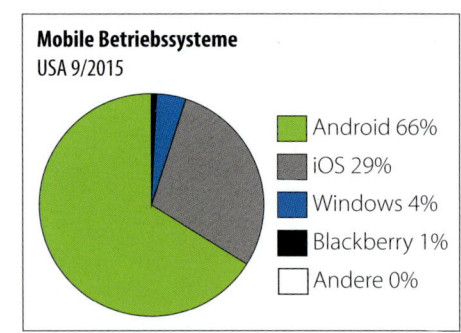

Anteile mobiler Betriebssysteme, September 2015, Quelle: http://www.app-entwicklung.info/ (abgerufen am 21.03.2016)

Der Markt für mobile Betriebssysteme wird von drei Systemen beherrscht, Android von Google, iOS von Apple und Windows von Microsoft. Android von Google ist ein grundsätzlich offenes Betriebssystem. Es wird auf Smartphones und Tablets von Google und anderen Herstellern wie z. B. Samsung angeboten. Das Betriebssystem iOS von Apple ist nur auf Hardware von Apple, iPhones und iPads, lauffähig. Android und iOS sind Betriebssysteme, die speziell für mobile Geräte entwickelt und optimiert wurden. Microsoft geht mit Windows einen anderen Weg. Windows soll grundsätzlich auf allen Gerätetypen lauffähig sein und damit volle Programm- und Dateikompatibilität ermöglichen.

In Schulen werden Tablets für den Unterrichtseinsatz i. d. R. zentral administriert. Damit haben Sie als Lehrkraft ebenso wie Ihre Schülerinnen und Schüler keine Berechtigung, Apps zu installieren oder zu löschen.

Häufig stehen den Schülerinnen und Schülern Tablets an Schulen als Klassensatz nur zeitlich befristet zu Verfügung. Datenschutz und Datensicherheit sind da von besonderer Bedeutung.

Einen anderen Weg verfolgt das Konzept ▶ **BYOD** (*Bring your own device*). Hier arbeiten alle mit ihren eigenen Geräten. Die Nutzer sind für die Sicherheit und sachgerechte Administration ihres Endgeräts verantwortlich. Wenn Sie im Unterricht mit allgemein zugänglichen und kostenlosen Apps arbeiten, ist *BYOD* ein praktikables Modell, da es die Lehrmittelfreiheit nicht betrifft. Auf den Downloadplattformen ist meist eine Registrierung vor dem Download einer App notwendig. Dazu reicht eine Mailadresse und ein frei zu wählendes Passwort. Wir empfehlen, für diesen Zweck eine allgemeine, nicht personenbezogene Mailadresse zu verwenden.

Vor der Arbeit mit Smartphones und Tablets im Unterricht nach dem *BYOD*-Konzept müssen Sie folgende Punkte klären:
» Einbindung der Geräte in das Schulnetz und die schulische Infrastruktur wie z. B. Drucker
» Verschiedene Geräte und Systeme im Unterricht
» Lauffähigkeit der Apps auf den Geräten
» Trennung von Privat- und Arbeitsdaten
» Datenschutz und Datensicherheit
» Konfiguration und Pflege der Geräte, z. B. Durchführen von Updates
» Haftungsregelungen bei Verlust oder Beschädigung der Geräte
» Schüleraccount zum Download von Apps
» Verfügbarkeit der Geräte

2.1.1 Apps

SIE KÖNNEN

» Apps auf Ihr Smartphone oder Tablet laden und dort installieren.
» Apps verwalten und löschen.

SIE BRAUCHEN

Smartphone oder Tablet, Account in einem App-Portal

SIE VERSTEHEN

Apps ist die Abkürzung von Applications. Application (engl. Anwendung) steht allgemein in der Computertechnik für alle Anwendungsprogramme. Heute verstehen wir darunter aber vor allem die Anwendungsprogramme für Smartphones und Tablets. Jeder der drei Betriebssystemanbieter hat einen Internet-Shop in dem die Apps für die entsprechende Plattform angeboten werden. Für iOS-Apps ist das der *Apple App Store*, bei Android *Google Play Store* und bei Windows der *Windows Store* (Windows 8.1, Windows 10). Apps aus anderen Quellen können nur installiert werden, wenn es das jeweilige Betriebssystem zulässt.

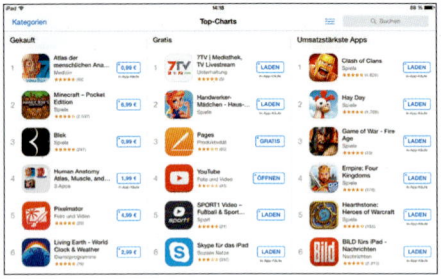

Apple App Store

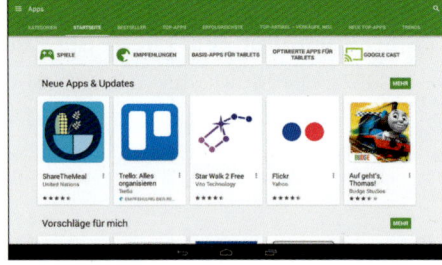

Google Play Store

SIE HANDELN

Sie installieren eine App aus dem Apple App Store oder aus dem Google Play Store. Der passende Store ist auf dem Smartphone oder Tablet als Standard-App vorinstalliert. Wir beschreiben den Download, die Installation und das Löschen einer kostenlosen App. Bei kostenpflichtigen Apps folgt natürlich vor der Installation der Bezahlvorgang z. B. per Kreditkarte.

Installation einer iOS-App

1 Öffnen Sie den App Store.

2 Wählen Sie die zu installierende App aus.

3 Tippen Sie auf *Laden*.

4 Tippen Sie auf *Installieren*.

5 Melden Sie sich beim iTunes Store mit Ihrem Apple-ID-Passwort an.

INFOBOX – APPLE-ID

Zum Download von iOS-Apps aus dem Apple App Store brauchen Sie eine Apple-ID. Sie können diese kostenlos unter ▶ **APPLEID.APPLE.COM/DE/ACCOUNT** erstellen. Die Apple-ID benötigen Sie auch zur Interaktion in iTunes und der iCloud.

---

6 Die App wird auf Ihrem iPad oder iPhone installiert. Sie können nach einem Tipp auf *Öffnen* gleich mit der App arbeiten.

 Löschen einer iOS-App

1 Wählen Sie die zu deinstallieren-de App aus und bleiben Sie mit dem Finger auf dem Icon **A** bis es zu zittern beginnt.

2 Tippen Sie auf das „x" **B** in der linken oberen Ecke des Icon.

3 Die Kontrollabfrage bestätigen Sie mit *Löschen* **C**. Die App wird zusammen mit den gespeicher-ten Daten gelöscht.

4 Beenden Sie die Auswahl durch Drücken des Home-Buttons.

Installation einer Android-App

1 Öffnen Sie den Google Play Store.

2 Wählen Sie die zu installierende App aus.

3 Tippen Sie auf *Installieren*.

4 Die App wird auf Ihrem Android-Gerät installiert. Sie können nach einem Tipp auf *Öffnen* gleich mit der App arbeiten.

Löschen einer Android-App

1 Gehen Sie im *App Drawer*, der Übersicht aller installierten Apps, auf Einstellungen **D**.

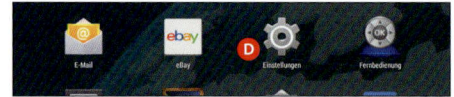

2 Wählen Sie die Option *Anwendungen* bzw. *Apps* **E** und es wird eine Liste mit allen auf Ihrem Gerät installierten Apps angezeigt.

3 Wählen Sie die zu deinstallierende App **F** aus und tippen Sie auf *Deinstallieren* **G**.

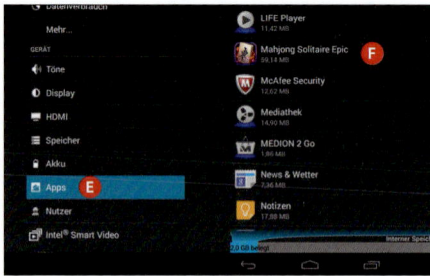

Einstellungen-Dialog mit der Liste aller auf dem Gerät installierten Apps

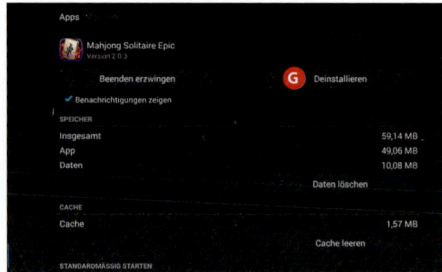

Einstellungen-Dialog zur App-Verwaltung

4 Die Kontrollabfrage bestätigen Sie mit *OK* **H**. Die App wird zusammen mit den gespeicherten Daten gelöscht.

Kontrollabfrage vor der App-Deinstallation

2.1.2 Dateien lokal verwalten

SIE KÖNNEN

» Dateien auf einem Smartphone oder Tablet verwalten.

» Dateien aus Apps exportieren und in Anwendungen anderer Apps importieren.

SIE BRAUCHEN

Smartphone oder Tablet, Apps und Dateien

SIE VERSTEHEN

Auf dem Computer wählen Sie im Dateimenü die Option *Speichern* oder *Speichern unter...* und speichern so eine Datei im Dateisystem von Windows oder Mac OS. In den Apps auf einem Smartphone oder Tablet gibt es kein Dateimenü. Die Dateien werden in den jeweiligen Apps gespeichert.

Beim Import einer Datei werden in der App alle auf Ihrem Gerät installierten Apps angezeigt, in denen als Datenquelle Dateien im geeigneten Dateiformat gespeichert sind.

SIE HANDELN

Verwalten Sie Dateien lokal auf dem Smartphone oder Tablet.

Bilddatei aus Fotos in WPS Office einfügen

Wir beschreiben die Übung am Beispiel der App *WPS Office* (▶ SEITE 187) auf dem iPad. Auf Android-Tablets sieht die Benutzeroberfläche etwas anders aus, die Funktionalität ist aber identisch. Sie werden bei der Arbeit mit anderen Apps wie z. B. *Explain Everything* (▶ SEITE 167) feststellen, dass die Vorgehensweise grundsätzlich immer dieselbe ist. Probieren Sie es aus!

1 Legen Sie in *WPS Office* eine neues Textdokument an.

2 Tippen Sie auf *Einfügen* **A**.

3 Wählen Sie *Fotos* **B** (▶ SEITE 88).

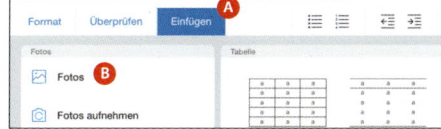

4 Wählen Sie das gewünschte Bild aus und fügen Sie es durch Antippen in das Dokument ein. Sie können jetzt das Bild auch noch bearbeiten.

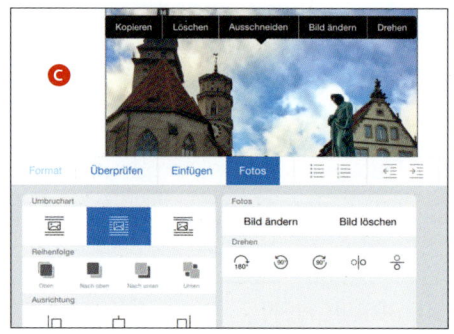

5 Schließen Sie den Bildimport mit einem Tipp in den Arbeitsbereich ab **C**.

6 Sichern Sie das Dokument **D**.

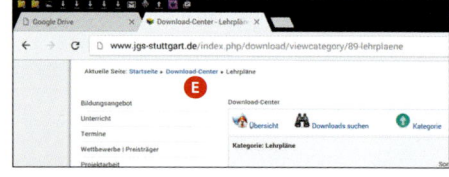

PDF-Datei aus dem Internet herunterladen und in eine App importieren

Wir laden in der Übung eine PDF-Datei auf ein Android-Tablet. Den Download von Dateien in anderen Dateiformaten oder auf iOS-Geräte führen Sie nach demselben Prinzip durch.

1 Öffnen Sie den Browser und gehen Sie auf die Downloadseite **E**, hier: ▶ WWW.JGS-STUTTGART.DE

2 Wählen Sie die Datei aus. Es werden alle auf dem Gerät installierten Apps angezeigt, die dieses Dateiformat verarbeiten können. Wählen Sie die App, hier *Adobe Acrobat* **F**, aus und betätigen Sie mit *Nur diesmal* **G**.

3 Die Datei wird in der Dateiverwaltung der App gespeichert und kann nun lokal genutzt werden.

2.1.3   Dateien in der Cloud verwalten

SIE KÖNNEN

» Dateien in der Cloud speichern.
» Dateien anderen Nutzern in der Cloud zur Verfügung stellen.
» Dateien aus der Cloud herunterladen und bearbeiten.

SIE BRAUCHEN

Smartphone, Tablet oder Computer, Browser, Cloud-Account

SIE VERSTEHEN

Bei der Arbeit mit Smartphones und Tablets im Unterricht ist die Speicherung und der Austausch von Dateien über die Cloud mit Cloud-Computing unverzichtbar ▶ **INFOBOX AUF SEITE 62**.

In der Praxis werden drei Servicemodelle von Diensten im Cloud-Computing unterschieden:
» *Infrastructure as a Service* (IaaS), z. B. Datenspeicherung in der Cloud mit Dropbox oder Google Cloud.
» *Platform as a Service* (PaaS), z. B. Entwicklungs- und Testumgebungen wie die Developer Tools von Google Chrome.
» *Software as a Service* (SaaS), z. B. Officeanwendungen wie Google Docs.

Es gibt verschiedene kostenlose und kostenpflichtige Dienste. Alle Cloud-Dienste erfordern die Einrichtung eines Nutzerkontos mit Nutzernamen und Nutzer-Passwort. Aus Sicht des Datenschutzes ist die Nutzung von Cloud-Diensten außerhalb des europäischen Wirtschaftsraum nicht unproblematisch. In der Praxis besteht aber noch nicht überall die Möglichkeit, in der Schule regionale oder nationale öffentliche Cloud-Dienste zu nutzen. Sie werden deshalb die Dienste der internationalen amerikanischen Anbieter nutzen müssen. Beachten Sie dabei die hierfür geltenden Regelungen. Die gesetzlichen Grundlagen für die Nutzung von Cloud-Diensten im Bildungsbereich sind das Bundesdatenschutzgesetz (BDSG), die Landesdatenschutzgesetze und weitere landesrechtliche Vorschriften für die Nutzung von Cloud-Diensten.

INFOBOX – CLOUD COMPUTING

Das Bundesamt für Sicherheit in der Informationstechnik, BSI, ▶ **WWW.BSI.BUND.DE**, hat folgende Definition für den Begriff *Cloud Computing*:

„Cloud Computing bezeichnet das dynamisch an den Bedarf angepasste Anbieten, Nutzen und Abrechnen von IT-Dienstleistungen über ein Netz. Angebot und Nutzung dieser Dienstleistungen erfolgen dabei ausschließlich über definierte technische Schnittstellen und Protokolle. Die Spannbreite der im Rahmen von Cloud Computing angebotenen Dienstleistungen umfasst das komplette Spektrum der Informationstechnik und beinhaltet unter anderem Infrastruktur (z. B. Rechenleistung, Speicherplatz), Plattformen und Software."

SIE HANDELN

Sie verwalten Dateien in der *Dropbox* und in *Google Drive*.

  Datei in die Dropbox hochladen

1 Wählen Sie eine Datei aus. In unserem Beispiel ist dies ein Bild aus der Fotos-App eines Android-Tablets. Der Ablauf ist bei anderen Apps und auch auf iOS- oder Windows-Geräten grundsätzlich immer derselbe.

2 Tippen Sie auf den *Teilen-Icon* **A**.

3 Es werden alle auf Ihrem Gerät installierten Apps angezeigt, welche die Datei verarbeiten können. Wählen Sie *Zu Dropbox hinzufügen* **B** aus.

INFOBOX – DROPBOX-KONTO

Zum Speichern und Austausch von Dateien mit Dropbox brauchen Sie ein Dropbox-Konto. Sie können unter ▶ **WWW.DROPBOX.COM** ein Konto einrichten. Die Angabe der Zahlungsoption können Sie überspringen, das Basiskonto ist kostenlos. Zur Verwaltung Ihrer Dropbox installieren Sie anschließend aus dem App Store für ein iOS-Gerät oder aus dem Google Play Store für ein Android-Gerät die Dropbox-App.

---

4 Wählen Sie in der *Dropbox* den Ordner aus **C**.

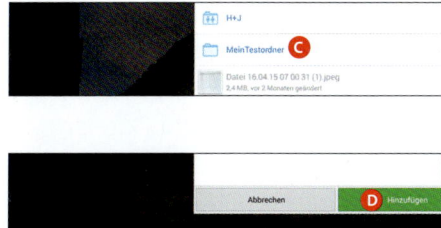

5 Schließen Sie den Upload mit *Hinzufügen* **D** ab.

Datei aus der Dropbox herunterladen

1 Öffnen Sie die App *Dropbox*.

2 Wählen Sie die Datei aus.

3 Laden Sie die Datei herunter. Sie haben zwei Optionen, wie Sie weiter vorgehen können:

» *Öffnen mit* **E**: Es werden alle auf Ihrem Gerät installierten Apps angezeigt, welche die Datei verarbeiten können. Wählen Sie die gewünschte App aus. Die Datei wird geöffnet und Sie können mit der Bearbeitung beginnen.

» *Exportieren* **F**: Es werden alle auf Ihrem Gerät installierten Apps angezeigt, welche die Datei verarbeiten können. Wählen Sie die passende App aus und folgen Sie dem Dialog.

Dateien und Ordner für andere Nutzer in Dropbox freigeben

1 Öffnen Sie die App *Dropbox*.

2 Wählen Sie einen Ordner aus.

3 Tippen Sie auf die Markierung **G**.

4 Tippen Sie auf *Freigeben* **H**.

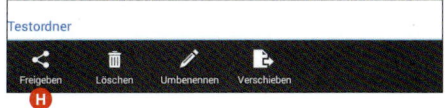

5 Sie haben zwei Optionen, wie Sie weiter vorgehen können:

» *Link senden* ❶ gibt dem Nutzer das Recht Dateien herunterzuladen.

» *Ordnereinladung* ❿ gibt dem Nutzer den vollen Zugriff mit allen Rechten auf diesen Ordner.

  Datei in Google Drive hochladen

1 Öffnen Sie die App *Google Drive*.

2 Tippen Sie auf das rote Plus ⒶA.

3 Tippen Sie auf *Hochladen* ⒷB und wählen Sie anschließend die Datei aus.

4 Bestätigen Sie die Auswahl ⒸC.

  Datei aus Google Drive herunterladen

1 Öffnen Sie die App *Google Drive*.

2 Wählen Sie die Datei aus. Die Datei wird als Vorschau angezeigt.

INFOBOX – GOOGLE-KONTO

Zum Speichern und Austausch von Dateien mit *Google* brauchen Sie ein Google-Konto. Sie können unter ▶ **ACCOUNTS.GOOGLE.COM** ein kostenloses Konto einrichten. Sie haben mit der Anmeldung zu diesem Konto automatisch Zugriff auf alle Google-Dienste.
Zur Verwaltung der Google-Dienste installieren Sie anschließend aus dem App Store für ein iOS-Gerät oder aus dem Google Play Store für ein Android-Gerät die gewünschten Google-Apps (z. B. *Google Drive*, *Google Mail*, *Google Maps*).

3 Tippen Sie auf das „i" **D** am rechten oberen Rand des Displays. Der Dialog bietet verschiedene Optionen zur Dateiverwaltung. Mit *Öffnen in* **E** werden alle auf Ihrem Gerät installierten Apps angezeigt, welche die Datei verarbeiten können.

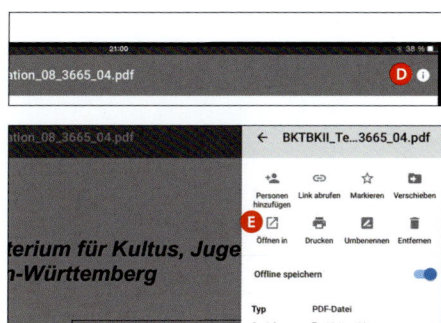

Dateien und Ordner für andere Nutzer in Google Drive freigeben

1 Öffnen Sie Google Drive.

2 Wählen Sie den Ordner oder die Datei aus.

3 Tippen Sie auf das „i" am rechten oberen Rand des Displays **F**. Der Dialog bietet verschiedene Optionen zur Dateiverwaltung. Mit *Personen hinzufügen* **G** vergeben Sie Nutzerrechte.

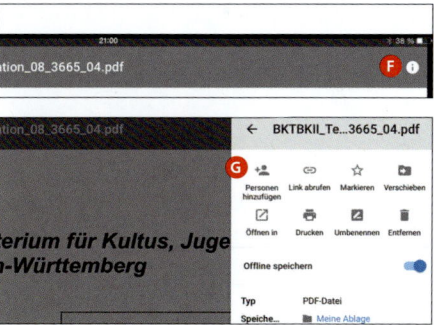

2.1.4 Dateien übertragen

SIE KÖNNEN

Dateien zwischen mobilen Geräten und Computern übertragen.

SIE BRAUCHEN

Smartphone oder Tablet, Computer, ▶ **USB**-Kabel

SIE VERSTEHEN

Der direkte Austausch von Dateien zwischen verschiedenen Geräten ist auch durch die Cloud nicht überflüssig geworden. Kabellos ist die Übertragung über WLAN oder Bluetooth möglich. Für beide Wege brauchen Sie die entsprechenden Nutzerrechte. Die Datenübertragung mit *AirDrop* zwischen iOS-Geräten und iOS-Geräten und Macs benötigt wie die kabelgebundene Übertragung per USB-Kabel keine Netzwerk-Nutzerrechte. Wir stellen Ihnen diese Wege des Datenaustauschs in diesem Kapitel vor.

SIE HANDELN

Verbinden Sie mobile Geräte miteinander und mobile Geräte mit Computern. Übertragen Sie Dateien zwischen den Geräten.

 Dateien zwischen Android-Gerät und Windows-PC übertragen

1 Verbinden Sie beide Geräte mit einem USB-Kabel.

2 Das Android-Gerät wird im Windows-Explorer angezeigt Ⓐ. Sie können jetzt Dateien wie gewohnt per „Drag-and-Drop" zwischen den Geräten übertragen.

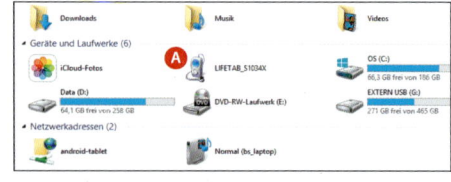

 Dateien zwischen Android-Gerät und Mac übertragen

Damit Sie Dateien zwischen einem Android-Gerät und einem Mac übertragen können, muss die Software *Android File Transfer* auf dem Mac installiert sein. Sie können das Programm unter ▶ **WWW.ANDROID.COM/FILETRANSFER** kostenlos herunterladen und es dann auf dem Mac installieren. Auf dem Android-Gerät brauchen Sie zur Datenübertragung keine App.

1 Verbinden Sie beide Geräte mit einem USB-Kabel.

2 Öffnen Sie das Programm *Android File Transfer*

3 Sie können jetzt Dateien wie gewohnt per „Drag-and-Drop" zwischen den Geräten übertragen.

 Dateien zwischen iOS-Gerät und Windows-PC übertragen

1 Verbinden Sie beide Geräte mit einem USB-Kabel.

2 Das iOS-Gerät wird im Windows-Explorer angezeigt **B**. Sie können jetzt Dateien wie gewohnt per „Drag-and-Drop" zwischen den Geräten übertragen.

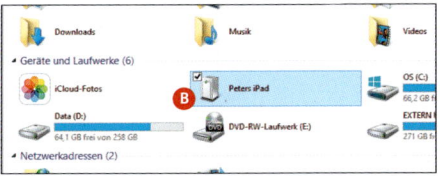

Dateien zwischen iOS-Gerät und Mac mit iTunes übertragen

1 Öffnen Sie iTunes.

2 Wählen Sie Ihr Gerät aus **C**.

3 Klicken Sie unter Einstellungen auf *Apps* **D**. Im Fenster Datei-freigabe **E** werden alle auf Ihrem Gerät installierten Apps **F** angezeigt, die eine Dateifreigabe unterstützen.

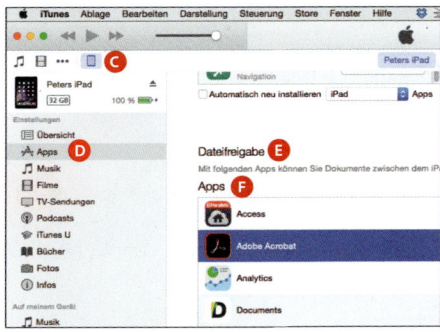

4 Wählen Sie die App **G** aus. Sie können jetzt wie gewohnt per Drag-and-Drop Dateien zwischen dem mobilen Gerät und dem Mac übertragen **H**.

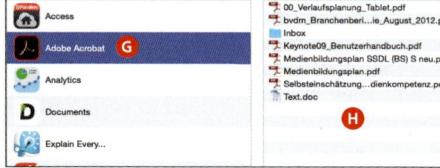

Dateien zwischen iOS-Geräten mit AirDrop übertragen

1 Aktivieren Sie *AirDrop* auf den beteiligten Geräten ▶ **INFOBOX AUF DIESER SEITE**.

2 Öffnen Sie die App und wählen Sie die Datei aus.

3 Tippen Sie in der App auf *Senden*.

4 Der andere Benutzer erhält eine Benachrichtigung mit einer Vorschau der Datei. Er kann annehmen oder ablehnen.

INFOBOX – AIRDROP

Die kabellose Übertragung von Dateien mit AirDrop zwischen iOS-Geräten bzw. Macs ist ohne zusätzliche Netzinfrastruktur möglich. Sie müssen lediglich in den beteiligten Geräten WLAN **A** und Bluetooth **B** aktivieren. Wischen Sie dazu vom unteren Rand des Displays nach oben, um den Einstellungsdialog zu öffnen. Wählen Sie anschließend eine Option **C**:

» *Aus*, schaltet AirDrop aus.
» *Nur Kontakte*, Ihre Kontakte können Ihr Gerät in AirDrop sehen.
» *Jeden*, alle iOS-Geräte in der Nähe, die AirDrop aktiviert haben, können Ihr Gerät in AirDrop sehen.

2.1.5   Dateien drucken

SIE KÖNNEN

Dateien von einem Smartphone oder Tablet aus drucken.

SIE BRAUCHEN

Smartphone oder Tablet, Netzwerkdrucker, Drucker-App

SIE VERSTEHEN

Sie sind es gewohnt, auf einem Computer aus allen Programmen auf einen Drucker zugreifen zu können. In allen Anwendungen steht hierfür im Menü *Datei* die Option *Drucken* zur Verfügung. Auf mobilen Geräten ist es leider nicht so einfach. Für den Druck aus iOS-Geräten muss der Drucker Apples proprietäres Wireless-Printing-Protokol *AirPrint* unterstützen. Da noch nicht alle Drucker AirPrint-tauglich sind, haben die Drucker spezielle Apps entwickelt, um auch ohne Airprint drucken zu können. Wir nutzen in unserem Beispiel die kostenlose App *Samsung Mobile Print*. Auch für den Druck aus Android-Geräten empfehlen wir die Installation der jeweiligen Drucker-App.

SIE HANDELN

Erstellen Sie in der App *WPS Office* eine Textdatei. Drucken Sie die Datei aus.

 Von Android-Gerät aus drucken

1 Öffnen Sie *WPS Office* und legen Sie ein neues Dokument **A** an.

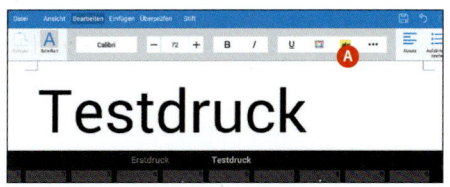

2 Speichern Sie die Datei im Ordner *Meine Dokumente*.

3 Öffnen Sie die Drucker-App, hier: *Samsung Mobile Print*.

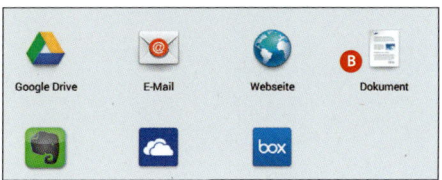

4 Wählen Sie als Datei-Quelle *Dokument* **B**.

5 Öffnen Sie das Testdokument. Die Vorschau zeigt die Druckseite **C**.

6 Starten Sie den Druckauftrag mit *Drucken* **D**.

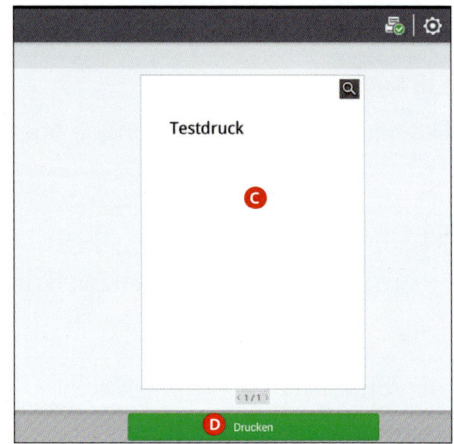

 Von iOS-Gerät aus drucken

1 Öffnen Sie *WPS Office* und legen Sie ein neues Dokument an.

2 Speichern Sie die Datei im Ordner *Meine Dokumente*.

3 Tippen Sie auf das *Bearbeiten-Icon* rechts oben **E**.

4 Tippen Sie auf *Als Dokument freigeben* **F**.

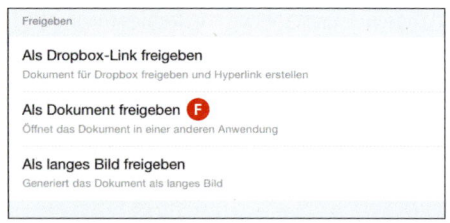

5 Wählen Sie *In „Mobile Print" öffnen* **G**. Die Vorschau zeigt die Druckseite **C**.

6 Starten Sie den Druckauftrag mit *Drucken* **D**.

2.1.6   Moodle Mobile

SIE KÖNNEN

Mit der App *Moodle Mobile* arbeiten.

SIE BRAUCHEN

Smartphone oder Tablet, *Moodle Mobile*, Zugangsberechtigung für Moodle-Kurse

SIE VERSTEHEN

Sie setzen Moodle in der Schule auf Computern ein. Natürlich können Sie und Ihre Schülerinnen und Schüler auch auf dem Smartphone oder Tablet mit Moodle arbeiten. Die offizielle App *Moodle Mobile* gibt es kostenlos im Apple App Store und im Google Play Store.

Beachten Sie die Besonderheiten bei *Moodle Mobile*:
» Die App funktioniert nur, wenn Moodle für mobile Dienste freigeschaltet ist.
» Das Moodle-Theme/-Template muss für die mobile Darstellung optimiert sein.
» Sie müssen als Teilnehmer/in oder Trainer/in in einen Kurs eingeschrieben sein. Bei einer Anmeldung als Administrator/in haben Sie nur über einen Webbrowser Zugriff auf die Kurse.

SIE HANDELN

Sie legen in der App *Moodle Mobile* ein Moodle-Konto an.

1 Öffnen Sie die App *Moodle Mobile*.

2 Geben Sie die URL von Moodle **A**, dann Ihre Anmeldedaten ein **B**.

3 Bestätigen Sie die Eingaben jeweils mit *Hinzufügen* **C**.

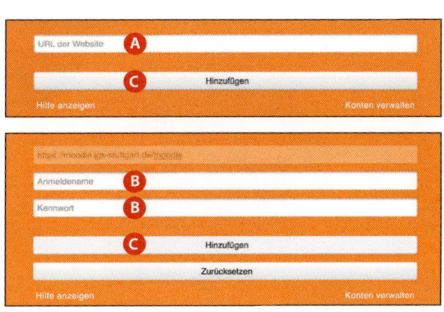

2.2 Text

Texte als Handschrift, als typografische Schrift, als Audiodatei oder Videodatei sind wichtige mediale Elemente. Wie bei allen Medien steht vor deren Einsatz im Unterricht die didaktische Analyse. Die Leitfragen sollen Sie dabei unterstützen.

INFOBOX – LEITFRAGEN ZU MEDIENDIDAKTISCHEN ÜBERLEGUNGEN

» Welche Unterrichtsziele habe ich?
» Welche Vorteile bieten Texte gegenüber anderen Medien?
» In welcher Unterrichtsphase setze ich Text als Medium ein?
» Nutze ich fremde oder eigene Texte?
» In welcher Form setze ich Texte ein?
» Welche Ressourcen stehen zur Verfügung?
» Welche Inhalte hat der Text?
» Welche Bearbeitungsaufträge stelle ich?
» Wie erarbeiten und sichern die Schülerinnen und Schüler die Ergebnisse?

Das Hamburger Verständlichkeitsmodell wurde schon in den 70er-Jahren des vorigen Jahrhunderts von Reinhard Tausch, Inghard Langer und Friedemann Schulz von Thun entwickelt. Es gibt andere, modernere und auch komplexere Verständlichkeitsmodelle. Wir sind der Meinung, dass gerade der einfache und pragmatische Ansatz des Hamburger Modells eine gute Leitlinie für die Arbeit mit Texten in digitalen Medien bietet.

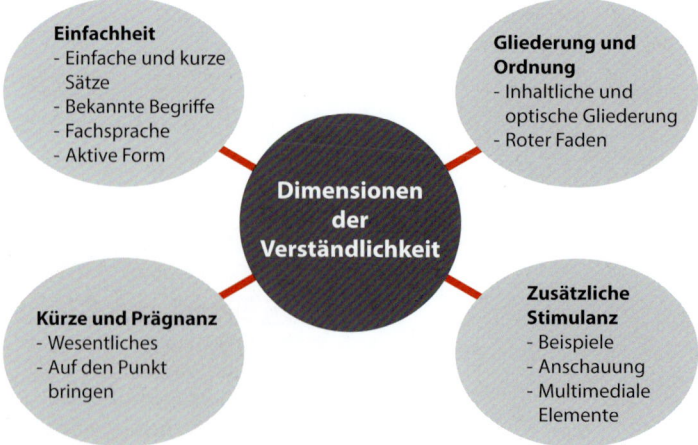

Die vier Dimensionen der Verständlichkeit nach dem Hamburger Verständlichkeitsmodell

2.2.1 Texte verarbeiten

SIE KÖNNEN

» Texte auf dem Smartphone oder Tablet schreiben.
» Texte und Textteile aus Webseiten und Apps ausschneiden oder kopieren und an anderer Stelle einsetzen.
» Texte korrigieren und inhaltlich bearbeiten.

SIE BRAUCHEN

Smartphone oder Tablet, Browser, Apps zur Textverarbeitung

SIE VERSTEHEN

Die klassischen Basistechniken der Textverarbeitung sind: Texte auswählen, ausschneiden, kopieren oder löschen, Texte einsetzen und bearbeiten. Von der Arbeit am Computer sind Sie gewohnt, dass dies in jedem Programm mit Textverarbeitungsfunktionen und unabhängig vom Betriebssystem nach demselben Prinzip funktioniert. Auf Smartphones und Tablets ist es leider anders. Die Textverarbeitungsmöglichkeiten sind von App zu App verschieden. So ist z. B. der Austausch von Texten über die Zwischenablage nicht bei allen Apps möglich. Ebenso unterscheiden sich Android-, iOS- und Windowsgeräte bei der Textverarbeitung.

SIE HANDELN

Sie kopieren einen Textabschnitt aus einer Webseite und setzen ihn in eine Textverarbeitungs-App ein ▶ INFOBOX AUF SEITE 74. Wir arbeiten hier mit der App *WPS Office.*

1 Öffnen Sie im Browser eine Webseite.

2 Markieren Sie den gesamten Textabschnitt **A**.

3 Kopieren Sie den markierten Textabschnitt **B**.

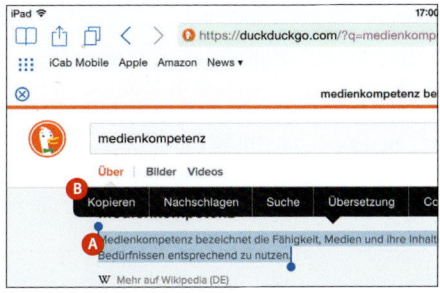

4 Öffnen Sie die Textverarbeitungs-App.

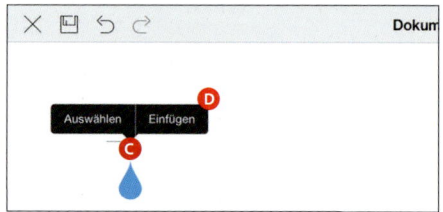

5 Legen Sie ein neues Dokument an (Plus-Symbol am unteren Rand des Arbeitsfensters).

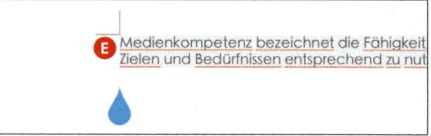

6 Tippen Sie in den Arbeitsbereich **C** und fügen Sie den Text ein **D**. Sie können den Text **E** jetzt weiter bearbeiten.

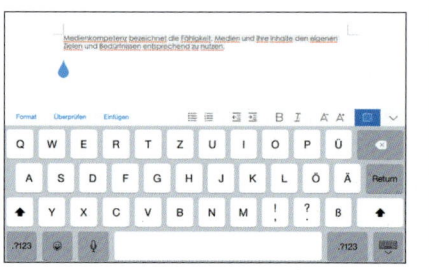

INFOBOX – BASISTECHNIKEN DER TEXTVERARBEITUNG

Text schreiben

Alle Smartphones und Tablets haben eine Displaytastatur zur Texteingabe. Sie ist Bestandteil des Systems und dient in allen Apps zur Texteingabe. Wenn Sie umfangreichere Texte schreiben möchten, dann ist eine externe Tastatur, die sich in der Abdeckung des Tablets befindet oder die über Bluetooth verbunden wird, besser geeignet.

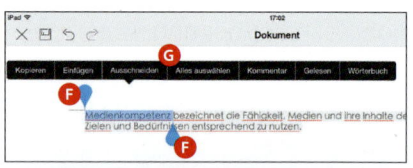

Text markieren und bearbeiten

Markieren Sie durch Fingerdruck und mit den Auswahlreglern **F** den Text, den Sie markieren möchten. Bleiben Sie mit dem Finger auf dem markierten Bereich bis sich das Kontextmenü **G** öffnet. Die Optionen unterscheiden sich je nach System und App.

Einfügemarke setzen

Markieren Sie mit Fingerdruck eine Textstelle. Durch Bewegen des Fingers über den Text navigieren Sie die Einfügemarke an die gewünschten Stelle. Die automatische Lupenfunktion erleichtert Ihnen die Positionierung.

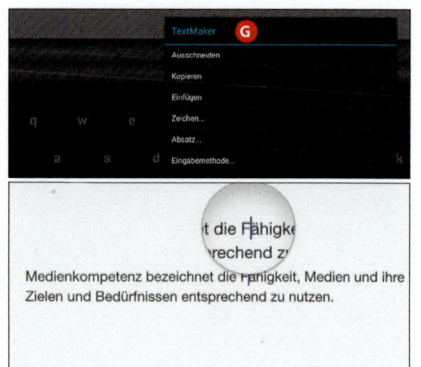

2.2.2   Schrift und Layout

SIE KÖNNEN

» Schrift hinsichtlich Inhalt, Aussage und Gestaltung auswählen und einsetzen.
» Text zusammen mit anderen Medienelementen auf der Arbeitsfläche gestaltungsorientiert formatieren und anordnen.

SIE BRAUCHEN

Eigene oder fremde Texte, digitale Medien, Apps mit Textverarbeitungs- und Layoutfunktionalität

SIE VERSTEHEN

Der Duden definiert Schrift als „Gesamtheit der in einem System zusammengefassten grafischen Zeichen, besonders Buchstaben, mit denen Laute, Wörter, Sätze einer Sprache sichtbar festgehalten werden und so die lesbare Wiedergabe einer Sprache ermöglichen". Dies bedeutet, dass die Optik einer Schrift und deren Anordnung in der Fläche zusammen mit dem Inhalt entscheidend für eine erfolgreiche Kommunikation sind.

Die Computerprogramme und Apps zur Textverarbeitung und -gestaltung bieten eine Vielzahl an Schriften und typografischen Gestaltungsmöglichkeiten an. Lassen Sie sich dadurch nicht verunsichern und konzentrieren Sie sich auf das Kommunikationsziel. Formulieren Sie deshalb, bevor Sie mit der Umsetzung beginnen, ein Arbeitspapier. Die Liste mit den Schlüsselbegriffen unterstützt Sie bei der Strukturierung.

> **INFOBOX – SCHLÜSSELBEGRIFFE ZUR GESTALTERISCHEN ANALYSE UND KONZEPTION**
>
> » Zielgruppe
> » Inhalt
> » Umfang
> » Medienart
> » Visuelle Medienelemente
> » Ressourcen
> » Kommunikationsziel
> » Gestaltungsrichtlinien

SIE HANDELN

1 Öffnen Sie ein digitales Medium mit einer App oder im Browser.

2 Analysieren und bewerten Sie die Gestaltung anhand der Schlüsselbegriffe ▶ **INFOBOX AUF SEITE 75**. Verwenden Sie dazu auch die Fachbegriffe ▶ **INFOBOX AUF DIESER SEITE** und ▶ **INFOBOX AUF SEITE 77**.

3 Wenden Sie Ihre Erkenntnisse in den Übungen in der Praxis an z. B. ▶ **SEITE 187**.

INFOBOX – SCHRIFT

Schriftart

Die Schriftart beschreibt die Optik einer Schrift. Wir unterscheiden zwischen Schriften mit ▶ **SERIFEN** und ohne Serifen. Für die Darstellung in Digitalmedien ist eine serifenlose Schrift besser geeignet. Eine Auswahl serifenloser Schriften in alphabetischer Reihenfolge: Arial, Helvetica, Trebuchet MS, Verdana. Die Helvetica ist die Standardschrift der Betriebssysteme OS X und iOS von Apple.

Georgia ist eine bildschirmoptimierte Serifenschrift. Die Times ist durch das gedrängte Schriftbild für die Verwendung in Digitalmedien weniger geeignet. Für die Darstellung von Programmcode eignet sich die Courier. Die Comic Sans MS verbietet sich für professionelle ernsthafte Anwendungen.

Dies ist ein Typoblindtext in Arial. Dies ist ein Typoblindtext in Helvetica. Dies ist ein Typoblindtext in Trebuchet MS. Dies ist ein Typoblindtext in Verdana.	Dies ist ein Typoblindtext in Georgia. Dies ist ein Typoblindtext in Times New Roman. Dies ist ein Typoblindtext in Courier. Dies ist ein Typoblindtext in Comic Sans MS.
Serifenlose Schriften	Serifenschriften (außer Comic Sans MS)

Schriftgröße und Schriftschnitt

Die Schriftgröße und der Schriftschnitt sind Möglichkeiten, Texte zu strukturieren. Verwenden Sie nicht mehr als drei Schriftgrößen und Schriftschnitte. Achten Sie bei der Schrittweite der Schriftgröße auf die Hierarchie der Texte und die Harmonie des Gesamtbildes.

Typoblindtext Am Typoblindtext kann man sehen, ob alle Buchstaben da sind und wie sie aussehen. abcdefghijklmnopqrstuvwxyzäöüß ,;.:-?!()	Dies ist ein **Typoblindtext**. An ihm kann man sehen, ob alle Buchstaben da sind und wie sie aussehen. Manchmal benutzt man Worte wie *Hamburgefonts*, *Rafgenduks* oder *Handgloves*, um Schriften zu testen.
Schriftgrößen	Schriftschnitte (regular, fett, kursiv)

INFOBOX – LAYOUT

Format

Das Flächenformat wird durch zwei Faktoren bestimmt, der App und den technischen Spezifikationen des Endgeräts. In den meisten Anwendungen können Sie keine Einstellungen der Breite und Höhe machen und müssen das gegebene Format für Ihre Arbeit verwenden.

  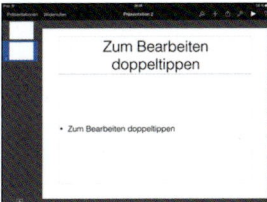

Arbeitsflächen in Explain Everything, WPS Office und Keynote

Optische Achsen

In den meisten Apps gibt es keine Möglichkeit der numerischen Eingabe von x/y-Koordinaten oder Hilfslinien zur Positionierung von Texten und anderen visuellen Medienelementen auf der Fläche zu verwenden. D. h. aber nicht, dass die Anordnung unstrukturiert oder gar chaotisch sein darf. Orientieren Sie sich an optischen Achsen zur Ausrichtung der Seitenelemente und achten Sie auf gleichmäßige, sinnvolle und harmonische Abstände.

Dies ist ein Typoblindtext. An ihm kann man sehen, ob alle Buchstaben da sind und wie sie aussehen. Dies ist ein Typoblindtext. An ihm kann man sehen, ob alle Buchstaben da sind und wie sie aussehen. Dies ist ein Typoblindtext. An ihm kann man sehen, ob alle Buchstaben da sind und wie sie aussehen.	Dies ist ein Typoblindtext. An ihm kann man sehen, ob alle Buchstaben da sind und wie sie aussehen. Dies ist ein Typoblindtext. An ihm kann man sehen, ob alle Buchstaben da sind und wie sie aussehen. Dies ist ein Typoblindtext. An ihm kann man sehen, ob alle Buchstaben da sind und wie sie aussehen.	Dies ist ein Typoblindtext. An ihm kann man sehen, ob alle Buchstaben da sind und wie sie aussehen. Dies ist ein Typoblindtext. An ihm kann man sehen, ob alle Buchstaben da sind und wie sie aussehen. Dies ist ein Typoblindtext. An ihm kann man sehen, ob alle Buchstaben da sind und wie sie aussehen.
Keine optische Achse	Ungleiche Abstände	Harmonische Anordnung

Weißraum

Zu Beginn ist jede Fläche leer. Dann kommen die Texte und andere visuellen Medienelemente wie Bilder und Videos dazu und dann ist die Fläche auf einmal voll – meist zu voll. Da kommt der Weißraum, d. h. die leere Fläche, ins Spiel. Information braucht den Weißraum, um auf den Betrachter wirken zu können. Weißraum strukturiert die Fläche und lenkt den Blick des Betrachters.

Dies ist ein Typoblindtext. An ihm kann man sehen, ob alle Buchstaben da sind und wie sie aussehen. Dies ist ein Typoblindtext. An ihm kann man sehen, ob alle Buchstaben da sind und wie sie aussehen. Dies ist ein Typoblindtext. An ihm kann man sehen, ob alle Buchstaben da sind und wie sie aussehen. Dies ist ein Typoblindtext. An ihm kann man sehen, ob alle Buchstaben da sind und wie sie aussehen.	Dies ist ein Typoblindtext. An ihm kann man sehen, ob alle Buchstaben da sind und wie sie aussehen.	Dies ist ein Typoblindtext. An ihm kann man sehen, ob alle Buchstaben da sind. Dies ist ein Typoblindtext. Dies ist ein Typoblindtext. An ihm kann man sehen, ob alle Buchstaben da sind und wie sie aussehen.
Zu viel Text – zu wenig Raum	Viel Weißraum – wenig Inhalt	Gliederung durch Weißraum

2.3   Farbe

Farben…
> …wirken,
> …wecken Emotionen,
> …geben Dingen eine Bedeutung.

Alle Medienelemente werden erst durch ihre Farbe oder, anders ausgedrückt, durch den Farbunterschied zu ihrer Umgebung für den Betrachter sichtbar. Die Wahl der Farben hat somit immer direkten Einfluss auf die visuelle Kommunikation. Es ist deshalb eine wichtige gestalterische Entscheidung, welche Farben Sie für die Schrift, Farbflächen und Grafiken wählen. Wir werden Ihnen dazu in diesem Kapitel die Farbharmonien und Farbkontraste als Grundlage der Farbgestaltung vorstellen. Zunächst aber einige technische Informationen. Farben werden in allen digitalen Medien mit den Grundfarben der additiven Farbmischung Rot, Grün und Blau dargestellt. Wenn Sie das Medium ausdrucken, werden die Farben automatisch in den Druckfarbraum konvertiert. Die Basisdruckfarben ▶ CMYK sind die Grundfarben der subtraktiven Farbmischung Cyan, Magenta, Gelb (Y für Yellow) und zusätzlich noch Schwarz (K für Black).

Additive Farbmischung

Farben auswählen

In Präsentations-, Grafik oder Bildbearbeitungsprogrammen am Computer legen Sie die Farbigkeit durch die Eingabe von ▶ RGB-Werten fest. Die gewünschte Farbe mischt sich additiv aus den Anteilen der drei Grund-

Subtraktive Farbmischung

farben Rot, Grün und Blau. Dabei steht der Farbwert „255" Ⓐ für den maximalen Farbanteil der Grundfarbe an der Mischfarbe. Der Farbwert „0" Ⓑ bedeutet, dass diese Grundfarbe keinen Anteil an der ausgewählten Farbe hat. Für jede Grundfarbe sind 256 Abstufungen möglich.

In den meisten Apps zur Visualisierung und Bildbearbeitung werden die Farben nicht durch RGB-Farbwerte definiert, sondern entweder durch die Auswahl der Farben aus einer Farbpalette oder durch die Einstellung von Farbton, Helligkeit und Sättigung ▶ **INFOBOX AUF DIESER SEITE**.

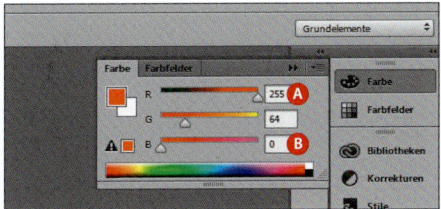

RGB-Farbauswahl in Adobe Photoshop

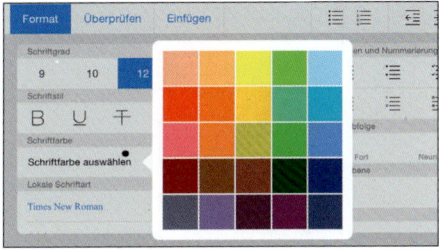

Farbauswahl-Palette in WPS Office

INFOBOX – FARBTON, HELLIGKEIT UND SÄTTIGUNG

Farbton, Sättigung und Helligkeit sind die drei grundlegenden Eigenschaften einer Farbe in der menschlichen Farbwahrnehmung.

Farbton Ⓐ
Der Farbton ist die Farbeigenschaft, die sich mit Farbwörtern wie Rot, Orange oder Gelb beschreiben lässt. Die Farbtöne sind im Farbkreis angeordnet.

Helligkeit Ⓑ
Die Helligkeit einer Farbe beschreibt, wie hell oder dunkel eine Farbe wahrgenommen wird.

Sättigung Ⓒ
Die Sättigung beschreibt die Intensität und Reinheit einer Farbe. Je höher die Sättigung einer Farbe, desto intensiver erscheint die Farbe dem Betrachter.

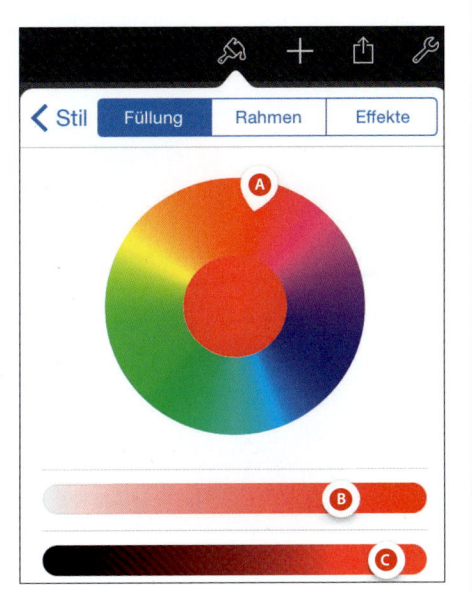

Farbauswahl in Keynote

2.3.1   Farbharmonie als Gleichklang

SIE KÖNNEN

Farben gestaltungsorientiert auswählen und als harmonischen Gleichklang kombinieren.

SIE BRAUCHEN

Smartphone, Tablet oder Computer, Präsentations- oder Visualisierungs-App

SIE VERSTEHEN

Die Schrift ist schwarz und der Hintergrund weiß? Das entspricht in vielen Visualisierungs- und Präsentations-Apps den Grundeinstellungen. Dieser sehr starke Helligkeitsunterschied ist für das Auge des Betrachters sehr anstrengend. Wählen Sie deshalb als Hintergrundfarbe eine hellere und meist auch weniger gesättigte Farbe oder ein neutrales helleres Grau. Daraus können Sie ein Farbschema mit 3 oder 4 Farben entwickeln. Der Einsatz der Farben und damit die Hervorhebung einzelner Bereiche erfolgt nach der Wertigkeit.

INFOBOX – KOMBINATION VON FARBEN IM HARMONISCHEN GLEICHKLANG

» Farben aus einem Segment des Farbkreises, z. B. nur Gelb- und Orangetöne
» Helligkeitsabstufungen eines ▶ FARBTONS
» Sättigungsabstufungen eines Farbtons

Helligkeitsabstufung

Sättigungsabstufung

Wählen Sie für wichtige Teile, z. B. für Überschriften, eine auffallende Farbe. Bleiben Sie in dem gewählten Farbschema. Sie verbessern damit die Orientierung des Betrachters.

SIE HANDELN

Sie erstellen für eine Präsentation in *Keynote* ▶ **SEITE 187** ein Farbschema. Wählen Sie die Farben so, dass Sie einen harmonischen Gleichklang erzielen.

1 Analysieren Sie das Thema unter dem Gesichtspunkt der Farbauswahl hinsichtlich Inhalt, Thema und Zielgruppe ▶ **INFOBOX AUF DIESER SEITE**. Beachten Sie dabei ggf. Farbvorgaben.

2 Definieren Sie die Regel der Farbauswahl ▶ **INFOBOX AUF SEITE 80**.

3 Legen Sie die Farben und deren Gewichtung fest und wählen Sie die Farben aus. *Keynote* schlägt dazu verschiedene Farbreihen vor.

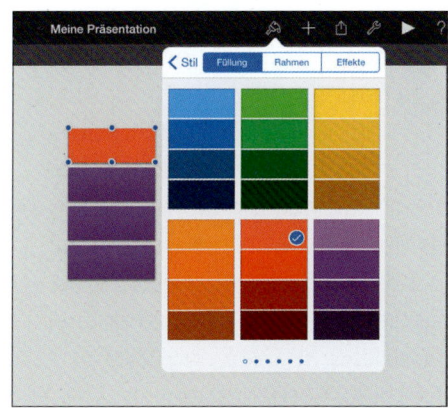

Farbauswahl in Keynote

INFOBOX – FARBEN BEWERTEN UND AUSWÄHLEN

	••	•	0	•	••	
sachlich						verspielt
dynamisch						statisch
aktiv						passiv
modern						altmodisch
angemessen						unpassend
ruhig						aufgeregt
emotional						sachlich
warm						kalt

2.3.2   Farbharmonie als Kontrast

SIE KÖNNEN

Farben gestaltungsorientiert auswählen und als harmonischen Kontrast kombinieren.

SIE BRAUCHEN

Smartphone, Tablet oder Computer, Präsentations- oder Visualisierungs-App

SIE VERSTEHEN

Kontraste setzen Akzente. Wir haben ein Farbschema im harmonischen Gleichklang für unser Medium erstellt ▶ **SEITE 80**. Was jetzt noch fehlt, sind Farbkontraste zur Hervorhebung besonders wichtiger Inhalte. Gesättigte Farben haben einen starken Signalcharakter. Setzen Sie deshalb gesättigte Farben sehr sparsam zur Akzentuierung oder Auszeichnung ein.

Harmonische und zugleich spannende Farbkombinationen erzielen Sie durch die Wahl gleichabständiger Farben aus dem Farbkreis. Wählen Sie die Farben als komplementären Zweiklang, als Dreiklang oder als Vierklang. Ausgangspunkt ist immer die Hauptfarbe Ihres Farbschemas ▶ **INFOBOX AUF SEITE 83**.

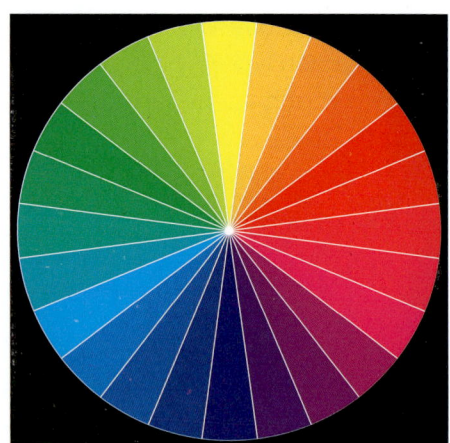

24-teiliger Farbkreis

Farbige Schrift

Die Lesbarkeit ist der zentrale Punkt bei der Verwendung von Schrift. Der optische Kontrast von Schriftfarbe und Hintergrundfarbe beeinflusst die Lesbarkeit stark. Die beste Wirkung erzielen Sie bei ausreichender Helligkeitsdifferenz zwischen Schriftfarbe und Hintergrundfarbe.

Gute Lesbarkeit ist wichtig.

Gute Lesbarkeit ist wichtig.

Gute Lesbarkeit ist wichtig.

Gute Lesbarkeit ist wichtig.

INFOBOX – FARBKONTRASTE

Zweiklang

Der stärkste Kontrast ist der komplemetäre Zweiklang. Der Komplementärkontrast (▶ **KOMPLEMENTÄRFARBE**) wird aus zwei sich im Farbkreis gegenüberliegenden Farben gebildet.

Dreiklang

Die drei Farben haben im Farbkreis den maximalen Abstand voneinander. Die Beziehungsfigur der Farben bildet ein gleichseitiges Dreieck.

Vierklang

Der Vierklang wird aus zwei Komplementärkontrasten gebildet. Die Beziehungsfigur der Farben bildet ein Kreuz im Farbkreis.

SIE HANDELN

Sie erstellen für eine Präsentation in *Keynote* ein Farbschema für Schrift und Hintergrund. Wählen Sie die Farben so, dass Sie einen starken Kontrast erzielen. Beachten Sie dabei die Lesbarkeit.

1 Analysieren Sie das Thema unter dem Gesichtspunkt der Farbauswahl hinsichtlich Inhalt, Thema und Zielgruppe ▶ **INFOBOX AUF SEITE 81**. Beachten Sie dabei ggf. Farbvorgaben.

2 Definieren Sie die Regel der Farbauswahl ▶ **INFOBOX AUF DIESER SEITE**.

3 Legen Sie die Farben und deren Gewichtung fest und wählen Sie die Farben aus. *Keynote* schlägt dazu verschiedene Farbkombinationen vor.

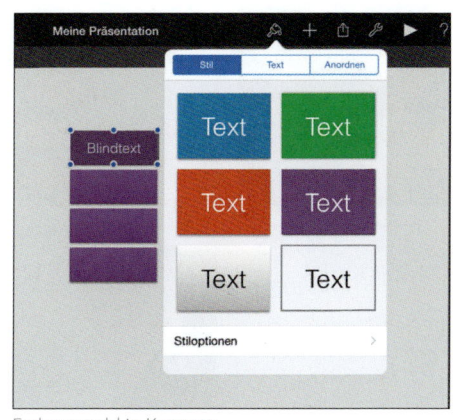

Farbauswahl in Keynote

2.4   Fotos

Anlässe zum Fotografieren mit dem Smartphone oder Tablet gibt es in der Schule viele. Sei es eine Versuchsanordnung, die Detailansicht einer Maschine, die Metaplantafeln einer Präsentation, ein Fotoprotokoll oder eine kleine Fotoserie in der Stadt. Mit dem Smartphone oder Tablet haben Sie eine Kamera immer dabei.

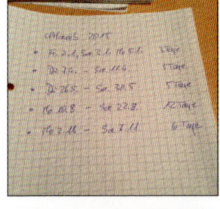   

2.4.1   Einfach mal fotografieren

SIE KÖNNEN

Mit einem Smartphone oder einem Tablet fotografieren.

SIE BRAUCHEN

Smartphone oder Tablet, Kamera-App

SIE VERSTEHEN

In diesem Kapitel lernen Sie den Umgang mit der Kamera eines Smartphones oder Tablets ▶ INFOBOX AUF SEITE 87. Wir fotografieren mit der Standard-Kamera-App. Es gibt eine Vielzahl von Kamera-Apps für iOS-, Android- und Windows-Smartphones und -Tablets. Für die meisten der fotografischen Anforderungen reicht der Funktionsumfang der Standard-Kamera-Apps völlig aus. Wenn Sie mit einem anderen Gerät und/oder Betriebssystem arbeiten, werden Sie feststellen, dass es einfach ist, die Techniken und Funktionen unseres Tutorials nachzuvollziehen.

SIE HANDELN

Fotografieren Sie einfach mal. Denken Sie nicht an Gestaltungsregeln und Kameratechnik – suchen Sie sich ein Thema und machen Sie dazu möglichst viele Bilder.

Nach einer Auswahl und Bewertung werden wir die Bilder bearbeiten ▶ SEITE 96.

1 Wählen Sie ein fotografisches Thema.
Wir fotografieren in unserem Beispiel das Denkmal von Friedrich Schiller auf dem Stuttgarter Schillerplatz.

2 Erstellen Sie ein Bildkonzept.
Das Denkmal von Friedrich Schiller steht im Zentrum der Bilderserie. Die Charakteristik des Platzes mit den umgebenden Gebäuden ist ebenfalls Thema der Serie. Die Serie soll acht Bilder umfassen.

3 Öffnen Sie die Kamera-App.
Die Übersicht zeigt die Benutzeroberfläche der iOS-Standard-Kamera-App. Die Kameras anderer Systeme haben grundsätzlich dieselben Funktionen.

Ⓐ Blitzmodi

Ⓑ ▶ **HIGH DYNAMIC RANGE, HDR** aktivieren

Ⓒ Selbstauslöser

Ⓓ Zwischen der Front- und der Rückkamera wechseln

Ⓔ Aufnahmemodus

Ⓕ Zuletzt aufgenommene Fotos und Videos

Ⓖ Auslöser

Ⓗ Filtereinstellungen

Kamera-App eines iPhones/iPads

4 Fotografieren Sie.

5 Schauen Sie sich die Aufnahmen gleich an. Analysieren und bewerten Sie die Bilder hinsichtlich der Umsetzung Ihres Bildkonzeptes.

INFOBOX – FRAGEN ZUR AUSWAHL UND BEWERTUNG VON BILDERN

Die Auswahl und Bewertung von Bildern ist nicht einfach. Es gibt leider keine allgemein gültigen Kriterien und Regeln aus denen wir eine Checkliste ableiten können.
  Die folgenden Fragen sollen Sie bei der Beurteilung der Bilder unterstützen. Basis für die Beantwortung der Fragen bildet Ihr Bildkonzept und der Ausagewunsch, den Sie mit den Bildern umsetzen möchten.

» Entspricht das Bild dem Bildkonzept?
» Ist das Bild aussagekräftig?
» Erfüllt das Bild die formalen Regeln der Bildgestaltung?
» Passt das Bild in die Serie?
» Ist das Bild technisch einwandfrei?
» Muss das Bild noch bearbeitet werden?
» Gibt es noch ein besseres Bild in der Sammlung?

---

6 Fehlt noch was oder sind Sie noch nicht zufrieden? Dann machen Sie einfach noch ein paar Bilder.

INFOBOX – TECHNIK DER SMARTPHONE- UND TABLETKAMERAS

Die Kameras in Smartphones und Tablets haben, wie alle Digitalkameras, drei Baugruppen zur Aufnahme einer Fotografie oder eines Videos.

Objektiv
Bauartbedingt sind die Objektive in Smartphones und Tablets sehr klein und haben meist eine feste ▶ **BRENNWEITE**. Die eingebauten Objektive haben durch die kurze Brennweite eine Weitwinkelcharakteristik.

Charakteristisch für Weitwinkelobjektive sind durchgehend scharfe Bilder ohne einen erkennbaren Schärfentiefebereich ▶ **SCHÄRFENTIEFE**. Auch stürzende Senkrechte und eine verzerrte Horizontlinie sind typische Merkmale einer Weitwinkelaufnahme.

Bildschärfe vom Vorder- bis zum Hintergrund

Stürzende Senkrechte des Motivs

Blende
Die Blende ist die Öffnung im Objektiv, durch die das Licht auf den Bildsensor fällt. In Smartphone- und Tabletkameras ist die Blendengröße nicht einstellbar. Es ist deshalb nicht möglich, einen Schärfentiefebereich durch die Wahl der Blendeneinstellung festzulegen. Dies ist ein wesentlicher Unterschied zu anderen Digitalkameras.

Bildsensor
Der Bildsensor wandelt die Lichtinformation in elektrische Signale um. Die Bildinformation wird als ▶ **PIXEL** gespeichert.
Wir unterscheiden zwei verschiedene Bauformen von Bildsensoren:
» CCD (Charged-Coupled Device)
» CMOS (Complementary Metalloxide Semiconductor). CMOS-Sensoren sind heute in höherwertigen Geräten Standard.
Wesentliche Qualitätsparameter sind die Sensorgröße und die Sensorauflösung, d. h. die Zahl der Pixel auf dem Bildsensor. Die Anzahl der Pixel wird allgemein in Megapixel angegeben.

2.4.2   Fotos verwalten

SIE KÖNNEN

Bilder auf einem Smartphone oder einem Tablet speichern und verwalten.

SIE BRAUCHEN

Fotos, Smartphone oder Tablet, Fotos-App

SIE VERSTEHEN

Nach der Aufnahme werden die Bilder automatisch auf dem Smartphone oder Tablet gespeichert. Prinzipiell werden die Dateien dabei nicht wie auf einem Computer im allgemeinen Dateisystem gespeichert, sondern immer einer App zugeordnet. Sie können die Bilder nach dem Speichern mit verschiedenen Apps bearbeiten oder sie auf andere Medien übertragen.

iOS-Apps - Fotos und Kamera

Android-Apps – Fotos und Bildergalerie

SIE HANDELN

Speichern und verwalten Sie Bilder auf Ihrem Smartphone oder Tablet.

 Fotos unter iOS in Sammlungen verwalten
Fotos werden nach dem Fotografieren automatisch mit der Fotos-App gespeichert. Die Organisation erfolgt in Sammlungen. Diese sind nach dem Erstellungsdatum geordnet.

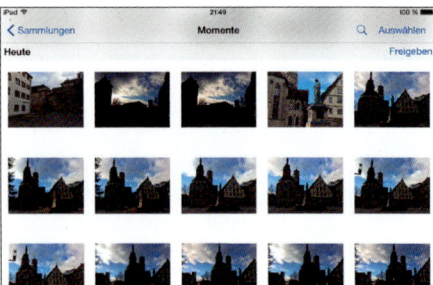

Fotos unter iOS in Alben verwalten

Neben der Verwaltung der Bilder in Sammlungen bietet die iOS-Fotos-App die Möglichkeit, die Bilder in Alben zu ordnen.

1 Wählen Sie die Fotos aus, die Sie in ein Album verschieben möchten.

2 Tippen Sie auf *Hinzufügen* in der Titelleiste des Fensters.

3 Wählen Sie das Album aus, zu dem Sie die ausgewählten Fotos hinzufügen möchten oder erstellen Sie ein neues Album durch Tippen auf *Neues Album…* Die Bilder werden automatisch in das ausgewählte Album verschoben.

Fotos unter Android in der Fotos-App verwalten

Die Fotos werden nach dem Fotografieren automatisch gespeichert und in der Fotos-App nach der zeitlichen Abfolge der Aufnahmen geordnet.

Bis Android 4.4 ist auch noch die Galerie-App Teil des Systems. Android 5.0 verwendet nur noch die Fotos-App als Standard-App zur Verwaltung und Bearbeitung von Bildern. Google verknüpft damit Android stärker mit den Diensten in der Google-Cloud wie z. B. Google+, Picasa und Google Drive.

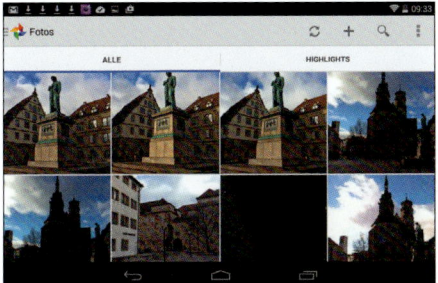

Fotos unter Android in Alben verwalten

Neben der Verwaltung der Bilder in Sammlungen bietet die Android-Fotos-App die Möglichkeit, die Bilder in Alben zu ordnen.

1 Wählen Sie das Foto aus, das Sie in ein Album kopieren möchten.

2 Öffnen Sie das Verwaltungsmenü auf der rechten Seite der Titelleiste des Fensters.

3 Tippen Sie auf *In Album kopieren*.

4 Wählen Sie das Album aus, zu dem Sie die ausgewählten Fotos hinzufügen möchten oder erstellen Sie ein neues Album durch Tippen auf *Neues Album erstellen*. Das Foto wird automatisch in das ausgewählte Album verschoben.

  Fotos unter iOS oder Android kopieren und duplizieren

Auf dem Computer können Sie eine Datei kopieren und im selben Ordner als Kopie wiedereinsetzen. Auf Android- und iOS-Smartphones und -Tablets geht das nicht. Um ein Foto zu duplizieren, müssen Sie es kopieren und in ein anderes Album einsetzen.

2.4.3 Grundlagen der Bildgestaltung beachten

SIE KÖNNEN

Bilder hinsichtlich der Grundlagen der Bildgestaltung analysieren, beurteilen und bewerten.

SIE BRAUCHEN

Fotos, Smartphone oder Tablet

SIE VERSTEHEN

Ein Bild sagt mehr als 1000 Worte. Aber sagt es damit auch das, was Sie mit der Verwendung dieses Bildes in einer Präsentation oder auf einem Arbeitsblatt sagen möchten? Sie kennen den Grundsatz der Kommunikation von Paul Watzlawick: „Man kann nicht nicht kommunizieren". Für die Bildkommunikation sind die Motivauswahl und Motivgestaltung deshalb von großer Bedeutung. Beides können Sie schon bei der Aufnahme beeinflussen und später in der Bildbearbeitung noch optimieren. Darüber hinaus sind Licht, Belichtungszeit und Blende, Farbe, Schärfentiefe und Bildschärfe Mittel der Bildgestaltung ▶ INFOBOX AUF SEITE 87. Allerdings können Sie diese bei der Fotografie mit Smartphone und Tablet nicht oder nur sehr eingeschränkt beeinflussen. Deshalb ist die spätere Bildbearbeitung zur technischen und gestalterischen Optimierung von Bildern unverzichtbar.

SIE HANDELN

Das Bildformat hinsichtlich Bildwirkung und Bildaussage wählen
Jedes Bild ist, unabhängig vom Bildformat, nur ein Bildausschnitt der Welt. Wählen Sie deshalb den Ausschnitt bewusst und auf Ihren Aussagewunsch bezogen.

1 Definieren Sie Ihren Aussagewunsch.
Wir möchten dem Betrachter das Schillerdenkmal in seiner Position und Wirkung auf dem Schillerplatz zeigen.

2 Wählen Sie das entsprechende Format für die Aufnahme oder als Beschnitt in der Bildbearbeitung.

» Das Querformat ist für unsere Bildaussage geeigneter, da es die Weite des Platzes und die Position des Denkmals zeigt.

3 Fotografieren Sie oder beschneiden Sie das Bild in der Bildbearbeitung.

INFOBOX – BILDFORMAT

Bei der Aufnahme können Sie in allen Foto-Apps zwischen Hoch- oder Querformat wählen. Mit der iOS-Kamera-App können Sie zusätzlich ein quadratisches Bildformat wählen oder eine Panoramaaufnahme machen.

Welches Bildformat Sie bei der Aufnahme oder bei der Bildbearbeitung wählen, hängt wesentlich von der gewünschten Bildaussage ab.

Querformat
Das Querformat unterstützt durch die Dominanz der Bildbreite die weite Wirkung des Platzes. Das Schillerdenkmal ist Teil des Motivs es drängt aber nicht in den Vordergrund.

Hochformat
Das Hochformat begrenzt das Panorama im Hintergrund und lenkt dadurch den Blick des Betrachters auf das Denkmal. Die vertikale Ausrichtung des Denkmals wird durch das Bildformat ebenfalls betont.

Quadratisches Format
Das quadratisch Format engt hier das Motiv ein. Hintergrund und Denkmal sind in der Bildwirkung fast gleichberechtigt.

Das Hauptmotiv im Bild hinsichtlich Bildwirkung und Bildaussage positionieren
Es gibt eine ganze Reihe von geometrischen Gestaltungsregeln für den Bildaufbau. Die bekanntesten sind der Goldene Schnitt, das Gestaltungsdreieck
und die Drittelregel.

TIPP Was ist Ihnen wichtig? Gehen Sie ran. Konzentrieren Sie sich auf Ihre
Bildaussage. Versuchen Sie nicht, die ganze Welt zu fotografieren.

1 Richten Sie die Kamera auf Ihr Motiv.

2 Schauen Sie sich das Bild auf dem Display an.
Trifft das, was Sie sehen, Ihre Bildaussage?

3 Gestalten Sie den Bildaufbau nach der Drittelregel ▶ **INFOBOX AUF DIESER SEITE**.

4 Fotografieren oder wählen Sie den passenden Bildausschnitt in der Bildbearbeitung.

INFOBOX – GESTALTUNGSGRUNDSÄTZE DER DRITTELREGEL

Die Drittelregel ist eine vereinfachte
Umsetzung der Gestaltungsregel des
Goldenen Schnitts. Durch die Teilung
der Horizontalen und Vertikalen des Bildes jeweils in drei gleich große Bereiche
erhalten wir neun Bildbereiche mit dem
Seitenverhältnis des Gesamtformats.
    In vielen Kamera-Apps können Sie
das Raster der Drittelregel im Display
einblenden. Dies erleichtert es Ihnen,
schon bei der Aufnahme den Bildaufbau
zu strukturieren.

Regeln
» Der gestalterische Horizont liegt auf
  einer der beiden horizontalen Linien.
» Der Blickpunkt des Hauptmotivs
  wird auf einem Linienschnittpunkt
  positioniert.

Bei der Aufnahme auf Licht und Beleuchtung achten

Das Licht strahlt nicht direkt von der Lichtquelle auf den Sensor Ihrer Kamera, sondern nimmt den Umweg über das Motiv. Von der Oberfläche des Motivs wird das Licht reflektiert und trifft dann in der Kamera auf den Sensor. Dort entsteht aus der optischen Information ein digitales Bild.

Die Lichtsituation ist nicht immer günstig, um ein optimales Bild zu machen. Der eingebaute Blitz bringt in den meisten Aufnahmesituationen keine Verbesserung, sondern eine Verschlechterung der Bildqualität. Nutzen Sie deshalb das zur Verfügung stehende Licht für Ihre Aufnahme. Der Fachbegriff dafür ist ▶ AVAILABLE LIGHT FOTOGRAFIE.

TIPP Sie können die Lichtsituation Ihrer Aufnahme mit einfachen Mitteln verbessern:

» Verändern Sie Ihren Aufnahmestandort, um eine günstige Lichtsituation zu erreichen.
» Fotografieren Sie, wenn es zeitlich möglich ist, zu einer Tageszeit mit einem zum Motiv hin günstigen Sonnenstand.
» Nutzen Sie die ▶ HIGH DYNAMIC RANGE, HDR-Funktion, um einen größeren Belichtungsumfang abzubilden.

1 Richten Sie die Kamera auf Ihr Motiv.

2 Schauen Sie sich das Bild auf dem Display an.
» Stimmt die Lichtwirkung?
» Trifft das, was Sie sehen, Ihre Bildaussage?

3 Verändern Sie Ihren Aufnahmestandort und überprüfen Sie auf dem Display die Wirkung.

4 Fotografieren Sie mehrere Bilder aus leicht variierenden Aufnahmesituationen. Vergleichen Sie die Bildwirkung.

5 Analysieren und bewerten Sie die Bilder hinsichtlich Bildaufbau und Lichtführung. Begründen Sie Ihr Urteil.

6 Optimieren Sie Ihre Fotografien in einer weiteren Fotosession.

INFOBOX – LICHT UND BELEUCHTUNG

Das Licht beeinflusst durch die Art der Beleuchtung des Motivs dessen optische Wirkung ganz wesentlich.

Parameter der Beleuchtung
» Richtung der Lichteinstrahlung, z. B. Seitenlicht oder Gegenlicht
» Helligkeit der Lichtquelle
» Farbigkeit der Lichtquelle
» Abstand der Lichtquelle zum Motiv
» Größe der Lichtquelle, z. B. Punkt- oder Flächenlicht
» Natürliches Licht oder künstliches Licht

Einfluss der Lichtsituation auf die Bildcharakteristik
Alle vier Aufnahmen wurden am selben Tag vormittags gemacht. Der Aufnahmestandort variiert. Die natürliche Lichtsituation änderte sich laufend. Die Kamera-App passte die Belichtung jeweils automatisch an. Dadurch unterscheiden sich die Aufnahmen stark in Helligkeit, Kontrast und Farbigkeit.

2.4.4   Fotos bearbeiten

SIE KÖNNEN

Bilder nach technischen und gestalterischen Aspekten bearbeiten.

SIE BRAUCHEN

Smartphone oder Tablet, App *Snapseed* oder Computer und Bildbearbeitungssoftware *IrfanView* und *ShiftN*.

SIE VERSTEHEN

Die Fotos der Kamera-App bedürfen fast immer noch einer digitalen Nachbearbeitung. Dabei unterscheiden wir zwei Arbeitsbereiche: Der erste Bereich ist die Beseitigung von Bildfehlern. Wir führen Korrekturen der Helligkeit, des Kontrasts, der Farbigkeit, Bildschärfe und Bildausrichtung aus. Im zweiten Bereich kümmern wir uns um die gezielte gestaltungsorientierte Bildoptimierung von Bildgröße und Bildausschnitt, ▶ TONWERT und Farben sowie Effekte und Filter.

Bildbearbeitung ist auf dem Smartphone, dem Tablet und dem Computer möglich.

Es gibt eine ganze Reihe von Apps, mit denen sich Fotos bearbeiten lassen. Wir haben uns hier für die App *Snapseed* entschieden, weil sie

» kostenlos,
» für Android, iOS und WindowsPhone verfügbar und
» leicht zu bedienen ist.

Für die Bildbearbeitung am Computer gibt es zwei sehr mächtige Programme. *Adobe Photoshop* als kommerzielle Software und *GIMP* als Platzhirsch bei der Open Source Software. Wir arbeiten mit keinem der beiden Programme, sondern mit der für Privatanwender und Schulen kostenlosen Bildbearbeitungssoftware *IrfanView*. Der Funktionsumfang von IrfanView reicht vollkommen aus und das Programm ist einfach zu bedienen.

SIE HANDELN

Die App *Snapseed* hat Bearbeitungsfunktionen für alle wichtigen Aufgaben in der Bildbearbeitung. Darüber hinaus noch spezielle Effekte wie Tilt Shift und Center Focus. Testen Sie die verschiedenen Funktionen einfach aus und sammeln Sie Ihre Erfahrungen in der Bildbearbeitung.

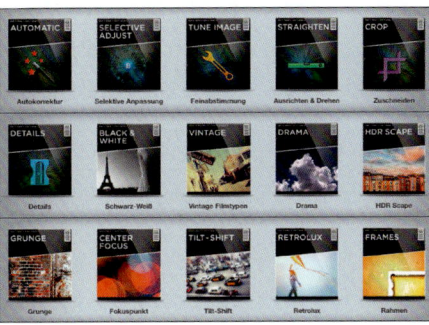

Foto mit der Bearbeitungsfunktion Feinabstimmung der Snapseed-App korrigieren

1 Öffnen Sie das Foto mit *Snapseed*.

2 Tippen Sie den Menüpunkt *Fotoarchiv* Ⓐ an, wenn Sie ein Foto aus einem Album bearbeiten möchten.

3 Wählen Sie ein Album Ⓑ aus.

4 Wählen Sie das Foto Ⓒ aus.

5 Bestätigen Sie die Auswahl mit *Verwenden* Ⓓ.

6 Wählen Sie die Bearbeitungsfunktion *Feinabstimmung* Ⓔ.

7 Durch Tippen auf das Fragezeichen (Ⓕ nächste Seite) rechts oben wird die Hilfe eingeblendet.

8 Beginnen Sie mit der Korrektur. Tippen Sie zur Auswahl der

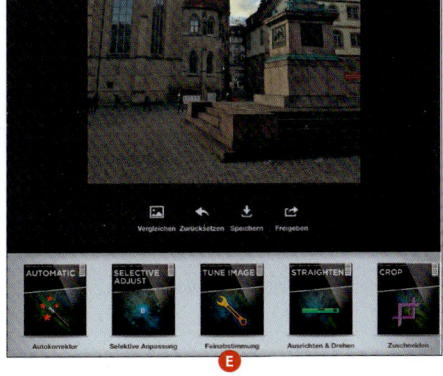

Bearbeitungsoption ins Bild und wählen Sie durch vertikales Wischen bzw. Streichen die Funktion **G** aus.

9 Durch horizontales Wischen bzw. Streichen steuern Sie die Stärke der Funktion.

10 Kontrollieren Sie die Bearbeitung durch Tippen auf *Vergleichen* **H**.

11 Bearbeiten Sie das Foto mit den verschiedenen Funktionen der *Feinabstimmung* und bestätigen Sie die Korrektur durch Tippen auf *Anwenden* **I**.

12 Speichern Sie das Ergebnis **J**.

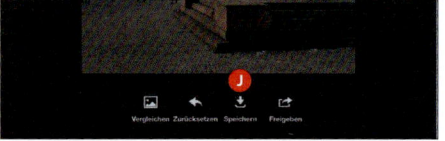

Vor der Feinabstimmung

Nach der Feinabstimmung

IrfanView installieren und einrichten

Die Bildbearbeitungssoftware *IrfanView* ist für Privatanwender und Schulen kostenlos. Sie können sie von der Homepage ▶ **WWW.IRFANVIEW.COM** herunterladen und auf Ihrem Windows-PC installieren. Für MacOS und Linux stehen leider keine nativen Versionen zur Verfügung. Installieren Sie das Programm und die Plugins.

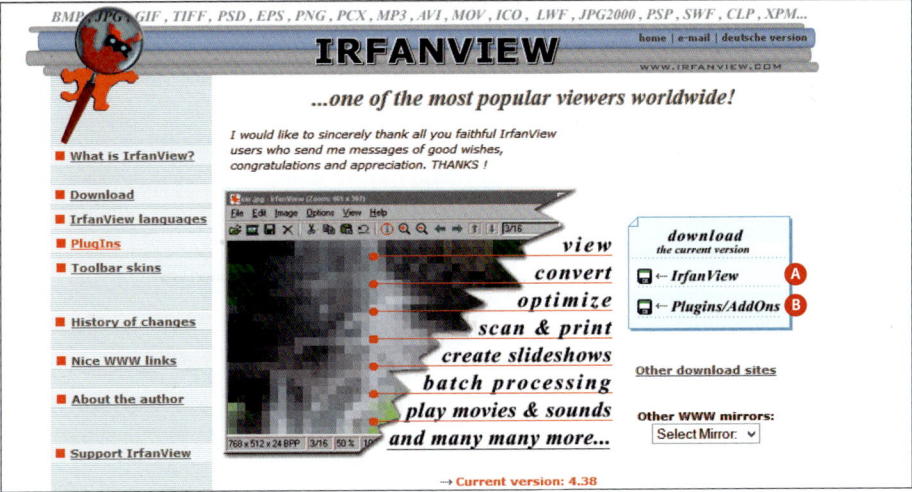

www.irfanview.de (abgerufen am 17.3.2015)

1   Laden Sie die Installationsdatei **Ⓐ** auf Ihren Computer.

2   Installieren Sie das Programm.

3   Laden Sie die Installationsdatei **Ⓑ** der Plugins/AddOns auf Ihren Computer.

4   Installieren Sie die Plugins/AddOns.

5   Öffnen Sie *IrfanView*.

6   Stellen Sie die Benutzersprache unter Menü *Optionen > Sprache ändern…* auf Deutsch.

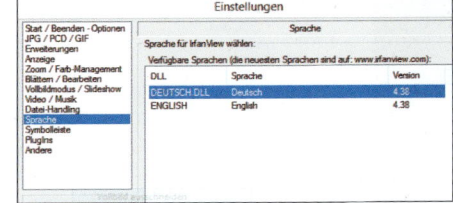

Mit IrfanView Fotos bearbeiten

IrfanView bietet deutlich mehr und differenziertere Möglichkeiten der Bildbearbeitung als die Apps. Wir zeigen Ihnen die Funktionen zur Basiskorrektur von Bildern. Darüber hinaus möchten wir Sie ermuntern, die vielfältigen Möglichkeiten der Bildbearbeitung kreativ auszuprobieren.

» **Farbe**

Fotos, die Sie mit der Smartphone- oder Tabletkamera aufgenommen haben, müssen meist in ihrer Farbigkeit korrigiert werden. Der häufigste Bildfehler ist die Farbstichigkeit. Sie entsteht durch den fehlerhaften automatischen ▶ **WEISSABGLEICH Ⓐ**. Weitere Korrekturen sind die Optimierung der Bildhelligkeit Ⓑ und des Bildkontrasts Ⓒ, des ▶ **GAMMA-WERT Ⓓ** und der Farbsättigung Ⓔ.

1 Öffnen Sie das Foto in *IrfanView*.

2 Gehen Sie unter Menü *Bild > Farbe ändern…*

3 Korrigieren Sie das Foto.

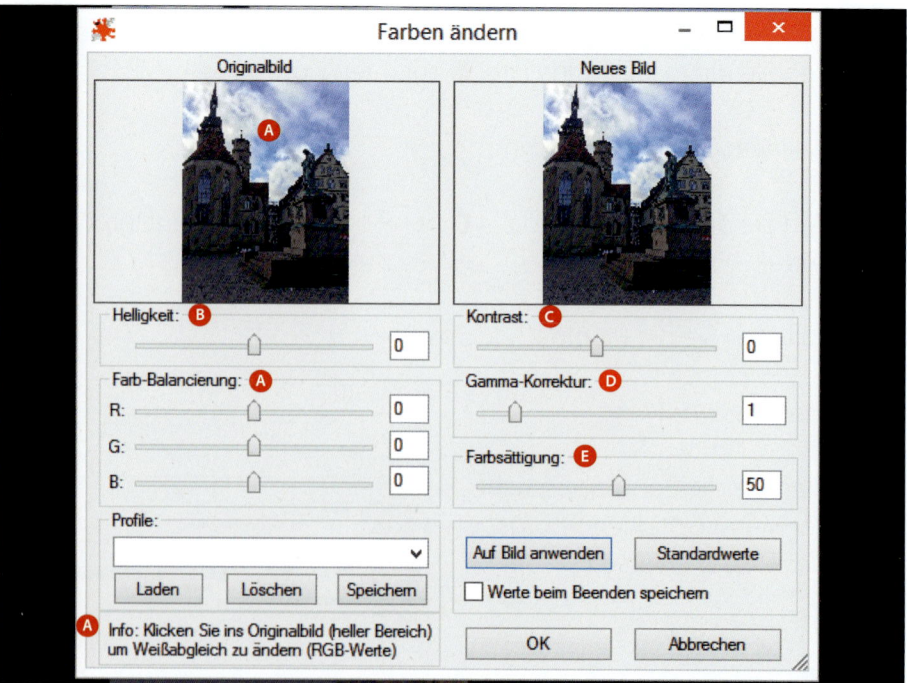

» **Gradation**

Mit dem Begriff Gradation wird die Tonwertverteilung zwischen der hellsten Bildstelle (Licht) und der dunkelsten Bildstelle (Tiefe) bezeichnet. Der Tonwertverlauf wird durch die Gradationskurve dargestellt. Wenn keine Tonwertkorrektur stattfindet, dann ist der Verlauf der Gradationskurve geradlinig mit einem Steigungswinkel von 45°.

4 Öffnen Sie das Einstellungsfenster zur Gradationskorrektur unter Menü *Bild > Adobe 8BF Plugins > SmartCurve*.

5 Korrigieren Sie das Foto.
  » Die erste Option ist die Autokorrektur **A**.
  » Sie können die Gradationskurve auch mit dem Cursor bei gedrückter Maustaste anfassen und nach oben (heller) **B** oder nach unten (dunkler) ziehen.
  » Mit *Rücksetzen* **C** kommen Sie wieder zum Ausgangszustand vor der Gradationskorrektur und können neu beginnen.

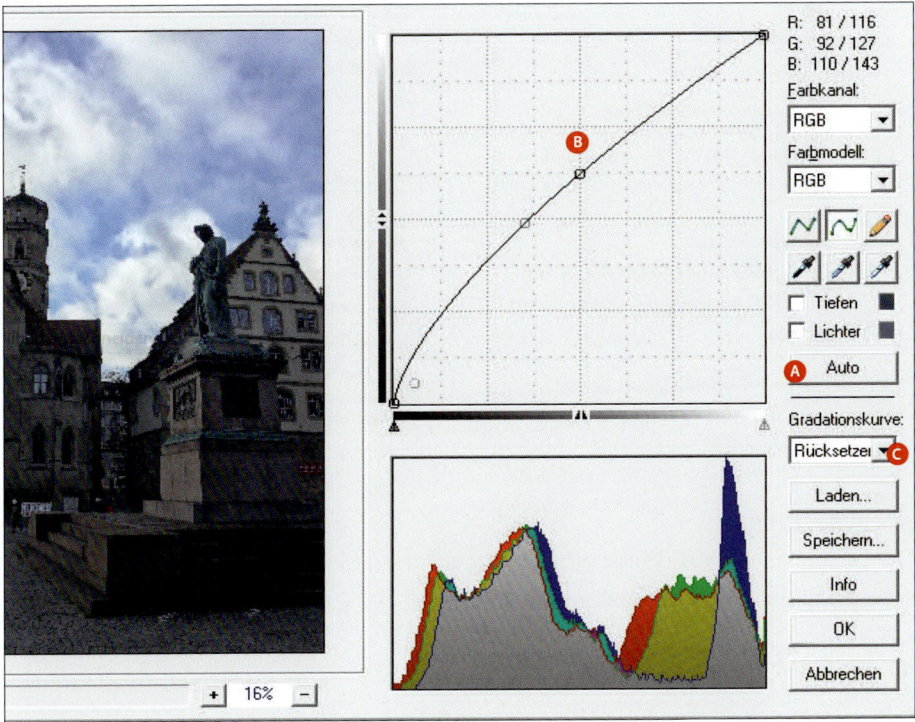

» **Bildschärfe**

Die Bildschärfe können Sie in *IrfanView* leider nur pauschal steigern. Gehen Sie dazu unter Menü *Bild > Schärfen*.

» **Bildgröße**

Sie können die Bildgröße im Dialogfeld Größe ändern. Öffnen Sie dazu das Dialogfeld unter Menü *Bild > Größe ändern* und geben Ihre neuen Bildparameter ein.

    Bei der Änderung der Bildgröße können Sie die neue Bildgröße absolut in Breite und Höhe **Ⓐ** oder prozentual **Ⓑ** angeben. Üblicherweise möchten Sie das Foto bei der Größenänderung nicht verzerren, sondern das Seitenverhältnis beibehalten. Verwenden Sie deshalb *Proportional* **Ⓒ**. Der Parameter ▶ **AUFLÖSUNG** **Ⓓ** ist für die Erstellung von Printmedien wichtig. Die Einstellungen bei *Methode* **Ⓔ** belassen Sie in der Standardeinstellung.

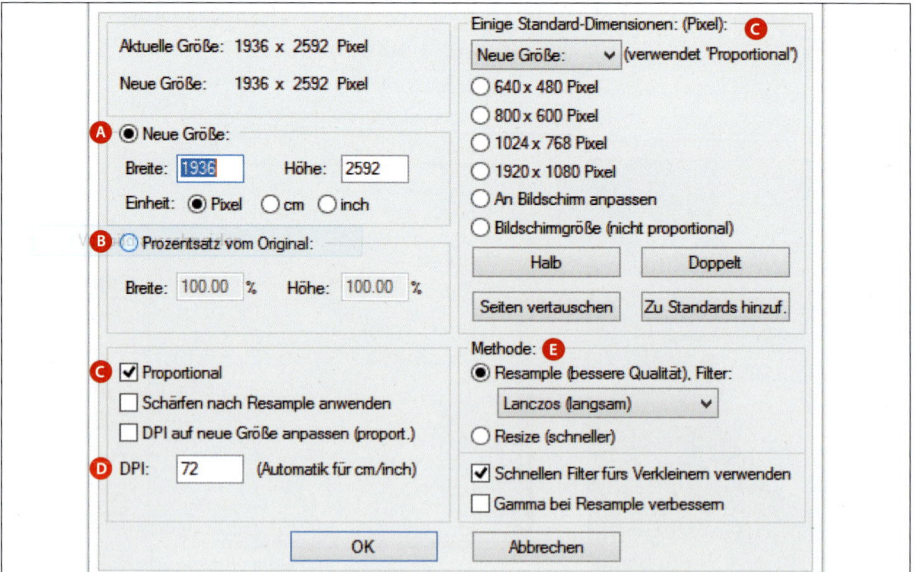

» **Bildausschnitt**

Die gestalterische Wirkung eines Fotos können Sie durch die Wahl des passenden Bildausschnitts steigern ▶ **SEITE 91**.

1 Wählen Sie den schwarzen Pfeil aus.

2 Ziehen Sie mit gedrückter Maustaste einen Rahmen über den gewünschten Bildausschnitt. Die Position des Rahmens verändern Sie mit gedrückter rechter Maustaste. Wenn Sie den Rahmen mit der linken Maustaste an seinen Rändern anfassen, können Sie die Größe ändern.

3 Stellen Sie den Bildausschnitt mit Menü *Bearbeiten > Freistellen* frei.

Mit ShiftN stürzende Senkrechte korrigieren

Durch die Weitwinkelcharakteristik der Kameraobjektive ▶ **INFOBOX AUF SEITE 87** werden die Senkrechten im Foto nicht parallel zur senkrechten Bildkante, sondern verzerrt dargestellt. Der Fachbegriff dafür ist stürzende Senkrechte. In *IrfanView* gibt es unter Menü *Bild > Adobe 8BF PlugIns > Perspective Transformations* die Möglichkeit, die stürzenden Senkrechten zu korrigieren. Wir arbeiten nicht mit dieser IrfanView-Funktion, sondern mit der speziellen Software *ShiftN*, weil das Programm technisch deutlich besser ist.

Sie können die Installationsdatei unter ▶ **WWW.SHIFTN.DE** herunterladen und auf Ihrem Computer installieren.

1 Öffnen Sie das Programm *ShiftN*.

2 Öffnen Sie das zu korrigierende Foto **Ⓐ**.

3 Klicken Sie auf *Automatische Korrektur* **Ⓑ**.

4 Optimieren Sie, falls notwendig, das Ergebnis mit *Manuell anpassen* **Ⓒ**.

5 Speichern **Ⓓ** Sie das korrigierte Foto.

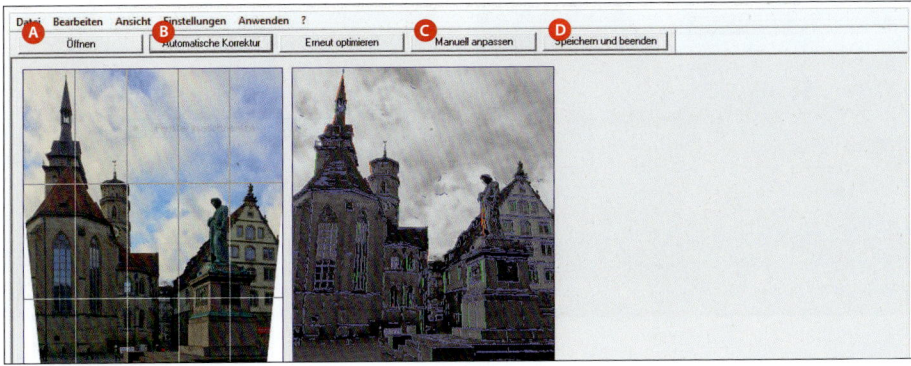

Ergebnisse der Bildbearbeitung

Durch die Entzerrung der stürzenden Senkrechten verändert sich auch der verwendbare rechteckige Bildausschnitt.

Vor der Korrektur

Nach der Feinabstimmung mit Snapseed

Nach der Korrektur mit IrfanView

Nach der Korrektur mit ShiftN

2.4.5 Screenshots erstellen und verwalten

SIE KÖNNEN

Screenshots erstellen und als Fotos verwalten.

SIE BRAUCHEN

Smartphone oder Tablet

SIE VERSTEHEN

Screenshots sind wichtige visuelle Hilfsmittel bei der Erstellung von Dokumentationen und Tutorials. Die Erstellung ist auf iOS- und Android-Geräten unabhängig von Apps und Aktivitäten über eine Tastenkombination jederzeit möglich.

SIE HANDELN

 Erstellen eines Screenshots unter iOS
Drücken Sie gleichzeitig die Home-Taste und die Standby-Taste des iPhone oder iPads. Der Screenshot wird automatisch als Foto in der Sammlung abgelegt.

 Erstellen eines Screenshots unter Android
Drücken Sie gleichzeitig die Standby-Taste und die Leiser-Taste des Android-Smartphones oder -Tablets. Der Screenshot wird automatisch als Foto gespeichert. Bei manchen Geräten muss alternativ zur Leiser- die Home-Taste zusammen mit der Standby-Taste betätigt werden.

2.5   Grafik

Grafiken sind nicht schmückendes Beiwerk, sondern wichtige Elemente der visuellen Kommunikation im Unterricht. Mit Grafiken visualisieren Sie technische Zusammenhänge, Prozessabläufe und Daten. Dabei gilt, wie auch für Text und Bild: Konzentrieren Sie sich auf das Wesentliche, gestalten Sie die Grafiken einfach und anschaulich. Sie haben im Kapitel über Text (▶ SEITE 72) das Hamburger Verständlichkeitsmodell kennengelernt. Die darin gezeigten vier Dimensionen der Verständlichkeit lassen sich auch auf die Gestaltung und Verwendung von Grafiken als Visualisierungsmedium übertragen.

Dieses Kapitel ist keine Einführung in die Grafik als Medium und deren Einsatzmöglichkeiten im Unterricht. Wir möchten Ihnen exemplarisch einige typische Anwendungen vorstellen und Sie motivieren, eigene Grafiken zu erstellen.

Wie bei allen Medien steht vor der Verwendung von Grafiken im Unterricht die didaktische Analyse. Die Leitfragen sollen Sie dabei unterstützen.

INFOBOX – LEITFRAGEN ZU MEDIENDIDAKTISCHEN ÜBERLEGUNGEN

» Welche Unterrichtsziele habe ich?
» Welche Vorteile bietet eine Grafik gegenüber anderen Medien?
» Nutze ich eine eigene Grafik oder eine fremde Grafik?
» In welcher Form setze ich die Grafik ein?
» Welche Ressourcen stehen zur Verfügung?
» Welche Inhalte möchte ich vermitteln?
» Welchen Grafiktyp setze ich ein?
» Welche Details sind in der Grafik wichtig?
» Welche Bearbeitungsaufträge stelle ich?
» Wie erarbeiten und sichern die Schülerinnen und Schüler die Ergebnisse?

2.5.1 Selbst zeichnen

SIE KÖNNEN

Grafiken aus geometrischen Grundformen zeichnen.

SIE BRAUCHEN

Interaktives Whiteboard mit Software *Open-Sankoré*, Tablet mit App *Explain Everything*

SIE VERSTEHEN

Sie können zeichnen – trauen Sie sich! Ob auf dem interaktiven Whiteboard oder dem Tablet, eigene Zeichnungen sind ein unverzichtbarer Teil der visuellen Kommunikation. Mit einfachen geometrischen Grundformen und stilisierten Illustrationen visualisieren Sie anschaulich Beziehungen, Strukturen oder Gegensätze.

Wie erstelle ich gute Grafiken? Kurze Antwort: Üben, üben, üben … Sie können Zeichnen nicht theoretisch lernen. Zeichnen lernt man durch zeichnen. Gehen Sie mit offenen Augen durch die Welt. Schulen Sie Ihre Wahrnehmung und sammeln Sie optische Vor-Bilder.

SIE HANDELN

Sie zeichnen in der App *Explain Everything* (▶ SEITE 167) einfache geometrische Grundformen, Linien und Pfeile. Beachten Sie dabei die ▶ INFOBOX AUF SEITE 108.

1 Öffnen Sie die App *Explain Everything*.

2 Legen Sie ein neues Dokument an.

3 Wählen Sie das *Zeichenstift-Werkzeug* aus.

4 Zeichnen Sie Rechtecke, Kreise und Dreiecke.

5 Verbinden Sie die Flächen durch Linien.

6 Markieren Sie weniger gelungene Elemente durch Pfeile.

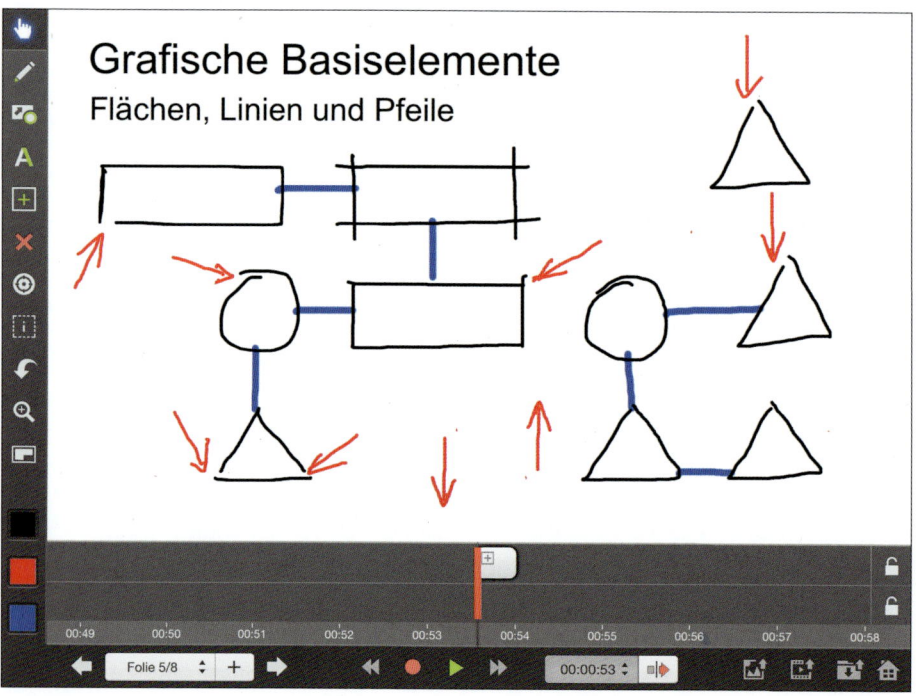

INFOBOX – GEOMETRISCHE GRUNDFORMEN, LINIEN UND PFEILE ZEICHNEN

Flächen zeichnen

Flächen dienen als Textfelder, symbolisieren Stationen im Ablaufdiagramm …

» Schließen oder überzeichnen Sie die Ecken. Offene Ecken bilden keine Fläche, sie wirken unfertig und schlampig.
» Zeichnen Sie Linienanschlüsse geschlossen oder überzeichnet.
» Zeichnen Sie runde Formen in einem Schwung.
» Runde Formen müssen Sie nicht geschlossen zeichnen.
» Achten Sie auf einheitliche bzw. deutlich unterscheidbare Größen.
» Zeichnen Sie gleich bedeutende Flächen auch gleich groß.
» Achten Sie bei einer Reihung von Flächen auf gleichmäßige Abstände.

Linien und Pfeile zeichnen

Linien verbinden Flächen und Illustrationen, sie dienen als Achsen von Diagrammen und bilden die Grundform für Pfeile …

» Zeichnen Sie Linien und Pfeile möglichst gerade.
» Zeichnen Sie runde Formen in einem Schwung.
» Achten Sie auf einheitliche Pfeilspitzen.
» Achten Sie auf einheitliche Längen.
» Zeichnen Sie Linienanschlüsse geschlossen oder überzeichnet.

2.5.2 Zeichnen mit vorgegebenen Elementen

SIE KÖNNEN

Grafiken aus geometrischen Grundformen mit vorgegebenen Elementen erstellen.

SIE BRAUCHEN

Tablet, Zeichen-App z. B. *Grafio* (für iPad) mit Formenbibliothek

SIE VERSTEHEN

Von Hand gezeichnete Grafiken haben einen eigenen Charakter. Sie wirken spontan, kreativ aber auch unfertig und skizzenhaft. Spezielle Zeichen-Apps, wie z. B. *Grafio* für iPads, bieten eine Bibliothek mit vorgegebenen Elementen, die Sie auf der Arbeitsfläche zu einem Diagramm konfigurieren. Darüber hinaus ermöglicht die Formerkennungsfunktion, Freihandzeichnungen in exakte Formen zu konvertieren. Die fertige Grafik können Sie exportieren und in Apps wie *Explain Everything* weiter verwenden.

SIE HANDELN

Sie zeichnen ein Strukturdiagramm. Texte, Proportionen und Maße übernehmen Sie gestaltungsorientiert aus der Abbildung.

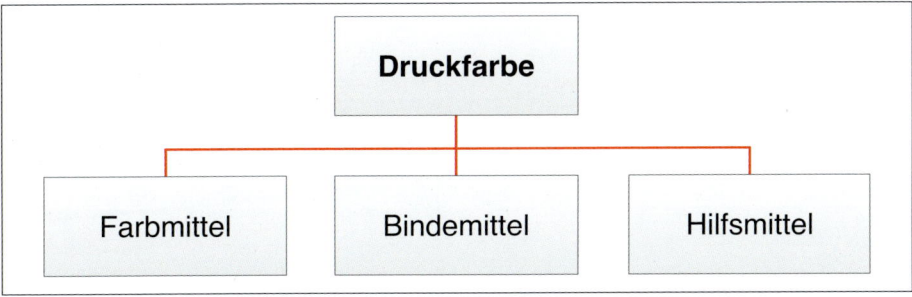

iOS

1 Öffnen Sie *Grafio*.

2 Erstellen Sie ein neues Dokument durch Tippen auf das Plus am linken oberen Rand des Displays.

3 Geben Sie dem Dokument einen Namen und bestätigen Sie mit *Neu erstellen*.

4 Konfigurieren Sie die Arbeitsfläche in den Einstellungen **A**.

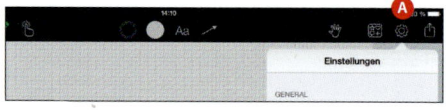

5 Ziehen Sie ein Rechteck aus der Bibliothek **B** auf die Arbeitsfläche.

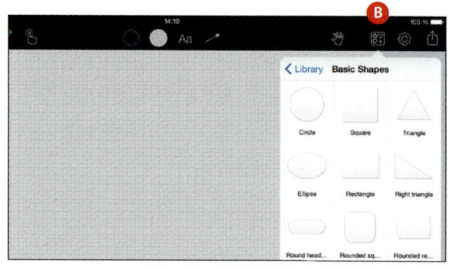

6 Durch Doppeltippen in die Rechteckfläche konvertieren Sie das Rechteck in einen Textrahmen.

7 Geben Sie den Text ein. Formatieren Sie den Text **C** (Helvetica, 24 pt, bold, schwarz).

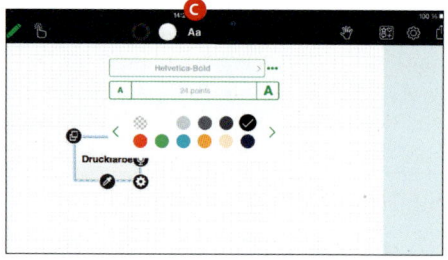

8 Bestätigen Sie die Formatierung durch Tippen auf die Arbeitsfläche.

9 Aktivieren Sie durch zweimaliges Tippen auf die Rechteckfläche die Anfasser zur Größenänderung und modifizieren Sie die Größe.

10 Tippen Sie einmal in die Rechteckfläche und duplizieren Sie das Rechteck **D**.

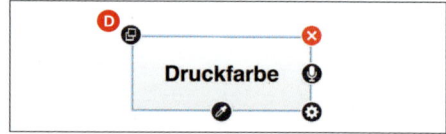

11 Ziehen Sie das duplizierte Rechteck an die neue Position.

12 Ändern Sie den Text (Helvetica, 24 pt, regular, schwarz).

13 Duplizieren Sie dieses Rechteck zweimal. Positionieren Sie die Rechtecke und modifizieren Sie den Text.

14 Zeichnen Sie die Linien mit dem Linienwerkzeug **E**. Modifizieren Sie die Einstellungen bei **F** (2 pt, rot).

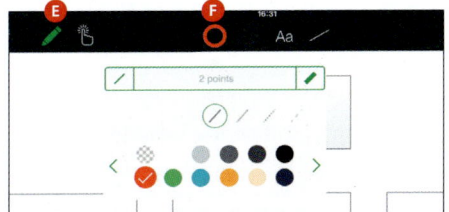

15 Exportieren Sie das Dokument **G** in Ihre *Dropbox* **H**.

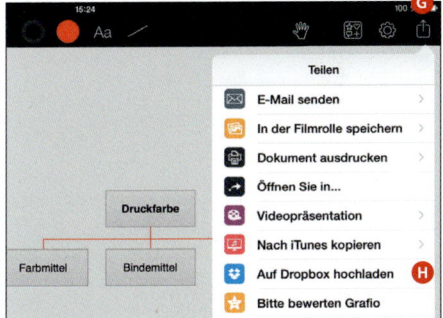

16 Öffnen Sie die *Dropbox* und wählen Sie das Dokument aus.

17 Exportieren Sie das Dokument **I** aus der *Dropbox* über *In „Explain Everything" öffnen* **J**.

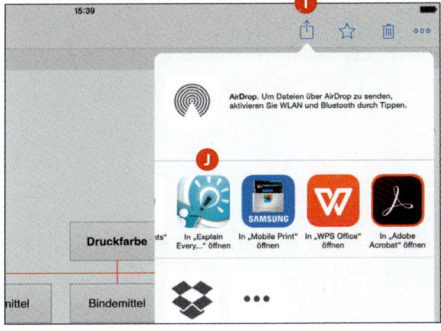

18 Importieren Sie das Dokument in das aktuelle Projekt.

19 Arbeiten Sie mit der Grafik **K** in *Explain Everything* weiter.

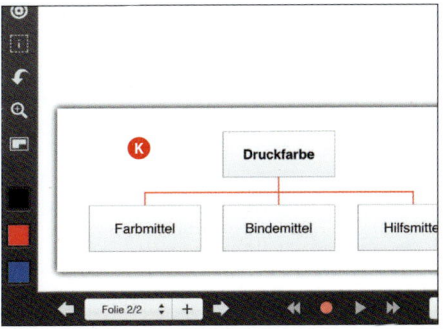

2.5.3   Diagramm lokal erstellen

SIE KÖNNEN

Diagramme mit einer Tabellenkalkulations-App erstellen und zur Nutzung in andere Apps exportieren.

SIE BRAUCHEN

Tablet, Tabellenkalkulations-App

SIE VERSTEHEN

Die Visualisierung von Daten in Diagrammen begegnet uns in Print- und Digitalmedien. Wenn Sie bisher in *PowerPoint* oder *Excel* mit Diagrammen gearbeitet haben, dann fällt Ihnen auch die Arbeit mit Diagrammen auf den mobilen Geräten leicht. Es gibt für iOS-, für Android und für Windows eine ganze Reihe Apps zur Gestaltung und Erstellung von Diagrammen. Wir arbeiten hier mit *Numbers* der Tabellenkalkulation von Apple. *Numbers* gibt es als Software für den Mac, als kostenlose SaaS ▶ SEITE 61 in der Cloud und als kostenlose App für iOS-Geräte.

SIE HANDELN

Sie visualisieren die Informationen aus dem folgenden Text in einem Balkendiagramm. Den einleitenden Text stellen Sie dem Diagramm als Überschrift und Textfeld voran.

Je mehr Sinneskanäle angesprochen werden, desto größer ist der Lernerfolg. Je unterschiedlicher wir uns unseren Lernstoff aneignen, desto vielfältiger sind die Möglichkeiten des Erinnerns und Behaltens. Deshalb steigt die Erinnerungsquote deutlich an, je mehr Sinne am Lernprozess beteiligt sind.

Erinnerungsquote
» Nur Hören 20%
» Nur Sehen 30%
» Sehen und Hören 50%
» Sehen, Hören und Diskutieren 70%
» Sehen, Hören, Diskutieren und selber Tun 90%

---

iOS

1 Öffnen Sie *Numbers*.

2 Wählen Sie eine leere Tabelle **A**.

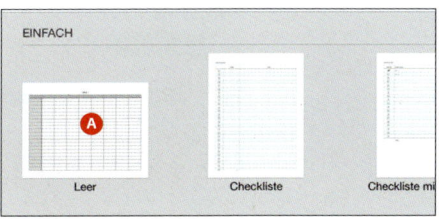

3 Tragen Sie die Kategorien in die erste Spalte **B** ein. Mit Doppeltippen auf die Zelle öffnen Sie die Eingabetastatur.

4 Tragen Sie die zugehörigen Zahlenwerte in die zweite Spalte ein.

5 Markieren Sie durch Ziehen die ausgefüllten Zellen.

6 Erstellen Sie ein Diagramm **C**. Sie haben die Auswahl zwischen 2D, 3D und Interaktiv. Wir wählen für unser Beispiel ein horizontales 2D-Balkendiagramm **D**.

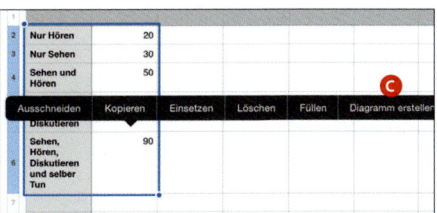

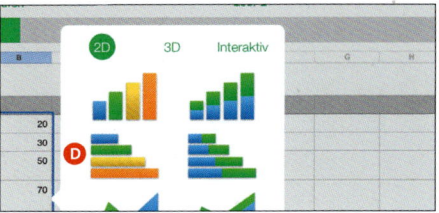

7 Tippen Sie auf das Bearbeiten-Icon **E** und modifizieren Sie Ihr Diagramm nach inhaltlichen und gestalterischen Gesichtspunkten.

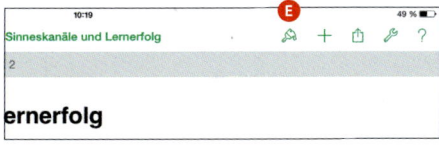

8 Stellen Sie das Diagramm in anderen Anwendungen bereit 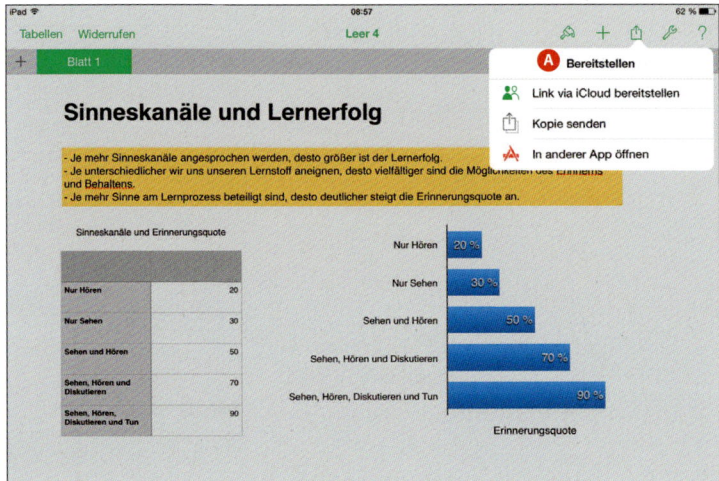.

9 Sie können zwischen vier Datei-Formaten **B** wählen.

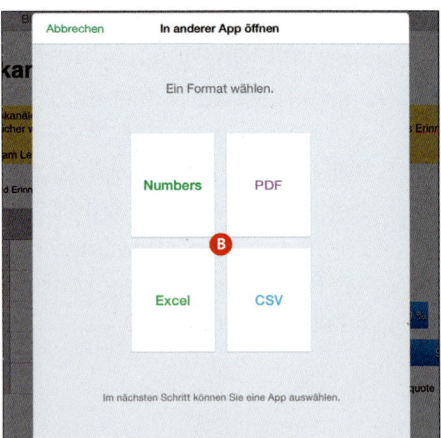

10 Nach der Auswahl des Export-formats wählen Sie die Zielappli-kation **C** aus. Die Art, wie Sie weiter verfahren, hängt von den Verarbeitungsoptionen der jeweiligen Applikation ab.

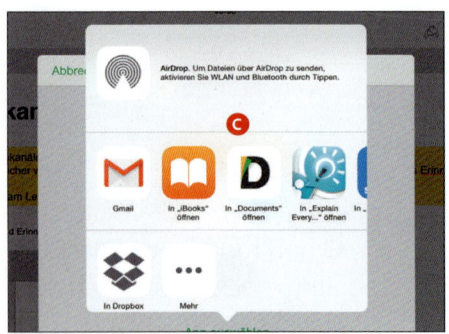

2.5.4 Diagramm online erstellen

SIE KÖNNEN

Diagramme auf einer Online-Plattform erstellen und zur Nutzung in andere Apps exportieren.

SIE BRAUCHEN

Tablet, Internetverbindung, Browser z. B. *iCab Mobile*, *Explain Everything*

SIE VERSTEHEN

Sie können Diagramme direkt online im Browser auf dem PC, Smartphone oder Tablet erstellen. Im Internet gibt es eine Vielzahl kostenloser und auch kostenpflichtiger Portale. Wir erstellen in unserem Tutorial ein Balkendiagramm auf dem kostenlosen Portal ▶ **WWW.DIAGRAMMERSTELLEN.DE**. Die Arbeitsweise in den anderen Portalen ist ähnlich, so dass Sie die Vorgehensweise einfach übertragen und nachvollziehen können.

SIE HANDELN

Sie visualisieren die Informationen ▶ SEITE 112 in einem Balkendiagramm.

www.diagrammerstellen.de (abgerufen am 17.3.2015)

1 Öffnen Sie im Browser die Onlineplattform ▶ **WWW.DIAGRAMMERSTELLEN.DE**.

2 Tippen Sie auf *Gestalten Sie Ihr eigenes Diagramm.*

3 Wählen Sie den Diagrammtyp (Balkendiagramm) und konfigurieren Sie die Diagramm-Parameter.

Diagramm anpassen

4 Unter diesem Reiter wählen Sie den Dateityp und machen die gestalterischen Basiseinstellungen.

Um die Konfiguration fortzusetzen, tippen Sie auf *Nächste* 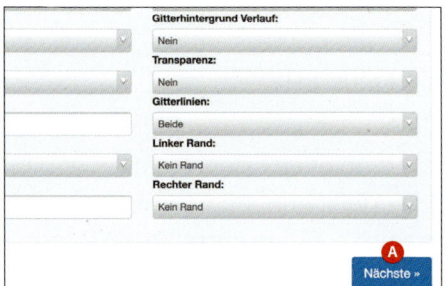 am unteren rechten Rand des Browserfensters.

Dateneingabe

5 Tragen Sie den Diagrammtitel ein, in unserem Beispiel: *Sinneskanäle und Lernerfolg* Ⓑ.

6 Stellen Sie die Anzahl der Einträge (Zeilen) auf 5 Ⓒ und die Anzahl der Gruppen (Datenspalten) ebenfalls auf 5 Ⓓ. Wenn Sie nur eine Gruppe festlegen, dann haben alle Balken dieselbe Farbe.

Beschriftungen und Schriftarten

7 Stellen Sie die Parameter der Datensatzbeschriftung ein.

8 Wählen Sie die Schriftart, die Schriftfarbe und die Schriftgröße.

Diagrammvorschau

9 Betrachten Sie das Ergebnis. Sie können jederzeit in den Reitern zurückgehen und Änderungen vornehmen. In der Diagrammvorschau **A** werden die Änderungen sofort angezeigt.

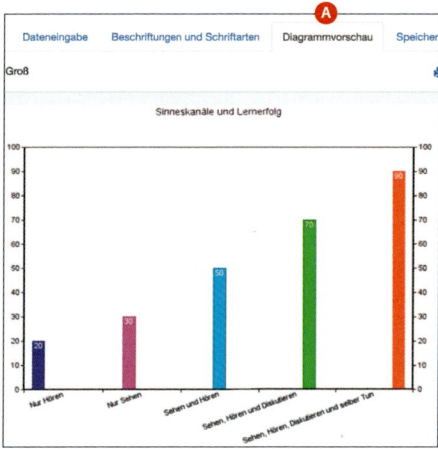

Speichern und teilen

Unter dem Reiter *Speichern und teilen* haben Sie verschiedenen Optionen. Wir arbeiten mit dem Diagramm in *Explain Everything* weiter.

10 Tippen Sie auf *Download des Diagramms als PNG* **B** und bestätigen Sie den Download mit *OK*.

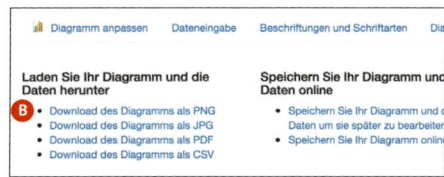

11 Öffnen Sie die Download-Option in *iCab Mobile* **C**.

12 Wählen Sie das Diagramm durch Antippen aus und bestätigen Sie die Auswahl mit *Öffne Datei in anderer App* **D**. Es werden alle auf Ihrem Gerät installierten Apps angezeigt, die diesen Dateityp verarbeiten können.

13 Tippen Sie auf *In „Explain Everything" öffnen* und bestätigen Sie den Import mit *In aktuelles Projekt importieren*.

2.6 Video

„Jugendliche googeln nicht, sie youtuben." Die JIM-Studie 2014 bestätigt diese These nicht, sie zeigt aber, dass Videos ein selbstverständlicher Teil der Mediennutzung unserer Schülerinnen und Schüler sind. Videoportale wie YouTube ersetzen oft den Blick ins Buch.

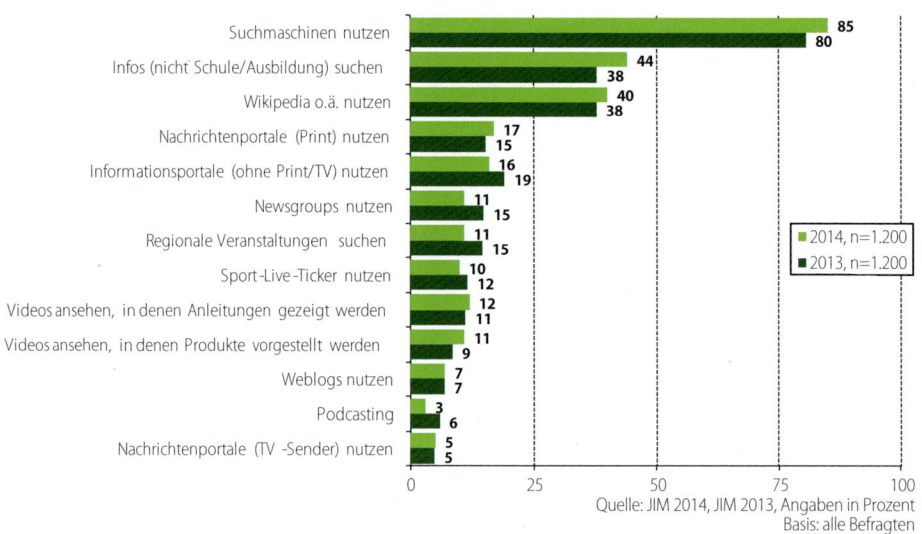

Quelle: JIM 2014, JIM 2013, Angaben in Prozent
Basis: alle Befragten

JIM-Studie 2014: Tätigkeiten im Internet/am Computer - Schwerpunkt: sich informieren 2014

Durch die Möglichkeiten von Smartphones und Tablets können Sie spontan und unmittelbar Videos im Unterricht einsetzen. Zeigen Sie fertige Videos, erstellen Sie eigene Videos in der Unterrichtsvorbereitung oder mit ihren Schülerinnen und Schülern im Unterricht.

INFOBOX – LEITFRAGEN ZU MEDIENDIDAKTISCHEN ÜBERLEGUNGEN

» Welche Unterrichtsziele habe ich?
» Welche Vorteile bietet Video gegenüber anderen Medien?
» In welcher Unterrichtsphase setze ich Video ein?
» Nutze ich ein Fremdvideo oder ein eigenes Video?
» In welcher Form setze ich Video ein?
» Welche Ressourcen stehen zur Verfügung?
» Welche Inhalte zeigt das Video?
» Welche Beobachtungs- und Bearbeitungsaufträge stelle ich?
» Wie erarbeiten und sichern die Schülerinnen und Schüler die Ergebnisse?

2.6.1   Video verstehen

SIE KÖNNEN

» Videos hinsichtlich der Grundlagen der Filmgestaltung analysieren, beurteilen und bewerten.
» Videos hinsichtlich Inhalt, Handlung und Filmaussage analysieren, beurteilen und bewerten.

SIE BRAUCHEN

Videofilme

SIE VERSTEHEN

Film als didaktisches Medium ist nicht neu. Schon 1919 entstand die erste Bildstelle am Zentralinstitut für Erziehung und Unterricht in Berlin. Die Unterscheidung von Film und Video ergibt sich aus der unterschiedlichen Technologie. Für die schulische Praxis ist diese technologische Unterscheidung nicht wichtig. Wir benutzen deshalb die Begriffe synonym als Bezeichnung eines audiovisuellen Mediums.

Wir schauen jeden Tag Filme im Fernsehen oder im Internet. Aber verstehen wir auch die Filme? Sprechen wir die Filmsprache?

Es würde den Rahmen dieses Buches sprengen, hier eine Einführung in die Filmsprache bzw. Filmgestaltung zu geben. Wir möchten Ihnen aber einige grundlegende filmische Gestaltungsmittel aufzeigen. Zusammen mit den Grundlagen der Bildgestaltung ▶ SEITE 91 haben Sie damit eine gute Basis, Filme hinsichtlich ihrer Technik und Gestaltung zu analysieren, zu verstehen und die Erkenntnisse in eigenen Produktionen anzuwenden.

Im zweiten Teil dieses Kapitels erweitern wir die Filmanalyse auf den Inhalt, die Handlung und die Filmaussage.

SIE HANDELN

Für die gestalterische Filmanalyse ist es wichtig, den formalen Aufbau eines Films zu kennen und dadurch die Sprache eines Films zu verstehen. Später setzen Sie die Ergebnisse auch in eigenen Produktionen oder Videos Ihrer Schülerinnen und Schüler um.

Einstellung und Szene

1 Öffnen Sie eine Videodatei.

2 Beantworten Sie die Fragen zu Einstellung und Szene ▶ **INFOBOX AUF DIESER SEITE**:
  » Wie groß ist die durchschnittliche Einstellungslänge in diesem Video?
  » Aus wie vielen Einstellungen bestehen die Szenen im Schnitt?
  » Gibt es starke Abweichungen vom Durchschnitt? Falls ja, dann versuchen Sie diese zu begründen.

INFOBOX – EINSTELLUNG UND SZENE

Einstellung
Die ▶ **EINSTELLUNG** (shot) ist die kleinste Einheit eines Films und wird ohne Unterbrechung aufgenommen. Damit ein Betrachter das Bild wahrnimmt, seine Informationen aufnimmt und versteht, sollte die Länge einer Einstellung in etwa der Zeit entsprechen, die man braucht, um das Bild verbal zu beschreiben. Die Einstellungslänge hängt somit vom Informationsgehalt des Motivs ab.

Wenn eine Einstellung in mehreren Versionen gedreht wird, dann werden diese allgemein mit dem englischen Begriff ▶ **TAKE** bezeichnet.

Szene
Mit ▶ **SZENE** wird eine aus mehreren Einstellungen bestehende Handlungseinheit eines Films bezeichnet.

Einstellungsgröße

1 Öffnen Sie eine Videodatei.

2 Beantworten Sie die Arbeitsfragen zu Einstellungsgrößen
  ▶ **INFOBOX AUF SEITE 121**:
  » Welche Einstellungsgrößen haben aufeinanderfolgende Einstellungen in diesem Video?
  » Welche filmischen Aussagen vermitteln die jeweiligen Einstellungsgrößen dem Betrachter?

INFOBOX – EINSTELLUNGSGRÖSSE

Die ▶ **EINSTELLUNGSGRÖSSE** beschreibt die Größe, in der Motivelemente im Bild in Beziehung zueinander dargestellt werden. Ihre absolute Größe hängt immer vom jeweiligen Filmthema ab. So kann z. B. die Totale einen Blick über eine Landschaft, einen Raum oder bei einem Lernvideo auch über eine Versuchsanordnung sein.

Totale (long shot)
Mit der Totalen bieten Sie dem Betrachter Überblick und Orientierung und führen dadurch in die Thematik der Szene ein.

Halbtotale (medium long shot)
Die Halbtotale zeigt einen beschränkten Ausschnitt der Totalen und lenkt dadurch den Blick des Betrachters auf das bildwichtige Motiv.

Amerikanische Einstellung (american shot)
Die amerikanische Einstellung hat ihren Namen von einer in Western häufig eingesetzten Einstellungsgröße.

Halbnahaufnahme (medium close-up)
Die Halbnahaufnahme zeigt erste Details, z. B. die obere Körperhälfte einer Person oder die Baugruppe einer Maschine.

Nahaufnahme (close-up)
In der Nahaufnahme zeigen Sie weitere Details des Motivs. Für den Betrachter gehen der Überblick und die Möglichkeit zur Einordnung in die Umgebung verloren.

Großaufnahme (very close-up)
Sie sind mit der Kamera dicht am Aufnahmeobjekt, ein Ausweichen ist nicht mehr möglich.

Detailaufnahme (extreme close-up)
Die Kamera ist so dicht wie möglich am Objekt. Sie zeigt einen kleinen, aber wichtigen Teil des Motivs.

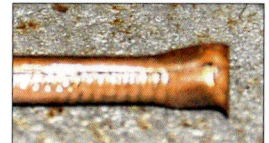

Bildgestaltung und Kameraführung

1 Öffnen Sie eine Videodatei.

2 Beantworten Sie die Arbeitsfragen der Beobachtungsaufgabe
» Welche räumliche Anordnung haben die Motivelemente?
» Erkennen Sie eine inhaltliche Gewichtung?
» Welche Wirkung / Bedeutung haben Lichtgestaltung und Farbigkeit in diesem Video?
» Welchen Aufnahmestandort hat die Kamera?
» Welche Wirkung / Bedeutung haben Kamerastandort und Kamerabewegung in diesem Video?

Schnitt und Montage

1 Öffnen Sie eine Videodatei.

2 Beantworten Sie die Fragen zu Schnitt und Montage ▶ **INFOBOX AUF DIESER SEITE**:
» Welchen Rhythmus hat die Schnittfolge?
» Werden harte Schnitte und/oder Überblendungen eingesetzt?
» Welche Wirkung / Bedeutung hat die Schnittart in diesem Video?

INFOBOX – SCHNITT UND MONTAGE

Im Schnitt oder bei der Montage entsteht der eigentliche Film. Die verschiedenen Filmteile, Einstellungen und Szenen werden in der endgültigen Abfolge aneinander montiert. Ein harter Schnitt ist ein direkter Übergang zu einem neuen Bild. Mit dem Begriff weicher Schnitt wird das Ein- bzw. Ausblenden bezeichnet.

Die Montage der einzelnen Teile ist mehr als das Aneinanderfügen der Einstellungen. Durch die Abfolge und die Länge der Einstellungen sowie die Art des Schnitts gewinnen die Bilder des Films erst ihre Bedeutung.

Montageregeln
» Montieren Sie keine Kamerabewegungen aneinander. Schneiden Sie stehende Einstellungen dazwischen.
» Bei aufeinanderfolgenden Einstellungen sollte die Kameraposition verändert sein.
» Der Rhythmus folgt der Erzählstruktur und Handlungsdramaturgie.
» Schuss und Gegenschuss durch verschiedene Kamerawinkel bei Aufnahmen von Personen im Gespräch.
» Überblendungseffekte sparsam verwenden.

Ton, Sprache, Geräusche und Musik

1 Öffnen Sie eine Videodatei.

2 Beantworten Sie die Fragen der Beobachtungsaufgabe:
  » Welche Wirkung / Bedeutung hat der Sound in diesem Video?
  » Werden Soundelemente wie z. B. Originaltöne, Sprache oder Musik eingesetzt?

Inhalt, Handlung, Dramaturgie und Semantik

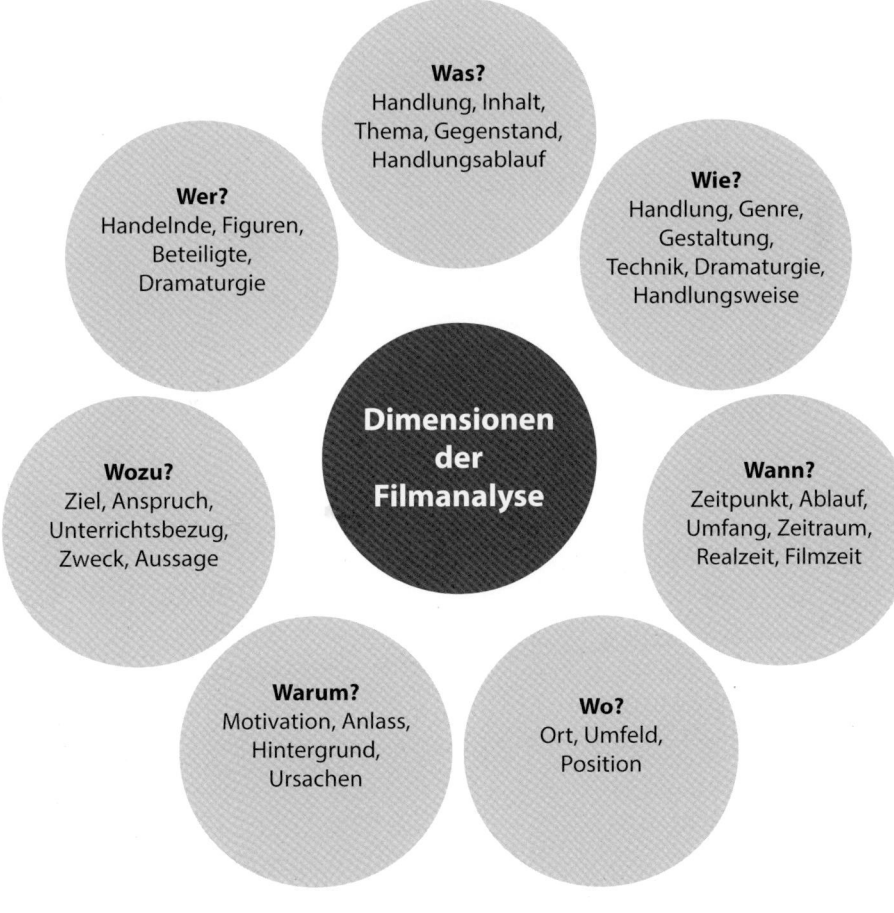

W-Fragen zur Filmanalyse

Die klassischen W-Fragen des Journalismus sind in der Filmanalyse ein oft genutztes Werkzeug. Sie können damit auf einfache Art und Weise die verschiedenen Dimensionen eines Films erfassen und so auch die Konzeption eigener Produktionen strukturieren.

Die Dimensionen beziehen sich sowohl auf die semantische und inhaltliche Analyse des Film als auch auf die produktionsorientierte Analyse. Die konkrete Fragestellung ergibt sich aus Ihrem jeweiligen Erkenntnisinteresse. Die Schlagworte sollen Sie dabei unterstützen.

2.6.2 Video schauen

SIE KÖNNEN

» Die unterschiedlichen Quellen und Wege der Distribution von Videos
  nutzen.
» Videos im Unterricht zielorientiert und schülergerecht einsetzen.

SIE BRAUCHEN

Videodateien, Videolinks, Browser, Foto/Video-App, ▶ **PODCAST**-App

SIE VERSTEHEN

So vielfältig wie die im Internet veröffentlichten Videos, so vielfältig sind
auch die Möglichkeiten, im Präsenz-Unterricht oder im Online-Unterricht mit
Videos zu arbeiten. Nach einer didaktischen Analyse haben Sie sich entschieden, Video im Unterricht einzusetzen. Sie haben auch schon recherchiert und
ein geeignetes Video gefunden. Dabei haben Sie nicht nur die inhaltlichen
und didaktischen Aspekte, sondern auch die medienrechtlichen Aspekte
berücksichtigt. Wir zeigen in diesem Kapitel verschiedene Technologien auf,
mit denen Sie Videos im Unterricht zeigen können.

SIE HANDELN

Es gibt unterschiedliche Technologien, Videos aus dem Internet im Unterricht zu zeigen. Entscheidend ist die Art der Datenübertragung, ▶ **STREAMING**
oder lokale Datei, beim Abspielen des Videos. Beim Streaming brauchen Sie
zum Abspielzeitpunkt eine schnelle Internetverbindung. Das Video muss zu
diesem Zeitpunkt natürlich auch zur Verfügung stehen. Der sicherere Weg ist
der Download des Videos auf Ihr Endgerät. Damit können Sie das Video ohne
Netzverbindung und zu einem beliebigen Zeitpunkt zeigen. Allerdings ist ein
Download oft technisch und lizenzrechtlich nicht möglich.

Video aus einem Videoportal streamen oder herunterladen

1 Öffnen Sie ein Videoportal im Browser. In unserem Beispiel gehen wir auf das Internetportal ▶ **WWW.PLANET-SCHULE.DE** und wählen dort im *Hauptmenü > Fächer > Filme online nach Fächern > Geschichte* **Ⓐ**.

2 Wählen Sie das Video aus und starten Sie das Abspielen mit einem Tipp auf *Film abspielen* **Ⓑ** oder laden Sie den Film auf Ihr Endgerät **Ⓒ**.

3 Nach dem Download wählen Sie die Art der Dateiverwaltung aus **Ⓓ**.

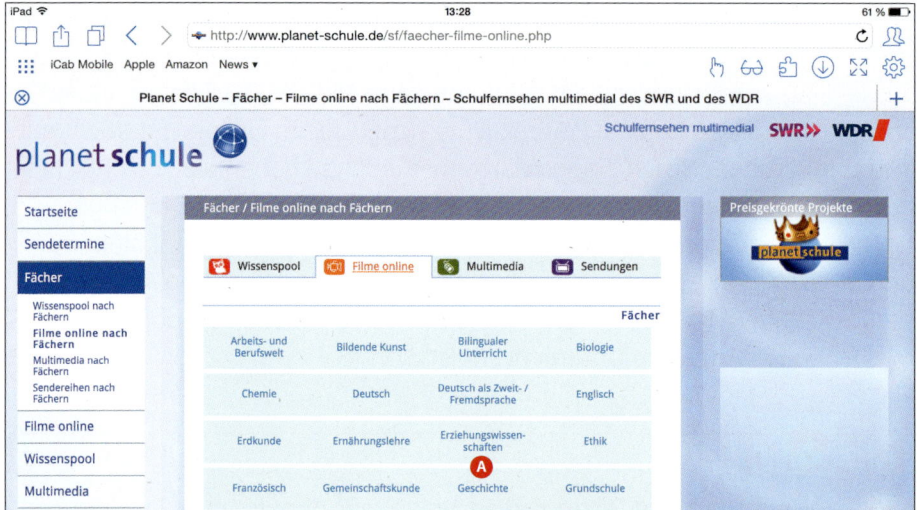

www.planet-schule.de (abgerufen am 21.03.2015)

Videopodcast streamen und sichern

Podcast ist ein Kunstwort, das aus iPod (MP3-Player von Apple) und Broadcast (engl. Rundfunksendung) entstanden ist. Ursprünglich waren ▶ **PODCASTS** nur Audiodateien. Seit einigen Jahren werden auch Videos als Podcast angeboten. Zum Abspielen brauchen Sie eine App. Auf iOS-Geräten ist die kostenlose App *Podcasts* meist vorinstalliert. Für Android gibt es eine Reihe kostenloser Apps im Google Play Store, z. B. *Podcast Republic,* siehe auch ▶ **SEITE 145.**

1 Öffnen Sie Ihre Podcast-App, hier: *Podcasts*.

2 Öffnen Sie ein Podcastportal (Podcatcher), in unserem Fall: *iTunes*. Sie haben dort verschiedene Optionen **A** einen Podcast auszuwählen.

3 Wählen Sie den gewünschten Podcast aus und laden Sie die Datei auf Ihr Endgerät **B**.

4 Mit Auswahl der Option *Abonnieren* **C** bekommen Sie automatisch immer den aktuellen Podcast dieser Serie auf Ihr Gerät geladen. Zum Abspielen des Podcasts tippen Sie auf das Cover **D**.

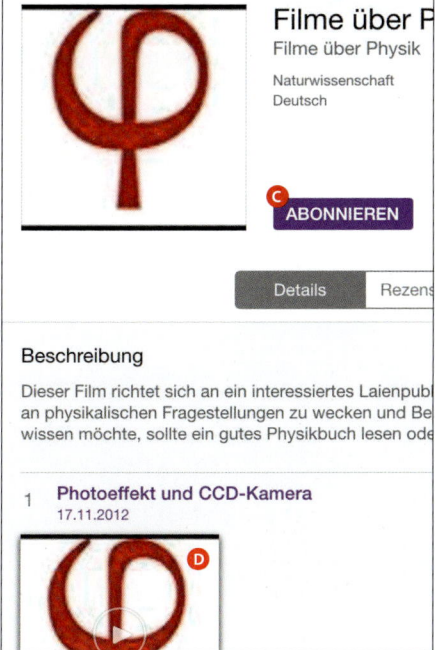

5 Zur Dateiverwaltung tippen Sie auf „i" **E**. Mit der Option *Folge sichern* **F** wird der Podcast in der Dateiverwaltung von Podcasts gesichert. Sie können die gesicherten Podcasts jederzeit, z.B. im Unterricht, wieder aufrufen und abspielen, ohne dass Sie hierfür eine Internetverbindung benötigen.

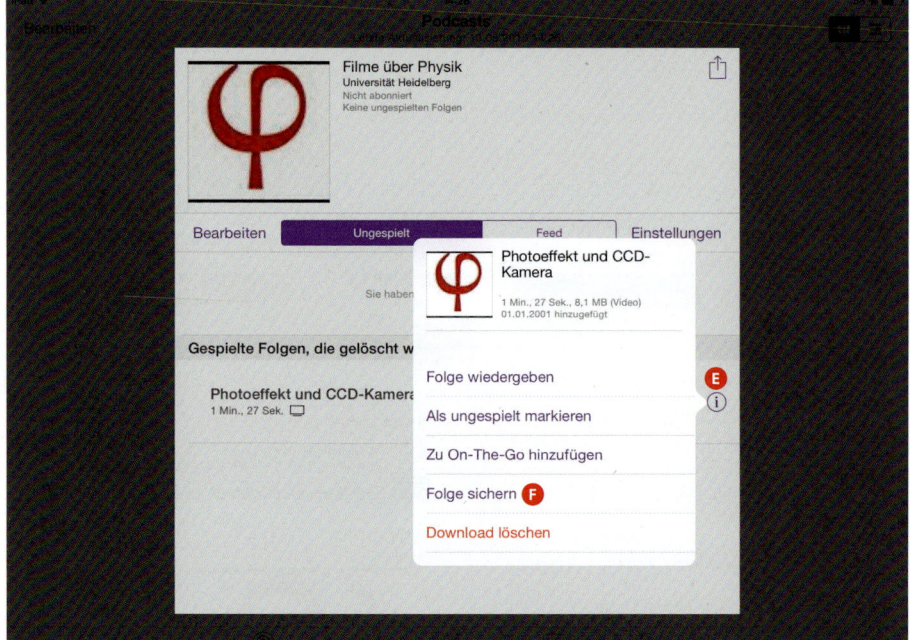

2.6.3 Video aufnehmen

SIE KÖNNEN

» Videoarten unterscheiden und didaktisch reflektierte Konzeptionen erstellen.
» Filmische Ideen in unterschiedlichen Aufnahmesituationen praktisch umsetzen.

SIE BRAUCHEN

Smartphone oder Tablet, Kamera-App

SIE VERSTEHEN

Die Arbeit mit Videos in der Schule war noch vor wenigen Jahren sehr aufwändig, zuerst die Aufnahmen mit einer Videokamera, dann das Übertragen der Videodaten auf einen Computer, der Videoschnitt mit einer speziellen Videoschnittsoftware und abschließend das Speichern der Videodatei in eines der zahlreichen Videodateiformate. Mit einem Smartphone oder Tablet haben Sie alle diese Komponenten auf einem Gerät immer dabei und zur Verfügung.

Denken Sie vom Ende her – Von der Idee zum Film
Im Kapitel Fotos hatten wir Sie aufgefordert, einfach mal zu fotografieren. Natürlich können Sie auch jetzt einfach mal ein Video aufnehmen. Sie werden aber, wenn Sie sich das Ergebnis anschauen, schnell feststellen, dass dieser Weg meist nicht zu einem befriedigenden Ergebnis führt.

Nach der didaktischen Entscheidung, Video als Unterrichtsmedium einzusetzen (▶ SEITE 118), steht vor dem Drehen die Konzeptions- und Planungsphase. Jeder Film entsteht erst im Schnitt. Sie müssen deshalb schon bei der Planung und später beim Drehen den fertigen Film vor Ihrem geistigen Auge ablaufen lassen. Denn, was Sie nicht aufgenommen haben, können Sie später nicht reinschneiden. Ein Nachdreh ist meist aufwändig und oft sogar nicht realisierbar.

SIE HANDELN

1 Definieren Sie die Ziele, die Sie mit Ihrem Film erreichen möchten.

2 Fassen Sie Ihre Ziele und die Planungen zur Umsetzung ihrer Filmidee in einem Arbeitspapier zusammen, die Fragen helfen bei der Planung:
   » Was wird warum wann wo und mit wem wie gedreht?
   » Was brauche ich zum Dreh? (Ort, Licht ▶ **INFOBOX AUF SEITE 95**, Requisite, Akteure, Material, Kamera ▶ **INFOBOX AUF SEITE 87**, Ton ▶ **INFOBOX AUF SEITE 131**, Stativ …)

3 Erstellen Sie ein Storyboard ▶ **INFOBOX AUF DIESER SEITE**.

INFOBOX – STORYBOARD UND DREHBUCH

Storyboard und Drehbuch werden in der Umgangssprache oft gleichgesetzt. In der filmischen Praxis unterschieden sie sich. Im Drehbuch wird der Film mit seiner Handlung beschrieben. Das Storyboard ist detaillierter als das Drehbuch. Die Schlüsselbilder der Einstellungen sind skizziert und zeigen die geplante Kameraposition und -einstellung. Außerdem sind die Einstellungen schriftlich beschrieben und wichtige Hinweise zum Dreh sind festgehalten.

Mit der iOS-App *iMovie* können Sie Filmtrailer erstellen. Drehbuch und Storyboard werden darin sehr gut vorstrukturiert und bieten eine gute Anleitung, um in die konzeptionelle Filmarbeit einzusteigen.

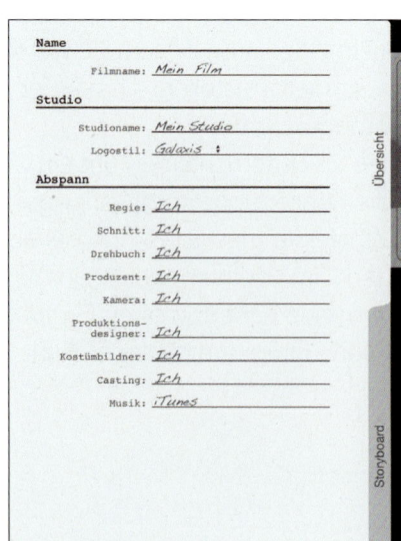 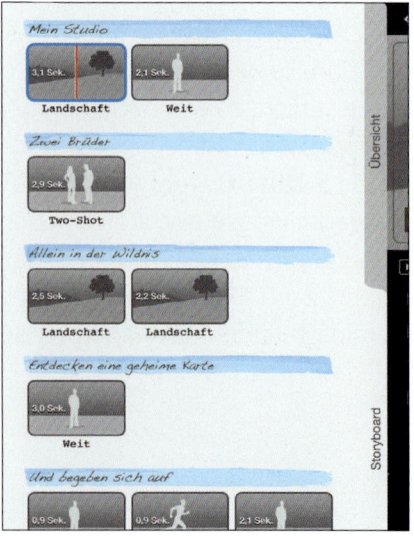

4 Erstellen Sie auf Basis des Storyboards einen Drehplan.

5 Machen Sie die Aufnahmen. Sie müssen dazu in der Kamera-App auf Video umstellen ▶ SEITE 86. Protokollieren Sie die Einstellungen in einem Aufnahmeplan.

6 Schauen Sie sich die Ergebnisse der Aufnahmen an. Wiederholen Sie ggf. bestimmte Einstellungen oder drehen Sie Neues.

INFOBOX – TON

Video ist ein audiovisuelles Medium. Damit ist alles gesagt. Neben dem Bild ist der Ton das gleichberechtigte zweite Element eines Films.

Bei der Aufnahme mit Smartphone oder Tablet wird der Ton immer automatisch mit aufgenommen. Die Tonqualität ist allerdings nur für die Telefonie ausreichend, für Filme nicht. Wenn Sie eine qualitative gute Tonaufnahme machen möchten, dann müssen Sie ein externes Mikrofon anschließen.

O-Ton
O-Ton ist der Fachbegriff für Originalton. Er wird bei der Aufnahme mit dem Smartphone oder Tablet automatisch aufgenommen. Die Tonaufnahme von Sprache, z.B. in Gesprächssituationen, ist dabei besonders wichtig. Geräusche können Sie nachvertonen. Die Nachsynchronisation von Sprache ist mit unseren technischen Mitteln nicht möglich. Vermeiden Sie bei der Aufnahme deshalb störende Geräusche und Stimmen.

Atmo
Mit Atmo ist die Atmosphäre einer Szene gemeint. Diese schaffen Sie durch eine allgemeine akustische Beschreibung wie z.B. Straßenlärm oder Vogelgezwitscher. Mit der Aufnahme von sogenannten Nurtönen vor und nach den Bildaufnahmen bekommen Sie ausreichend Tonmaterial für die Videobearbeitung.

Sprache
Sie können Sprache als O-Ton oder als Nurton aufnehmen. Sprache als O-Ton ist immer dann unverzichtbar, wenn der Sprechende direkt im Film zu sehen ist. Bei gesprochenen Kommentaren oder der Stimme aus dem Off ist es besser, separate Sprachaufnahmen zu machen und diese im Schnitt mit den Bildern zusammenzuführen.

Musik
Für Musikaufnahmen mit dem Smartphone oder Tablet müssen Sie ein externes Mikrofon verwenden. Ob Sie O-Ton- und/oder Nurton-Aufnahmen machen, hängt, wie bei der Sprachaufnahme, von der jeweiligen Aufnahmesituation und Ihren Ansprüchen ab.

Geräusche
Geräusche sind akustische Nahaufnahmen wie z.B. Schritte, quietschende Türen oder ein tropfender Wasserhahn.

2.6.4 Video bearbeiten

SIE KÖNNEN

» Videos nach gestalterischen und didaktischen Aspekten schneiden.
» Einzelbilder, Screencasts und Videosequenzen zu einem Film montieren.
» Videos mit unterschiedlichen Tonelementen vertonen.

SIE BRAUCHEN

Smartphone, Tablet oder Computer, Videoschnitt-App oder -Programm

SIE VERSTEHEN

Videos müssen nach der Aufnahme noch bearbeitet werden. In der Fachsprache heißt dieser Bereich Postproduction. Die einzelnen Einstellungen werden in der richtigen Reihenfolge montiert. Dabei können Sie die Einstellungen auch noch kürzen oder nur einen Ausschnitt verwenden.

Die Entscheidung, wie lang das Video wird, haben Sie schon in der Planung- und Konzeptionsphase getroffen? Sehr gut, denn die Erfahrung zeigt, dass das Problem immer darin liegt, gedrehtes Material wegzulassen, die Geschichte zu verdichten und auf den Punkt zu bringen.

Auf der Basis Ihres gut ausgearbeiteten Storyboards, dem Drehplan und dem Aufnahmeprotokoll erstellen Sie vor dem Schnitt einen Schnittplan ▶ INFOBOX AUF DIESER SEITE. Die Grundsätze der Filmsprache und Ihre didaktische Intention sind auch in diesem Arbeitsschritt die Leitlinien des Handelns.

Es gibt eine Vielzahl von Video-Editor-Apps für iOS-, Android- und Windows-Smartphones und -Tablets. Auf iOS-Geräten ist die kostenlose App *iMovie* die erste Wahl. Wir werden damit auch in diesem Tutorial arbeiten. Für Android und Windows gibt es leider keine Standard-App. Sie werden aber feststellen, dass es einfach ist, die Techniken und Funktionen unseres Tutorials auch mit anderen Video-Apps nachzuvollziehen.

INFOBOX – SCHNITTPLAN

Der Schnittplan zeigt die Struktur des geschnittenen Films. Sie legen darin die Reihenfolge der Einstellungen mit Ausschnitt und Länge fest. Darüber hinaus stehen im Schnittplan die Angaben über den Filmtitel und den Abspann, die Vertonung und die Übergänge zwischen den Einstellungen.

SIE HANDELN

Montieren Sie Ihre Videoaufnahmen zu einem fertigen Film.

 Video schneiden

1 Öffnen Sie *iMovie*.

2 Legen Sie ein neues Projekt an.
Tippen Sie dazu auf das Plus-
Symbol am rechten oberen Dis-
playrand und wählen die Option
Film **Ⓐ**.

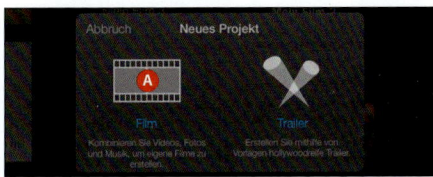

3 Wählen Sie im nächsten Schritt
das Filmthema. Wir haben „Einfach" **Ⓑ** ausgewählt.

4 Bestätigen Sie die Auswahl mit
Erstellen **Ⓒ**. Sie können das Thema später jederzeit durch Tippen
auf das Zahnradsymbol **Ⓓ** im
Schnittfenster ändern.

5 Importieren Sie die Videoclips
aus einer der Quellen **Ⓔ** in das
Projekt.

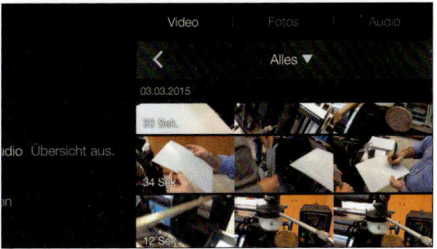

6 Laden Sie die Clips in der richtigen Reihenfolge in die Timeline **F**. Das ausgewählte Video **G** ist gelb umrandet. Sie können das Video in der Vorschau **H** abspielen **I** oder mit **J** in die Timeline laden.

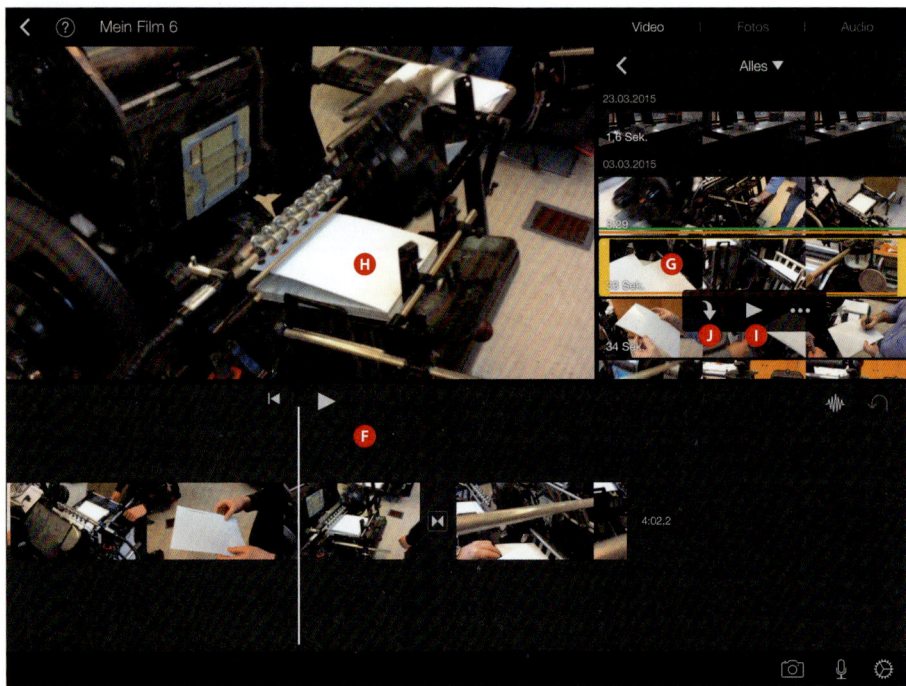

7 Schneiden Sie das Video. Nutzen Sie dabei die Basistechniken:

» *Clip kürzen*
Zum Kürzen eines Clips tippen Sie den Clip in der Timeline an verschieben Sie die gelbe Endmarkierung **K**.

» *Clip teilen*
Wählen Sie den Clip in der Timeline aus. Schieben Sie die Trennstelle an die Abspielposition. Wählen Sie die Schere **L** und bestätigen Sie mit *Teilen* am unteren rechten Rand des Schnittfensters.

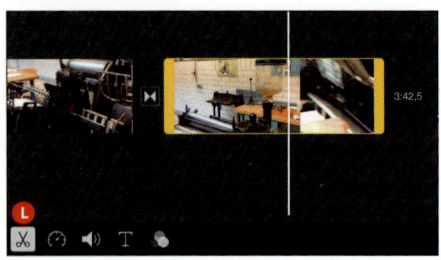

» *Übergänge bearbeiten*
Tippen Sie dazu auf das Übergangssymbol **A** und wählen Sie den passenden Übergang. Nach dem Tippen auf die unteren Pfeile **B** können Sie den Übergangsbereich der beiden Clips durch verschieben der Clips in der Timeline **C** einstellen.

» *Clip löschen*
Falls Sie einen Teil löschen möchten, wählen Sie den Clip aus und bestätigen Sie mit Löschen am unteren rechten Rand des Schnittfensters. Natürlich wird damit nur die Vorschau aus der Timeline und nicht die Datei gelöscht.

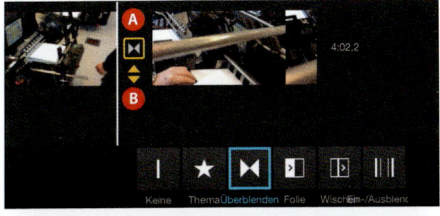

8 Speichern Sie die Arbeitsversion Ihres Videos in *iMovie*. Tippen Sie dazu auf den *Linkspfeil* am linken oberen Rand des Schnittfensters.

9 Geben Sie Ihrem Film einen Titel. Tippen Sie den bisherigen Arbeitstitel an und geben Sie den neuen Titel über die Tastatur ein. Bestätigen Sie mit *Fertig*. Das Video wird automatisch in die Mediathek von *iMovie* abgelegt. Sie können durch Antippen des Covers das Video öffnen und die Bearbeitung fortsetzen.

iOS **Video vertonen**

Bild und Ton werden in der Montage häufig parallel bearbeitet. Aus didaktischen Gründen behandeln wir die beiden Bereiche getrennt und aufeinanderfolgend. Dadurch können Sie die Video- und Audiofunktionen von *iMovie* als Bausteine der Filmgestaltung besser einordnen und in Ihrem Schnittplan Bild und Ton aufeinander abstimmen.

1 Importieren Sie Audiodateien in Ihr Projekt.
» *O-Ton vom Videokanal trennen*
Zur Bearbeitung müssen Sie den Audiokanal vom Videokanal trennen. Wählen Sie dazu den Clip aus. Gehen Sie auf das *Schere-Symbol* am linken unteren Rand des Schnittfensters und bestätigen Sie mit

Trennen am rechten unteren Rand. Der bisher mit dem Videokanal verknüpfte O-Ton wird als eigener Audiokanal unter den Videokanal gestellt und kann nun bearbeitet werden.

» *Audiodateien importieren*
Sie können in Ihr Projekt Audiodateien aus unterschiedlichen Quellen importieren. Im Schnittfenster finden Sie unter Audio **A** Filmmusik **B** und Toneffekte **C**, die direkt in *iMovie* hinterlegt sind. Der Import erfolgt analog zu den Videoclips. Die Audiodateien werden in einer eigenen Audiospur unter der Videospur angezeigt.

» *Eigene Audioaufnahmen erstellen*
Zur Aufnahme eigener Audioaufnahmen, z. B. gesprochene Kommentare, tippen Sie auf das *Mikrofon-Symbol* am rechten unteren Rand des Schnittfensters. Die Audiodateien werden unter Aufnahmen **D** gespeichert und können dann in ein Projekt importiert werden.

2 Bearbeiten Sie die Audiodateien.

» *Lautstärke einstellen*
Wählen Sie den Audioclip aus. Tippen Sie auf das Lautstärke-Symbol am linken unteren Rand des Schnittfensters. Sie können nun am Regler den Ton ganz ausschalten oder die Lautstärke einstellen.

» *Ein-/Ausblenden*
Wählen Sie den Audioclip aus. Tippen Sie auf das Lautstärke-Symbol am linken unteren Rand des Schnittfensters. Tippen Sie dann auf Ein-/Ausblenden am rechten unteren Rand des Schnittfensters. Mit den Schieberreglern **E** stellen Sie den Bereich ein. Betätigen Sie mit *Trimmen*.

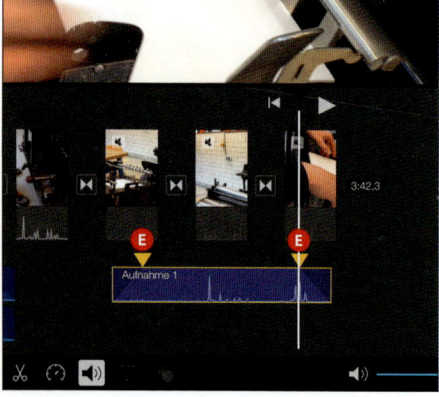

» *Löschen*
Wählen Sie den Audioclip aus. Tippen Sie auf das Schere-Symbol am linken unteren Rand des Schnittfensters. Tippen Sie auf Löschen am rechten unteren Rand des Schnittfensters.

3 Speichern Sie die Arbeitsversion Ihres Videos in *iMovie*. Tippen Sie dazu auf den *Linkspfeil* am linken oberen Rand des Schnittfensters.

 Video exportieren

1 Wählen Sie das Video in der Projektübersicht von *iMovie* aus.

2 Tippen Sie auf das Exportieren-Symbol **A**.

Sie können Ihr Video zu unterschiedlichen Zielen aus *iMovie* exportieren.
» Austausch mit anderen iOS-Geräten in der Nähe über AirDrop **B**.
» Als Mailanhang oder Upload in soziale Netzwerke **C**.
» Sicherung auf Ihrem iPad. Mit Auswahl der Option *Video Sichern* **D** wird das Video in der Fotomediathek gesichert.

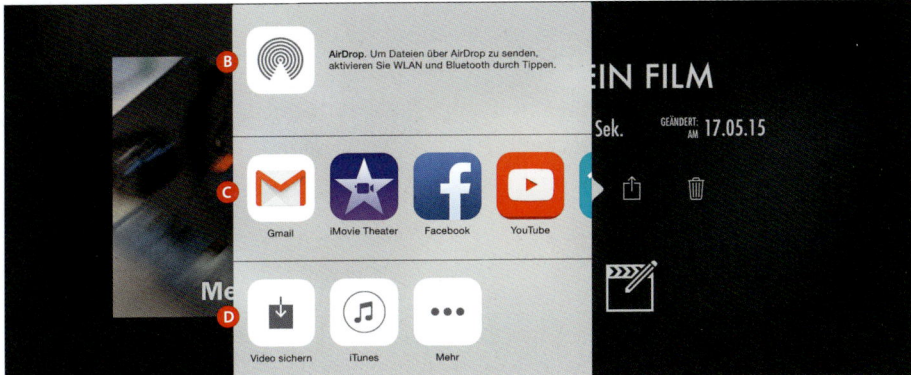

2.7   Sound

Die Aufnahme von Sprache, Musik oder Geräuschen erforderte noch vor einigen Jahren den Gang zur nächsten Medienbildstelle, um das erforderliche Aufnahmegerät auszuleihen. Heute integriert jedes mobile Endgerät, ob dies ein Smartphone oder Tablet ist, ein oder mehrere hochwertige Mikrofone, so dass die Erstellung von Audioaufnahmen sehr einfach geworden ist.

Über die didaktischen Möglichkeiten des Einsatzes von Sound im Unterricht müssen wir heute also neu nachdenken. Beispielhaft seien hier einige denkbare Szenarien aufgeführt:

»   Aufnahmen im Fremdsprachenunterricht, z. B. zur Kontrolle oder Verbesserung der eigenen Aussprache,

»   Durchführung von Interviews (auch außerhalb der Schule), z. B. für Umfragen oder Zielgruppenanalysen,

»   Aufnahmen von Vogel- oder anderen Tierstimmen zur Analyse und Besprechung im Biologieunterricht,

»   Musik- oder Gesangsaufnahmen zur Analyse im Musikunterricht,

»   …

In diesem Kapitel lernen Sie die *technischen Anforderungen* kennen, die Sie zur Vorbereitung, Durchführung und Nachbearbeitung von Audioaufnahmen benötigen. Neben den technischen Regeln müssen Sie die *rechtlichen Einschränkungen* beachten: Aufnahmen von Schülerinnen und Schülern dürfen Sie nur mit deren mündlicher Einwilligung machen und müssen diese nach Abschluss der Unterrichtseinheit löschen.

Nicht immer muss es eine eigene Aufnahme sein: Sie können Ihr Smartphone oder Tablet auch als Musikplayer einsetzen, z. B.

»   zur Schulung des Hörverstehens im Fremdsprachenunterricht,

»   für Musikbeispiele im Musikunterricht,

»   für den Einsatz von Podcasts, die es zu sehr vielen Themen gibt,

»   …

Beachten Sie auch hierbei, dass Sie Audiodateien oder Podcasts nur einsetzen dürfen, wenn dies urheberrechtlich zulässig ist. Mehr hierzu finden Sie im Internet, beispielsweise unter ▶ **LEHRERFORTBILDUNG-BW.DE/SUEB/RECHT/**.

2.7.1   Eigene Aufnahmen machen

SIE KÖNNEN

Sound aufnehmen, schneiden, nachbearbeiten und speichern

SIE BRAUCHEN

Smartphone oder Tablet, App *WavePad*

SIE VERSTEHEN

Apps für Sprachaufnahmen gibt es viele. Für eine sinnvolle Arbeit mit Aufnahmen im oder für den Unterricht sollten Sie jedoch eine App verwenden, die nicht nur das Aufnehmen ermöglicht, sondern auch grundlegende Funktionen zur Nachbearbeitung der Aufnahme bereitstellt. Wichtige Funktionen sind die Verbesserung der Klangqualität, das Zuschneiden (Trimmen) der Aufnahme auf die gewünschte Länge sowie das Speichern und Exportieren ins gewünschte Dateiformat.

Für dieses Kapitel haben wir uns für *WavePad* entschieden. Die App gibt es nicht nur für mobile iOS- oder Android-Geräte, sondern auch als Software für Windows-PCs. Dies ermöglicht, dass Sie bzw. Ihre Schülerinnen und Schüler Audioprojekte wahlweise auch am Computer durchführen können.

Beachten Sie, dass die kostenfreie App-Version nicht den vollen Funktionsumfang besitzt und Werbung eingeblendet wird. Über einen ▶ IN-APP-KAUF können Sie dies unterbinden und weitere Funktionen, z. B. das Abspeichern als MP3-Dateien, ergänzen. Im Bildungsbereich eingesetzte Apps sollten werbefrei frei.

SIE HANDELN

Eine Audioaufnahme läuft stets in folgenden drei Schritten ab:
» Vorbereitung der Aufnahme
» Durchführung der Aufnahme
» evtl. Nachbearbeitung der Aufnahme

Vorbereitung der Aufnahme

Wir leben, ohne es zu bemerken, in einer ständigen Lärmkulisse. Doch während wir Menschen selektiv hören und unser Gehirn alle nicht erforderlichen Geräusche ausfiltert, kann dies ein Mikrofon nicht. Die Folge ist, dass eine Aufnahme jede Menge Zusatzgeräusche enthält, die sich beim Abhören störend auswirken.

1 Sorgen Sie für Ruhe! Leicht gesagt, aber schwer getan, vor allem in einem vollen Klassenraum. Dennoch können Sie mit einfachen Maßnahmen für eine bessere Aufnahmequalität sorgen:
» Schließen Sie die Fenster, um den Umgebungslärm zu reduzieren.
» Schalten Sie ggf. Beamer oder Computer aus, wenn deren Lüfter hörbar sind.
» Fordern Sie alle Personen im Raum auf, während der Aufnahme Nebengeräusche wie Stühlerücken oder Räuspern zu vermeiden.

2 Die Mikrofone an Smartphones und Tablets sind oft nur als kleine Punkte am unteren oder oberen Rand des Gerätes sichtbar.

Mikrofon

Mikrofon beim iPad Air

» Achten Sie darauf, dass das Mikrofon nicht durch einen Finger verdeckt wird und in Richtung Tonquelle zeigt.
» Sorgen Sie dafür, dass der Abstand zwischen dem oder der Sprechenden und dem Mikrofon nicht zu groß ist, beispielsweise 40 cm beträgt, und während der gesamten Aufnahme etwa gleich bleibt. Im Unterricht empfiehlt es sich, eine Schülerin oder einen Schüler als „Tonassistenten" zu benennen.

Durchführung der Aufnahme

1 Starten Sie *WavePad*.

2 Tippen Sie auf den *Aufnahme-Button* (**Ⓐ** nächste Seite), um die Aufnahme zu starten. Der grün-gelbe Balken (**Ⓑ** nächste Seite) zeigt den sogenannten ▶ **PEGEL** an. Er sollte sich im mittleren Bereich des Fensters bewegen. Am linken Rand ist der Pegel zu gering, die Aufnahme wird *untersteuert*,

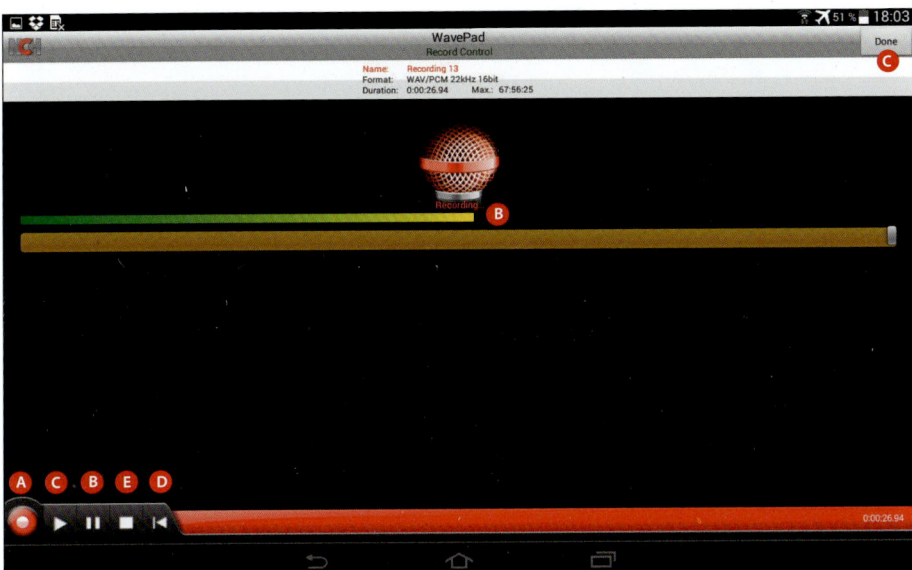

Steuerung der Aufnahme

und später kaum hörbar sein. Am rechten Rand ist der Pegel zu hoch, die Aufnahme *übersteuert,* was zu einem verrauschten Signal führt. Treffen Sie ggf. folgende Maßnahmen:

»   Bei zu geringem Pegel: Sprechen Sie lauter oder verringern Sie den Abstand zum Mikrofon.

»   Bei zu hohem Pegel: Sprechen Sie leiser oder erhöhen Sie den Abstand zum Mikrofon.

»   Bei Android-Geräten können Sie darüber hinaus die Empfindlichkeit des Mikrofons einstellen: Unterbrechen Sie die Aufnahme mit *Done* **C**. Tippen Sie auf *Options* und verschieben Sie den Schieberegler bei *Record Levels* ein Stück nach rechts (Pegel erhöhen) oder links (Pegel reduzieren).

3   Mittels *Pause-Button* **B** können Sie eine Aufnahme unterbrechen und abspielen (*Play-Button* **C**). Wenn Sie nicht zufrieden sind, springen Sie an den Anfang **D** und starten die Aufnahme durch Betätigung des *Aufnahme-Buttons* erneut.

4   Tippen Sie auf die *Stop-Taste* **E**, um die Aufnahme zu beenden. Verlassen Sie das Aufnahmefenster mit *Done* **C**.

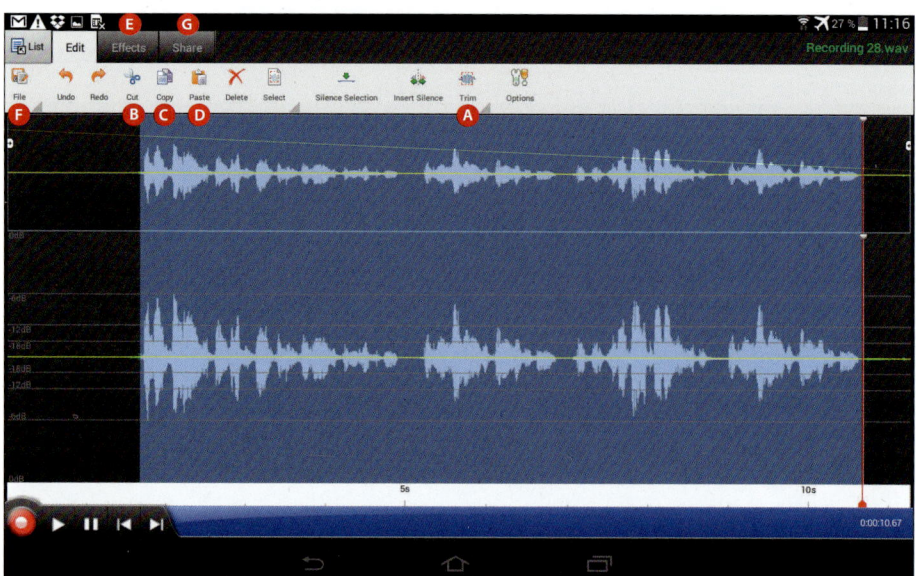

WP_Bearbeitung.tif

Nachbearbeitung der Aufnahme

WavePad bietet viele Effekte zur Nachbearbeitung einer Aufnahme. Einige sind jedoch in der kostenfreien Version inaktiv und müssten durch einen In-App-Kauf erworben werden.

1 Tippen Sie in der Liste auf die Aufnahme, die Sie nachbearbeiten möchten. Im oberen Teil des Fensters sehen Sie in verkleinerter Darstellung die Gesamtaufnahme, im unteren Teil können Sie einen Ausschnitt wählen. Hierzu spreizen Sie zwei Finger in horizontaler Richtung – vorzugsweise Daumen und Mittelfinger.

2 Das Zuschneiden einer Aufnahme auf die gewünschte Länge wird bei Video und Sound als ▶ TRIMMEN bezeichnet.

» Markieren Sie durch Wischen mit dem Finger den Bereich, den Sie erhalten möchten. Im Beispiel oben bleibt der blau markierte Bereich erhalten, die leisen Passagen am Anfang und Ende sollen entfernt werden.

> **TIPP** Den markierten Bereich können Sie durch Tippen auf den *Play-Button* abhören.

» Tippen Sie auf *Trim* **A** und danach nochmals auf *Trim*.

3 Wie in einem Textverarbeitungsprogramm können Sie Passagen einer Aufnahme, wie oben beschrieben, markieren, wahlweise ausschneiden (**B** vorherige Seite) oder kopieren (**C** vorherige Seite) und an der gewünschte Stelle einfügen (**D** vorherige Seite).

4 Unter *Effects* (**E** vorherige Seite) finden Sie zahlreiche Tools zur Nachbearbeitung, wobei hier die Android-Version der App mehr bietet als die iOS-Version. Probieren Sie die Effekte einfach einmal aus. Markieren Sie hierzu zunächst die gewünschte Passage oder die gesamte Aufnahme und tippen danach auf den Effekt. Interessant könnte sein:
   » *Reverse:* Die Aufnahme wird rückwärts abgespielt.
   » *Fade:* Musik wird zu Beginn oft eingeblendet (Fade-In) und am Ende ausgeblendet (Fade-Out)
   » *Speed* (nur bei Android)*:* Hier können Sie die Geschwindigkeit ändern und damit den Effekt einer „Mickey-Maus-Stimme" erzielen.

5 Speichern Sie die fertig bearbeitete Aufnahme, indem Sie auf *File* (**F** vorherige Seite) und danach auf *Save* tippen. Die Datei wird standardmäßig im ▶ **WAV**-Format gespeichert. Um Ihre Aufnahmen mit geringerer Datenmenge als ▶ **MP3** speichern zu können, müssen Sie diese Option zukaufen (In-App-Kauf). Mehr hierzu finden Sie in der ▶ **INFOBOX AUF SEITE 144**.

 Exportieren mit Android-Smartphone oder -Tablet

1 Tippen Sie auf *Share* (**G** vorherige Seite).

2 Tippen Sie auf *Choose App* und wählen Sie, ob Sie die Datei per E-Mail versenden oder in einen Cloud-Speicher wie Dropbox laden möchten.

 Exportieren mit iPhone oder iPad
Die iOS-Version ermöglicht derzeit leider nur das Exportieren per E-Mail. Allerdings können Sie die Datei dann vom E-Mail-Programm aus an einen Cloud-Speicher weiterleiten.

1 Tippen Sie auf das Icon am unteren Rand.

2 Tippen Sie auf *Email* und geben Sie die gewünschte E-Mail-Adresse ein.

INFOBOX – DATEIFORMATE FÜR SOUND

Datenmenge

Im Unterschied zu Texten oder Bildern ist die ▶ **DATENMENGE** von Sound (und Video) von der Aufnahmedauer abhängig: Je länger eine Aufnahme dauert, umso größer wird die Datenmenge. Große Dateien reduzieren die ohnehin begrenzte Speicherkapazität Ihres Smartphones oder Tablets und können nicht in einen Cloudspeicher oder per E-Mail übertragen werden.

In den *Einstellungen* Ihres Smartphones oder Tablets können Sie nachsehen, wie groß der verfügbare Speicherplatz ist **A**. Die Angabe erfolgt in *GB (Gigabyte)* ▶ **INFOBOX AUF SEITE 203**.

Speicher bei Android

Dateiformate

Für Sound sind im Wesentlichen zwei Dateiformate von Bedeutung:

» Das Dateiformat ▶**WAV** speichert Sound in hoher Qualität ab, generiert aber große Datenmengen von etwa 5 MB/min[1]. In der Tabelle unten haben wir für Sie ausgerechnet, wie viel Minuten Sie damit pro GB (Gigabyte) speichern können.

» Das Ihnen bekannte Dateiformat ▶**MP3** reduziert die Datenmenge auf etwa 1 MB/s und erhält dabei die Qualität des Sounds weitgehend. Das Format ist bis heute weltweiter Standard. Leider verlangt die Option, Sound als MP3 abspeichern zu können, bei *WavePad* einen In-App-Kauf.

» Musikdateien auf Audio-CDs werden in einem Format gespeichert, das nur mittels CD-Player gelesen werden kann. Um die Songs einer CD mit einem Laptop oder mobilen Endgerät nutzen zu können, benötigen Sie eine Software zur Umwandlung der Daten in das MP3-Format. Unter Windows ist dies beispielsweise mit den *Windows Media Player* möglich, unter Apple beispielsweise mit *iTunes* möglich.

DATEIFORMAT	DATEN	MIN/GB
WAV	5 MB/min	204 min
MP3	1 MB/min	1024 min

[1] Die Datenmenge hängt von den gewählten Einstellungen ab, auf die wir hier nicht eingehen. Belassen Sie es bei der Grundeinstellung von 22 kHz und 16 Bit.

2.7.2 Podcasts einsetzen

SIE KÖNNEN

(Video- oder) Audiobeiträge aus Podcasts für den Unterrichtseinsatz nutzen

SIE BRAUCHEN

Smartphone oder Tablet
» Android-Tablets: *Podcast Republic*
» iPad (Apple): *Podcasts*

SIE VERSTEHEN

Bei ▶ **PODCASTS** handelt es sich um Audio- oder Videobeiträge zu Themen aller Art, die Sie „abonnieren" und auf Ihrem Smartphone oder Tablet abspielen können. Nahezu alle Podcasts sind kostenlos erhältlich. Abonnieren bedeutet, dass Sie nicht nur auf existierende, sondern auch auf zukünftig erscheinende Beiträge des Podcasts zugreifen können, da diese wie bei einem Zeitungs-Abo geliefert werden. Dies ist insbesondere interessant, wenn Sie im Unterricht auf tagesaktuelle Informationen zugreifen möchten.

Ein Vorteil im Vergleich zu Online-Angeboten wie Youtube-Videos besteht darin, dass Sie den gewünschten Beitrag zu Hause auf Ihrem Gerät speichern können und somit zum Abspielen keine Internetverbindung mehr benötigen. In der Schule brauchen Sie nur noch Ihr Smartphone oder Tablet, wie auf ▶ **SEITE 208** beschrieben, mit einem Lautsprecher zu verbinden.

Podcast-Apps gibt es viele. Apple liefert mit seinem Betriebssystem iOS eine App namens *Podcasts* mit, die Sie kosten- und werbefrei verwenden können.

Für Android-Geräte haben wir uns für *Podcast Republic* entschieden, da diese App in der Grundversion ebenfalls kostenfrei ist. Der eingeblendeten Werbung können Sie sich allerdings nur über einen ▶ **IN-APP-KAUF** entledigen.

SIE HANDELN

Zunächst finden Sie die Beschreibung für *Podcast Republic* für Android-Geräte, für die Beschreibung von *Podcasts* für iPhones/iPads siehe ▶ **SEITE 148.**

Abonnement eines Podcasts

 Podcasts mit Android-Smartphone oder -Tablet

1 Installieren Sie *Podcast Republic* auf Ihrem Tablet oder Smartphone.

2 Starten Sie die App und tippen Sie zunächst auf *Land/Region* **A** zur Auswahl des Landes, in dem nach Podcasts gesucht werden soll.

3 Tippen Sie, um sich einen Überblick zu verschaffen, auf *Top charts* **B**. Unter *Genre* können Sie nun beispielsweise *Nachrichten und Politik* wählen.

4 Alternativ tippen Sie auf das Lupen-Symbol **C** und geben einen Suchbegriff ein, z. B. Bundestag.

5 Tippen Sie auf den gewünschten Podcast und danach auf *Abonnieren* **D**.

TIPP Der Download von Audio-Podcasts geht schneller als der Download von Video-Podcasts, weil die Datenmenge viel geringer ist.

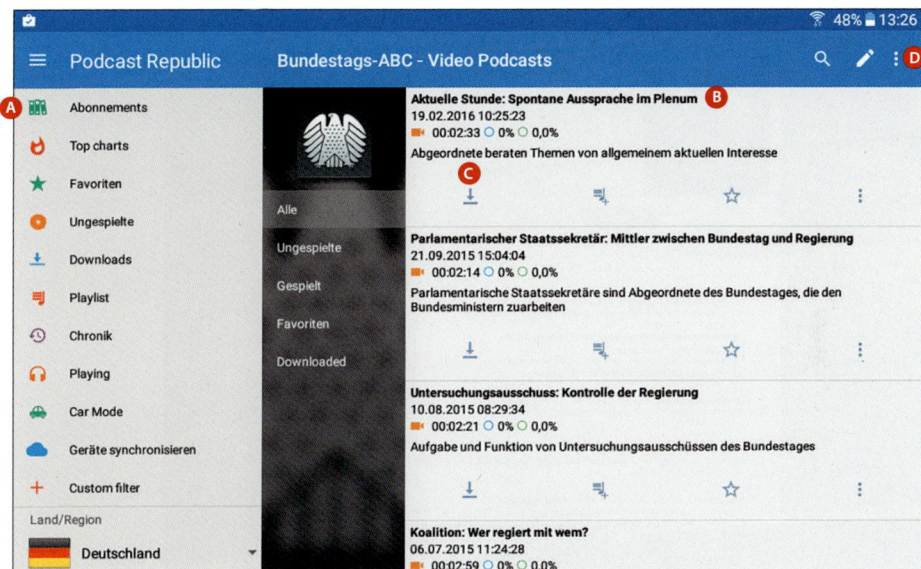

Wiedergabe eines Podcasts

6 Tippen Sie auf *Abonnements* und danach auf den abonnierten Podcast. Zur Wiedergabe haben Sie zwei Möglichkeiten:

» Bei bestehender Internetverbindung können Sie den Beitrag ohne Download sofort abspielen. Tippen Sie auf den Titel des Podcasts **B**, um die Wiedergabe im Vollbildmodus zu sehen. Dort können Sie an die gewünschte Stelle springen und die Lautstärke regeln.

» Wenn Sie in der Schule keine Internetverbindung haben, empfiehlt es sich, den Beitrag zu Hause auf das Smartphone oder Tablet herunterzuladen. Tippen Sie hier auf den *Pfeil* **C**. Beachten Sie jedoch die urheberrechtlichen Bestimmungen für ▶ **DIGITALISATE**. Mehr hierzu finden Sie ab ▶ **SEITE 35**.

7 Um ein Abonnement zu beenden:

» Tippen Sie auf die drei Punkte rechts oben **D**.

» Tippen Sie auf *Kündigen*.

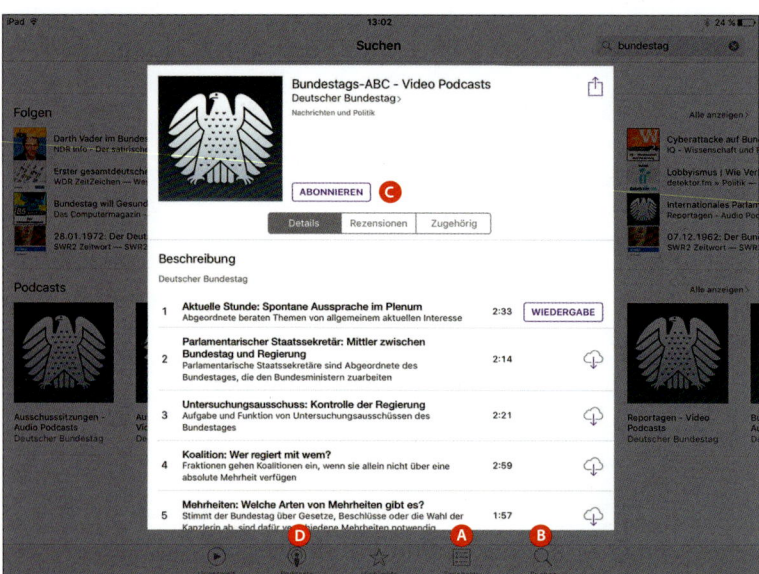

Abonnement eines Podcasts

 Podcasts mit dem iPhone oder iPad

1 Installieren Sie *Podcasts* auf Ihrem Tablet oder Smartphone.

2 Tippen Sie, um sich einen Überblick zu verschaffen, auf *Topcharts* **A**. Unter *Kategorien* können Sie nun beispielsweise *Nachrichten und Politik* wählen.

3 Alternativ tippen Sie auf die *Lupe* **B** und geben einen Suchbegriff ein, z. B. *Bundestag*.

4 Tippen Sie mit dem Finger auf den Podcast, den Sie abonnieren möchten und danach auf *Abonnieren* **C**.

TIPP Der Download von Audio-Podcasts geht schneller als der Download von Video-Podcasts, weil die Datenmenge viel geringer ist.

5 Tippen Sie auf *Podcasts* **D**, um die abonnierten Podcasts anzuzeigen.

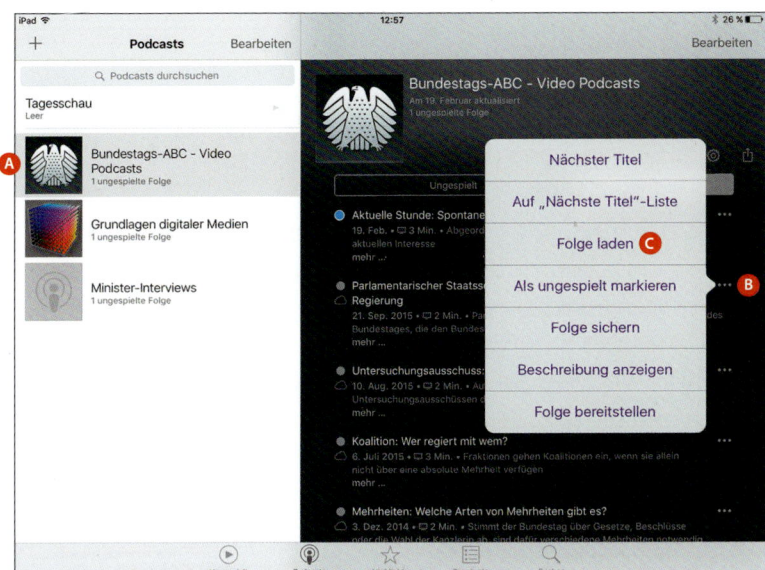

Wiedergabe eines Podcasts

6 Tippen Sie auf einen abonnierten Podcast **Ⓐ** und danach im rechten Fenster auf *Feed*, um *alle* verfügbaren Beiträge zu sehen. Für die Wiedergabe haben Sie zwei Möglichkeiten:

» Bei bestehender Internetverbindung können Sie den Beitrag ohne Download sofort abspielen. Tippen Sie auf den Titel, um die Wiedergabe im Vollbildmodus zu starten. Dort können Sie beispielsweise an die gewünschte Stelle springen und die Lautstärke regeln.

» Wenn Sie in der Schule keine Internetverbindung haben, empfiehlt es sich, den Beitrag zu Hause auf Ihr Smartphone oder Tablet herunterzuladen. Tippen Sie auf die drei Punkte **Ⓑ** und danach auf *Folge laden* **Ⓒ** Beachten Sie jedoch die urheberrechtlichen Bestimmungen für ▶ **DIGITALISATE**. Mehr hierzu finden Sie ab ▶ SEITE 35.

7 Um ein Abonnement zu beenden:
» Tippen Sie links oben auf *Bearbeiten* **Ⓓ**.
» Tippen Sie auf den roten Kreis mit weißem Strich und anschließend auf *Löschen*, um das Abonnement des Podcasts zu beenden.

2.8   Interaktive Tafelbilder

Auf Bildungsmessen füllen die Anbieter von interaktiven Whiteboards (kurz: IWB) mittlerweile ganze Hallen und preisen dort die Vorteile *ihres* Boards und *ihrer* speziellen Boardsoftware an.

In diesem Buch werden wir jedoch keine Empfehlungen für das eine oder andere Board geben, sondern *unabhängig* von einem bestimmten Boardhersteller die grundlegenden Funktionen und Möglichkeiten interaktiver Whiteboards vorstellen. Damit dies möglich ist, verwenden wir hier die kostenlose Software *Open-Sankoré*, die Sie wahlweise für Apple- oder Windows-PCs herunterladen können und die mit allen Boards funktioniert. Auch wenn diese Software nicht so umfangreich sein kann, wie die vom Boardhersteller für ein bestimmtes Board angebotene Software, lässt sich damit doch bereits vieles machen. Ein weiterer Vorteil einer vom Boardtyp unabhängigen Software ist darin zu sehen, dass Sie Ihre Dokumente auch in anderen Schulen verwenden können.

Selbst wenn Sie (noch) kein interaktives Whiteboard in Ihrem Klassenzimmer haben, könnte das Thema für Sie interessant sein, da jedes neuere Windows-Laptop einen Touchscreen besitzt und daher wie ein interaktives Board benutzt werden kann. Auch für Android-Tablets oder iPads gibt es mittlerweile Apps, die das Tablet zum IWB machen – mehr hierzu finden Sie im nächsten Kapitel ab ▶ SEITE 217.

Es lohnt sich also in jedem Fall, sich mit den didaktischen Möglichkeiten interaktiver Tafelbilder auseinanderzusetzen.

2.8.1 Open-Sankoré installieren

SIE KÖNNEN

Die IWB-Software *Open-Sankoré* auf Ihrem Computer installieren und kennen deren Benutzeroberfläche.

SIE BRAUCHEN

Laptop oder Desktop-PC, IWB-Software *Open-Sankoré* ▶ OPEN-SANKORE.ORG/DE

SIE VERSTEHEN

Wenn Sie das in Ihrem Klassenzimmer vorhandene interaktive Whiteboard (IWB) lediglich als Beamerersatz nutzen möchten, dann brauchen Sie hierfür keine spezielle Software, sondern lediglich die Treibersoftware zur Ansteuerung der Boards. Wollen Sie es jedoch als interaktives Medium einsetzen, dann ist die Verwendung einer IWB-Software unerlässlich. Wie Sie sehen werden, erweitert ein IWB das didaktische Potenzial einer Schreibtafel um Möglichkeiten, die sich durch Hinzunahme digitaler Medien, beispielsweise aus dem Internet, ergeben.

Wie auf der vorherigen Seite erläutert, haben wir uns hier für die frei verfügbare Software *Open-Sankoré* entschieden, weil sie auf jedem Board einsetzbar ist, egal ob dieses von Promethean, SMART, Hitachi oder einem anderen Hersteller ist. Alternativ können Sie *Open-Sankoré* aber auch nutzen, wenn Sie über ein Windows-Tablet oder -Laptop mit Touchscreen verfügen, dieses mit dem Beamer verbinden ▶ SEITE 197 und damit Ihr *mobiles* interaktives Whiteboard in Händen halten.

SIE HANDELN

Für die hier behandelten Themen benötigen Sie kein interaktives Board, sondern lediglich einen Computer mit der Whiteboard-Software *Open-Sankoré*. Zur Anwendung der Materialien im Unterricht lesen Sie bitte ab ▶ SEITE 232 weiter.

Open-Sankoré installieren und starten

Open-Sankoré ist freie Software, die nicht lizensiert werden muss und somit auch von Schülerinnen und Schülern heruntergeladen und verwendet werden darf. Da sie in der französischen Schweiz entwickelt wurde, finden Sie auch in der deutschen Version noch einige französische Begriffe, die aber bei der Nutzung nicht weiter stören.

1 Öffnen Sie die Webseite ▶ **OPEN-SANKORE.ORG/DE** und klicken Sie auf den Download-Button. Das Anmeldung-Formular können Sie wahlweise überspringen (*Skip this step*).

 Installieren Sie *Open-Sankoré* auf einem Windows-Computer:

1 Die Software wird unter Windows als gepackte ZIP-Datei bereitgestellt. Rechtsklicken Sie auf den Ordner und wählen Sie *Alle extrahieren…*

2 Klicken Sie im entpackten Ordner auf die Installationsdatei *Open-Sankore_Setup.exe*. Zur Installation sind – wie immer – Administratorrechte erforderlich. Lesen Sie weiter bei Punkt 3.

 Hinweis für Apple-User:

Open-Sankoré ist bei Drucklegung dieses Buches (April 2016) zwar für ältere, aber leider nicht für die aktuelle Versionen von Mac OS 10.11 (El Capitan) verfügbar. Es ist zu hoffen, dass sich dies bald ändern wird.

 **3** Nach kurzer Zeit ist die Software installiert. Starten Sie *Open-Sankoré* durch Doppelklick auf das Icon.

Benutzeroberfläche kennenlernen

Machen Sie sich mit der Benutzeroberfläche von *Open-Sankoré* vertraut:

1 Schließen Sie zunächst das Fenster mit dem Tagestipp (**A** nächste Seite).

2 Die weiße Fläche in der Mitte symbolisiert das Whiteboard. Seine Begrenzung wird durch eine hellgraue Linie (**B** nächste Seite) angedeutet. Platzieren Sie alle Elemente innerhalb der hellgrauen Begrenzungslinie, damit sie später auf dem IWB sichtbar sind.

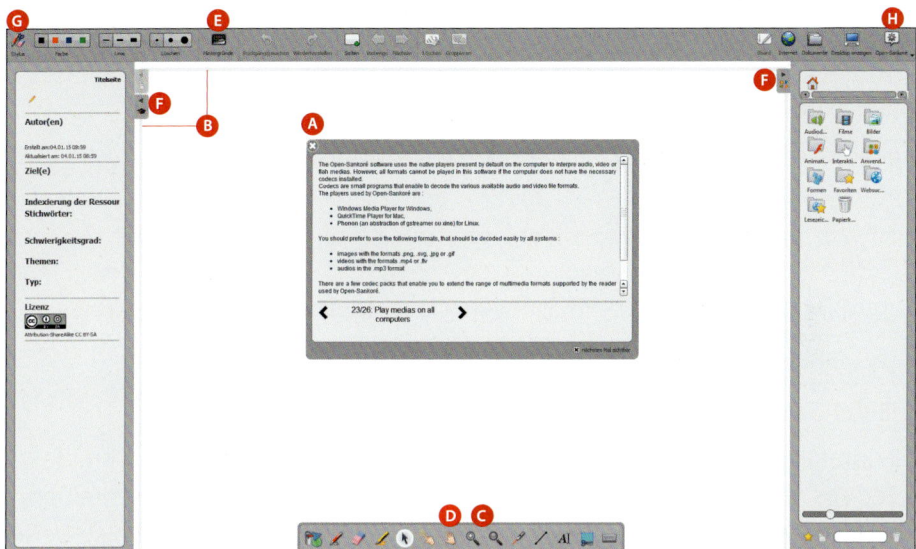

Die Benutzeroberfläche von Open-Sankoré

> » Um die Boardansicht zu verkleinern oder zu vergrößern, klicken Sie auf ein *Lupensymbol* **C** und danach auf die weiße Boardfläche.
> » Wählen Sie das *Hand-Werkzeug* **D**, um die Boardfläche samt Inhalt zu verschieben.

3 Unter *Hintergründe* **E** können Sie Ihre Boardfläche wahlweise mit einem schwarzen Hintergrund und/oder mit Linien versehen.

4 Der Bereich links der Boardfläche dient zur Verwaltung Ihrer Dokumente ▶ SEITE 162, rechts der Boardfläche finden Sie Medien und Anwendungen, mehr hierzu finden Sie auf ▶ SEITE 159. Beide Bereiche können Sie durch Klicken auf die kleinen Pfeile **F** ausblenden.

5 Die *Stylus-Palette* am unteren Bildrand blenden Sie durch Klicken auf das Icon (**G** vorherige Seite) links oben ein oder aus.

6 Wie Sie bemerkt haben, öffnet sich das Programm im Vollbild-Modus, die drei typischen Windows-Buttons `– □ ×` bzw. Mac-Buttons ●●● fehlen. Um das Programm in die Taskleiste zu verschieben, klicken Sie im Menü *Einstellungen* rechts oben(**H** vorherige Seite) auf *Open-Sankoré ausblenden*.

7 Schließen Sie *Open-Sankoré* unter *Einstellungen > Verlassen*.

2.8.2 Interaktive Tafelbilder erstellen

SIE KÖNNEN

Seiten mit Texten, Grafiken, Bilder oder Screenshots erstellen.

SIE BRAUCHEN

Laptop oder Desktop-PC, IWB-Software *Open-Sankoré* ▶ OPEN-SANKORE.ORG/DE

SIE VERSTEHEN

Ein interaktives Whiteboard bietet nicht nur die Möglichkeiten einer Kreidetafel – es erweitert sie deutlich. Denn Sie können nicht nur darauf schreiben, sondern Ihre Tafelbilder in aller Ruhe Zuhause vorbereiten und beispielsweise Texte, Bilder, Grafiken oder Weblinks darauf platzieren. Sie vermeiden hierdurch einen ▶ MEDIENBRUCH, da sämtliche für den Unterricht benötigten Materialien an einer zentralen Stelle zur Verfügung stehen und mit den Schülerinnen und Schülern bearbeitet werden können. Hierdurch sparen Sie Zeit, die andernfalls für den Medienwechsel erforderlich wäre.

Ein weiterer großer Vorteil besteht darin, dass alles, was Sie im Unterricht tun, automatisch gespeichert wird und damit wahlweise ausgedruckt oder zu einem späteren Zeitpunkt wieder zur Verfügung steht. Damit wird der Unterrichtsverlauf dokumentiert und ein Rückgriff auf vergangene Sequenzen, z. B. zur Wiederholung, jederzeit möglich.

SIE HANDELN

Wie so oft gilt auch hier: Die ersten Schritte sind mühsam und vielleicht mit dem einen oder anderen Frusterlebnis verbunden. Wenn Sie sich jedoch einmal an die Benutzeroberfläche gewöhnt haben, wird Ihnen die Erstellung interaktiver Seiten schnell von der Hand gehen.

Titelseite bearbeiten
Wenn Sie *Open-Sankoré* starten, wird automatisch ein neues Dokument angelegt, das zunächst nur aus einer leeren Titelseite (**Ⓐ** nächste Seite) besteht. Diese soll nun im ersten Schritt mit einem Text versehen werden.

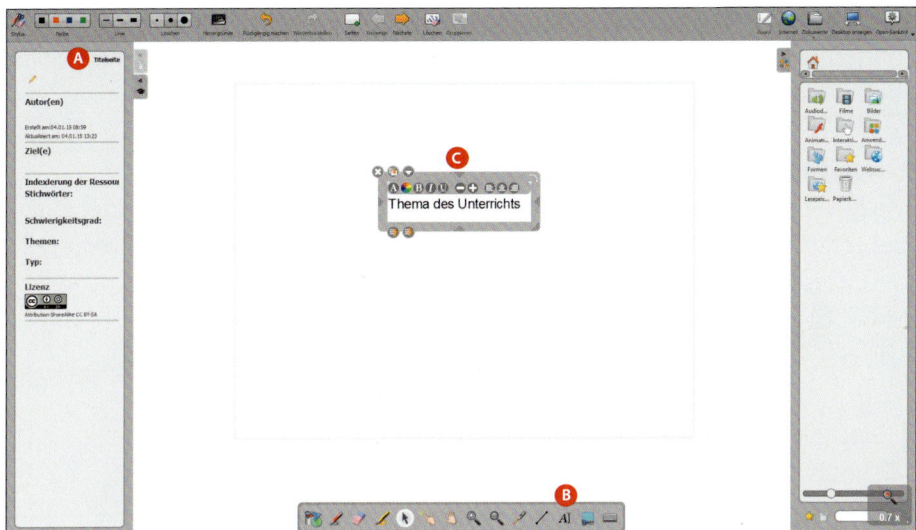

Bearbeiten der Titelseite

1 Klicken Sie auf das Text-Werkzeug **B** und danach auf die Boardfläche – es öffnet sich ein Texteditor **C**, in den Sie den gewünschten Text bzw. Titel eingeben können.

2 Formatieren Sie das Textfeld:

  » Passen Sie die Größe an, indem Sie den grauen Rahmen **D** mit gedrückter Maustaste ziehen.

  » Um die Schriftart und -farbe **E** zu ändern, müssen Sie zunächst den Text markieren.

  » Die etwas missglückte Grafik **F** soll einen Farbeimer darstellen, mit dem Sie den Hintergrund einfärben können.

  » Eine für den Unterricht wichtige Funktion verbirgt sich hinter dem kleinen Pfeil **G**: Klicken Sie auf das Schloss-Icon, um den Textrahmen zu sperren. Ein versehentliches Löschen oder verschieben ist somit nicht möglich. Erneutes Klicken entsperrt den Textrahmen wieder.

TIPP Vielleicht haben Sie sich schon gefragt, wie Sie Ihr Dokument speichern können. Dies ist nicht erforderlich, denn *Open-Sankoré* speichert alle Aktionen automatisch.

(Leere) Seite erstellen

Wie bei PowerPoint-Präsentationen arbeiten Sie auch bei *Open-Sankoré* mit mehreren Folien, hier als Seiten bezeichnet, die Sie nacheinander anzeigen. Im Unterschied zu PowerPoint werden Sie beim Einsatz eines interaktiven Whiteboards auch leere Seiten benötigen, um auf diesen im Unterricht mit Hilfe des Stiftes ein Tafelbild zu entwickeln.

1   Erstellen Sie eine neue, leere Seite, indem Sie auf *Seiten* Ⓐ klicken.

2   Um in Ihren Seiten zu blättern, haben Sie zwei Möglichkeiten:
- »   Klicken Sie auf den Vor- oder Zurück-Pfeil Ⓑ oder
- »   Klicken Sie auf das Icon Ⓒ und danach auf die Seitenvorschau der Seite Ⓓ.

3   Klicken Sie auf *Löschen* Ⓔ, um eine Seite (samt Inhalt) zu entfernen.

4   Um das handschriftliche Schreiben zu erleichtern, können Sie unter *Hintergründe* Ⓕ auf eine karierte Fläche umstellen.

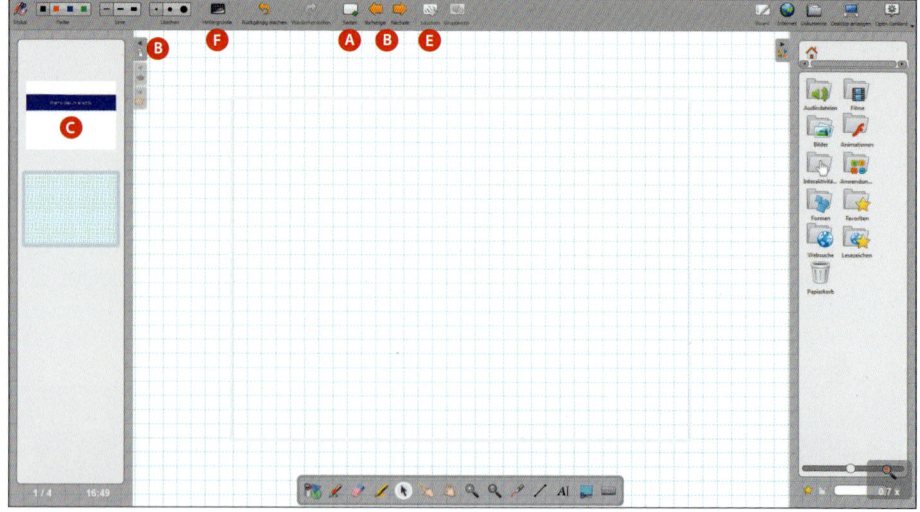

Leere Seite für ein späteres Tafelbild vorbereiten

Seite mit Grafik erstellen

Open-Sankoré stellt einige rudimentäre Grafikwerkzeuge zur Verfügung, die Sie zur Erstellung von Tafelbildern nutzen können:

1 Erstellen Sie eine neue, leere Seite, indem Sie auf *Seiten* Ⓐ klicken.

2 Klicken Sie auf das Grafik-Icon Ⓑ, um die Zeichenpalette zu öffnen.

3 Wählen Sie das gewünschte Werkzeug per Mausklick aus, z. B. das Kreiswerkzeug Ⓒ, und ziehen Sie den Kreis mit gedrückter Maustaste in der gewünschten Größe auf. Beachten Sie, dass die Größe nachträglich (leider) nicht mehr verändert werden kann.

4 Färben Sie den Kreis ein:
   » Klicken Sie auf das Füll-Werkzeug Ⓓ.
   » Wählen Sie die gewünschte Füllfarbe Ⓔ aus.
   » Klicken Sie nun auf den Fülleimer Ⓕ.
   » Klicken Sie ins Innere der Kreiskontur.

5 Wiederholen Sie Punkt 3 und 4, um die anderen Formen zu erzeugen.

6 Platzieren Sie Grafiken:

Einfache Grafiken erstellen

» Wählen Sie das Auswahl-Werkzeug **G**.

» Klicken Sie nacheinander auf die Grafiken und verschieben Sie sie an die gewünschte Stelle.

» Um die Grafiken relativ zueinander auszurichten: Klicken Sie mit gedrückter ⬆-Taste auf die vier Grafiken der oberen Reihe.

» Klicken Sie auf das Ausrichten-Werkzeug (**H** vorherige Seite).

» Wählen Sie horizontal-mittiges Ausrichten **I**:

7 Sperren Sie die Grafiken durch Anklicken des Schloss-Icons (**G** auf ▶ SEITE 155), damit sie im Unterricht nicht versehentlich gelöscht werden kann.

8 Ergänzen Sie die Texte und die Linie.

Texte importieren

Sie werden interaktive Tafelbilder mittelfristig nur nutzen, wenn Sie auf bereits vorhandenes Material schnell und unkompliziert zurückgreifen können. Dies gilt insbesondere für Texte, die Sie bereits in digitaler Form als Word- oder PDF-Dateien vorliegen haben.

1 Erstellen Sie eine neue, leere Seite, indem Sie auf *Seiten* **A** klicken.

2 Klicken Sie auf *Desktop anzeigen* **B**, um den Desktop ein- und *Open-Sankoré* auszublenden. Sichtbar bleiben lediglich die Stylus- und die Material-Palette.

3 Kopieren Sie Text über die Zwischenablage in *Open-Sankoré*:

» Starten Sie die von Ihnen verwendete Textverabeitungssoftware, z. B. Word, und öffnen Sie ein Dokument, aus dem Sie Text kopieren möchten.

» Markieren Sie die gewünschte Textpassage mit gedrückter Maustaste.

» Betätigen Sie die Tastenkombination ⌨Strg ⌨C.

» Klicken Sie auf das Board-Icon **C**, um zu *Open-Sankoré* zurückzukehren.

» Betätigen Sie die Tastenkombination Strg V, um den Text auf der leeren Seite einzufügen.

4 Klicken Sie auf den Text, um den Textrahmen einzublenden.
» Passen Sie die Größe des Textrahmens an.
» Platzieren Sie das Textfeld an der gewünschten Stelle.
» Formatieren Sie den Text wie gewünscht.

Bilder, Sound oder Videos importieren

Auch die Verwendung bereits vorhandener Bilder, Videos oder Sounds ist in *Open-Sankoré* denkbar einfach: Wir erklären die Vorgehensweise am Beispiel von Bilddateien, für den Import von Sound- oder Videodateien gehen Sie analog vor.

1 Erstellen Sie eine neue, leere Seite, indem Sie auf *Seiten* (**A** vorherige Seite) klicken.

2 Klicken Sie auf *Desktop anzeigen* (**B** vorherige Seite), um den Desktop ein- und *Open-Sankoré* auszublenden.

 Unter Windows speichert *Open-Sankoré* Bilder, Videos und Sounds in den hierfür vorgesehenen Standardverzeichnissen ab.

3 Das Bilder-Verzeichnis öffnen Sie unter:
C: > Benutzer >Ihr_Benutzername > (Eigene) Bilder[1] > Sankore

4 Kopieren Sie alle Bilder in dieses Verzeichnis, die Sie in *Open-Sankoré* verwenden möchten. Mögliche Dateiformate sind: .tif, .gif, .jpg, .png oder .svg.

TIPP Natürlich können Sie zuvor Unterordner anlegen, z. B. um die Bilder nach Fach, Thema oder Datum zu sortieren.

5 Klicken Sie auf das Board-Icon (**C** vorherige Seite), um zu *Open-Sankoré* zurückzukehren.

---

1 Für Sound- oder Videodateien heißen die Ordner entsprechend *(Eigene) Musik* bzw. *(Eigene) Videos*

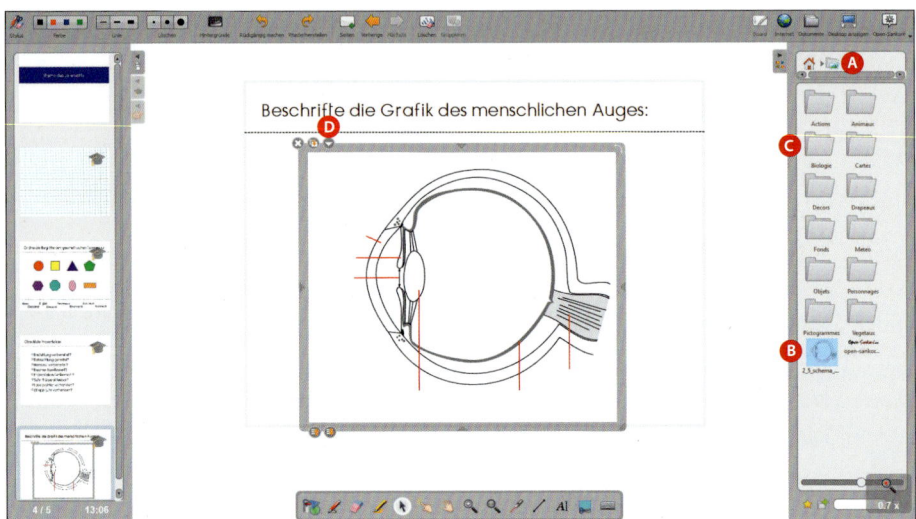

Eigene Bilder verwenden

6   Öffnen Sie den Bilder-Ordner in der Material-Palette **A**: Sie sehen dort die von Ihnen soeben eingefügten Bilder **B** und ggf. die erstellen Unterordner **C** (hier: Biologie).

7   Ziehen Sie das gewünschte Bild mit gedrückter linker Maustaste auf die Boardfläche. Sie können es wie alle anderen Objekte skalieren, platzieren und bei Bedarf sperren **D**.

Screenshots erstellen

Mit *Open-Sankoré* können Sie einen beliebigen Bildschirmausschnitt auf Ihre Boardfläche kopieren. Hierdurch wird es möglich, Bilder und Grafiken zu verwenden, die Sie nicht als Datei vorliegen haben, sondern beispielsweise im Internet recherchiert haben.

1   Klicken Sie auf *Internet* **E**, um den internen Webbrowser von *Open-Sankoré* zu öffnen.

> **TIPP** Falls Sie einen Standard-Browser wie Firefox, Chrome oder Safari bevorzugen, klicken Sie auf Desktop anzeigen **F** und öffnen danach Ihren Browser.

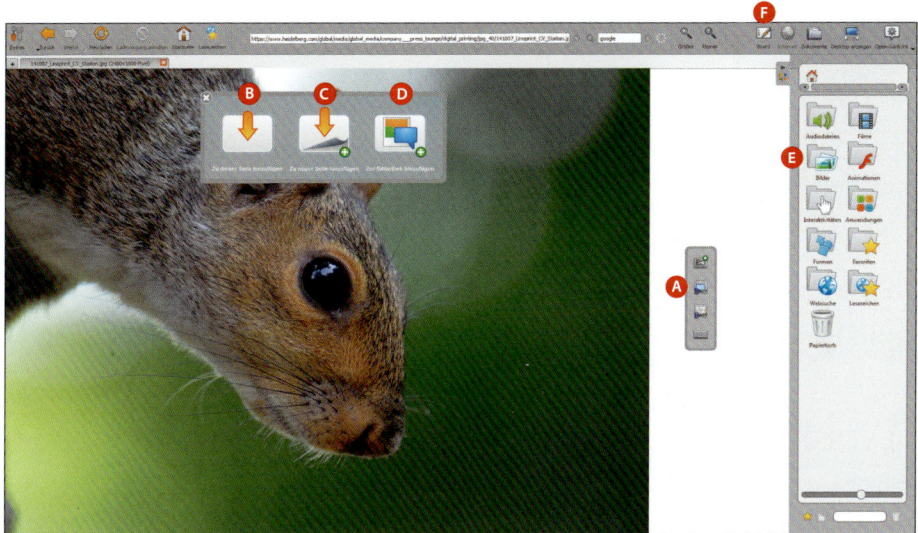

Screenshots einfügen

2 Öffnen Sie die Webseite, von der Sie ein Bild kopieren möchten, z. B. Wikipedia. Beachten Sie hierbei die Lizenzbedingungen auf ▶ SEITE 49.

3 Klicken Sie auf das Icon mit der Schere **A** und umfahren Sie mit gedrückter Maustaste den Bildausschnitt, den Sie ausschneiden möchten.

4 Fügen Sie den gewählten Bildausschnitt in *Open-Sankoré* ein:
- **B** auf der aktuell bearbeiteten Seite,
- **C** auf einer neuen Seite oder
- **D** in der Bibliothek: Diese Option ist sinnvoll, wenn Sie den Bildausschnitt mehrfach verwenden möchten. Er wird in diesem Fall als Datei im Bilder-Ordner **E** gespeichert, und Sie können ihn in *Open-Sankoré* importieren – wie im letzten Abschnitt beschrieben.

5 Klicken Sie auf *Board* **F**, um auf Ihre aktuell bearbeitete Seite zurückzukehren. Sie können den Screenshot wie alle anderen Objekte skalieren, platzieren und bei Bedarf sperren.

2.8.3 Dokumente verwalten

SIE KÖNNEN

Open-Sankoré-Dokumente verwalten und für die Nutzung in der Schule vorbereiten.

SIE BRAUCHEN

Laptop oder Desktop-PC, IWB-Software *Open-Sankoré* ▶ **OPEN-SANKORE.ORG/DE**

SIE VERSTEHEN

Um Open-Sankoré-Dokumente zu Hause vorbereiten, im Unterricht nutzen und danach möglicherweise am eigenen Schreibtisch weiterbearbeiten zu können, muss das Datenhandling verstanden und beherrscht werden. Der Frust ist groß, wenn bei einem Dokument im Unterricht plötzlich Bilder oder andere Materialien fehlen. Diese Gefahr besteht immer dann, wenn Sie in der Schule mit einem anderen PC arbeiten (müssen) als zu Hause.

In diesem Kapitel lernen Sie deshalb, wie Sie Ihre Open-Sankoré-Dokumente verwalten und auf beliebigen Rechnern verwenden können.

SIE HANDELN

Ein wesentlicher Unterschied zwischen *Open-Sankoré* und anderen Programmen wie Word oder PowerPoint besteht darin, dass die Software grundsätzlich alles speichert, ohne dass Sie hierfür aktiv werden müssen. Dieser vermeintliche Vorteil kann auch zu Irritationen und Fehlern führen, z. B. weil sich hierdurch ein Dokument verändern könnte, ohne dass Sie dies beabsichtigen.

Dokumente verwalten
Im Unterschied zu den verwendeten Bildern, Sounds und Videos werden Open-Sankoré-Dateien in einem für Benutzer unsichtbaren Ordner gespeichert, den Sie aber in *Open-Sankoré* verwalten können.

1 Klicken Sie auf Dokumente Ⓐ.

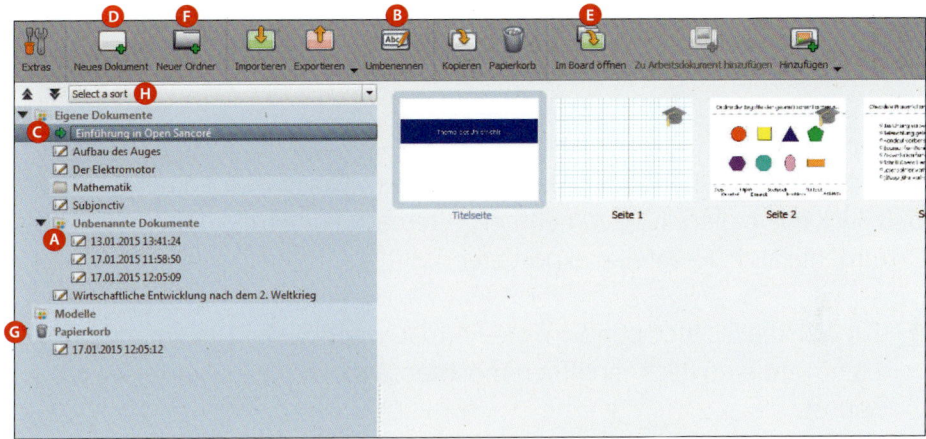

Dokumente verwalten

2   Standardmäßig benennt *Open-Sankoré* ein Dokument nach Datum und Uhrzeit der Erstellung Ⓐ. Um ein Dokument umzubenennen, klicken Sie entweder auf *Umbenennen* Ⓑ oder Sie machen einfach einen Doppelklick auf den Dateinamen.

3   Das gerade aktive, also sich in Bearbeitung befindliche Dokument wird durch einen grünen Pfeil Ⓒ gekennzeichnet. Wenn Sie ein *Neues Dokument* Ⓓ erstellen, wird dieses automatisch zu einem aktiven Dokument.

4   Um ein Dokument zu bearbeiten, das aktuell nicht das aktive Dokument ist, klicken Sie auf den Dateinamen und danach auf *Im Board öffnen* Ⓔ.

5   Zur Dateiverwaltung können Sie *Ordner* anlegen Ⓕ und diese beispielsweise nach Themen oder Fächern benennen. Um Dokumente in Ordner zu verschieben, ziehen Sie den Dateinamen mit gedrückter Maustaste auf das Ordner-Symbol.

6   Dokumente werden gelöscht, indem Sie zuerst auf den Dateinamen und danach auf *Papierkorb* Ⓖ klicken. Aus dem Papierkorb können Sie wahlweise wiederholt oder endgültig gelöscht werden.

7   Unter *Select a sort* Ⓗ können Sie wählen, ob die Dateien alphabetisch oder nach Erstellungsdatum sortiert werden.

Dateien exportieren

Die Exportfunktion benötigen Sie, um Ihre Open-Sankoré-Dokumente z. B. via USB-Stick mit in die Schule zu nehmen. Alternativ können Sie Open-Sankoré-Dokumente als PDF-Dateien exportieren.

1 Exportieren Sie im Open-Sankoré-Format, wenn Sie Ihr Dokument auf einem anderen Rechner öffnen möchten, auf dem *Open-Sankoré* installiert ist.

» Klicken Sie auf *Exportieren* Ⓐ > *Export im Sankore-Format*.
» Vergeben Sie den gewünschten Dateinamen. Die Dateiendung lautet (unter Windows) .ubz
» Bestätigen Sie mit *Speichern*.

[TIPP] In einer Open-Sankoré-Datei werden alle Objekte gespeichert, die auf den *Seiten* zu sehen sind. Nicht gespeichert werden beispielsweise Bilder, die sich zwar im Bilder-Ordner befinden, die aber im aktuellen Dokument nicht verwendet wurden.

2 Exportieren Sie als PDF-Datei, wenn Sie auf Ihr Dokument unabhängig von *Open-Sankoré* zugreifen möchten. PDF-Dateien können Sie ausdrucken oder in digitaler Form an Ihre Schülerinnen und Schüler weitergeben. Alle verwendeten Materialien sowie handschriftliche Einträge werden in der PDF-Datei gespeichert.

» Klicken Sie auf *Exportieren* Ⓐ > *In PDF-Datei exportieren*.
» Vergeben Sie den gewünschten Dateinamen.
» Bestätigen Sie mit *Speichern*.

Dateien importieren

Mit der Importfunktion können Sie wahlweise Open-Sankoré-Dokumente, Bilder oder PDF-Dateien in *Open-Sankoré* öffnen.

1 Importieren Sie Open-Sankoré-Dateien, die Sie unter Windows an der Dateiendung .ubz erkennen:

» Klicken Sie auf *Importieren* Ⓑ.

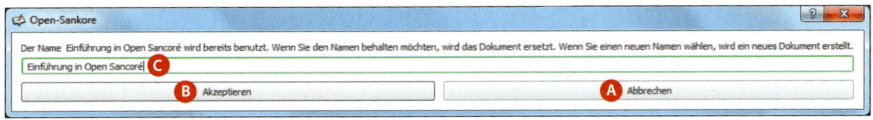

» Wählen Sie die gewünschte Open-Sankoré-Datei aus.

» Bestätigen Sie mit *Öffnen*.

TIPP Wenn Sie eine Datei importieren möchten, die auf dem Rechner schon existiert, dann erscheint eine Warnmeldung. Sie können wahlweise:

» den Vorgang abbrechen **Ⓐ**,

» die existierende Datei überschreiben **Ⓑ** oder

» der importierten Datei einen neuen Namen geben **Ⓒ**. Auf diese Weise bleiben beide Dateien erhalten.

2 Importieren Sie PDF-Dateien:

» Klicken Sie auf *Importieren* (**Ⓑ** vorherige Seite)

» Wählen Sie die PDF-Datei aus.

» Bestätigen Sie mit *Öffnen*.

TIPP Aus jeder Seite einer PDF-Datei wird eine Seite in *Open-Sankoré*. Bei großen PDF-Dateien mit vielen Seiten kann dies zum Programmabsturz führen!

2.9 Interaktive Tafelbilder mit dem Tablet

„Wenn alles schläft und einer spricht – den Zustand nennt man Unterricht!", sagt das Sprichwort. Damit wird ein Kernproblem des Unterrichtens im Plenum angesprochen: Die Lehrkraft agiert, die Schülerinnen und Schüler sind zur Passivität verurteilt.

Nun bieten sich – wie Sie im letzten Kapitel ab ▶ **SEITE 150** nachlesen können – durch die Verwendung einer interaktiven Tafel im Vergleich zur „klassischen" Kreidetafel bessere Möglichkeiten, die Schülerinnen und Schüler in den Lehr-Lern-Prozess einzubeziehen. Dennoch bleibt das Grundproblem bestehen, dass zeitgleich immer nur *eine* Person agieren kann.

An dieser Stelle kommen Tablets ins Spiel: Verfügt jede Schülerin und jeder Schüler über ein derartiges Gerät, kann eine Aufgabe *gleichzeitig* bearbeitet werden. Arbeitsergebnisse lassen sich im Anschluss präsentieren, indem eines der Schüler-Tablets mit dem Beamer verbunden wird. Dies ist beispielsweise bei iPads via *AirPlay* problemlos möglich.

Als Lehrkraft können Sie Ihr Tablet auch dazu nutzen, um Ihre interaktiven Tafelbilder bereits zu Hause vorzubereiten. Die Verbindung des Tablets mit dem Beamer macht es im Unterricht zur interaktiven Tafel.

Damit Sie ein Tablet wie eine interaktive Tafel einsetzen können, benötigen Sie eine App. Diese muss die typischen Funktionen eines Interaktiven Whiteboards bereitstellen, z. B.

» Schreib- und Malfunktionen,
» grafische Elemente wie Pfeile, Kreise, Rechtecke,
» Import digitaler Materialien (Texte, Bilder, Sound, Video)
» Export oder Druck der Tafelbilder.

Bei unseren Recherchen für dieses Buch haben wir keine Freeware gefunden, die obigen Forderungen gerecht wird, doch schließen wir nicht aus, dass es eine derartige Software (zukünftig) auch kostenlos geben wird.

Für das folgende Kapitel verwenden wir die App *Explain Everything*, die derzeit etwa 4,– € kostet und die für iPads, Android- und Windows-Tablets erhältlich ist.

2.9.1 Interaktive Tafelbilder erstellen

SIE KÖNNEN

Explain Everything zur Erstellung interaktiver Tafelbilder einsetzen.

SIE BRAUCHEN

Tablet (iPad, Android oder Windows), App *Explain Everything*

Die Kosten für die App betragen knapp 4,– €. Falls Sie ein privates Tablet verwenden und die Software hierfür selbst bezahlen, müssen Sie sich mit Ihrem (Apple-, Google- bzw. Windows-)Account beim jeweiligen App-Store anmelden und eine Kreditkarte zur Bezahlung angeben. Danach können Sie die App im App-Store kaufen und sie wird sofort auf Ihrem Gerät installiert.

Sie dürfen eine gekaufte App auf weiteren Geräten installieren, also beispielsweise auf einem Smartphone und auf einem Tablet, falls dieses weitere Gerät unter derselben ID registriert ist.

Schwieriger wird es, wenn kostenpflichtige Apps über die Schule gekauft und auf einen Klassensatz Tablets verteilt werden müssen. Das hierfür erforderliche Knowhow ist nicht Thema dieses Buchs und kann auch nicht von den einzelnen Lehrkräften erwartet werden. Hier muss Ihre Schulleitung entscheiden, ob sie die Infrastruktur für die Nutzung von Tablets im Unterricht schaffen möchte.

SIE VERSTEHEN

Für die Verwendung von *Explain Everything* sind zwei Szenarien denkbar:

Sie nutzen die App zu Hause, um die für Ihren Unterricht benötigten Materialien vorzubereiten. Im Unterricht brauchen Sie lediglich Ihr Tablet mit dem Beamer zu verbinden (▶ SEITE 204) und können auf Ihr Material zugreifen.

Falls Ihre Schülerinnen oder Schüler ebenfalls über ein Tablet verfügen, können Sie die App auch im Unterricht zur Vervollständigung vorbereiteter Übungen, zur Sicherung von Lernergebnissen oder sogar zur Videodokumentation einsetzen. Mehr zu diesem Thema finden Sie ab ▶ SEITE 172.

SIE HANDELN

Sie werden sehen: Die Nutzung von *Explain Everything* ist sehr einfach und intuitiv erlernbar.

1 Starten Sie die App und tippen Sie links oben auf das Plus-Symbol. Wählen Sie eine von vier möglichen Vorlagen für die Hintergrundfarbe der Tafel aus.

Von Hand schreiben

Wahlweise können Sie mit dem Finger oder, falls Ihr Tablet über einen Stift verfügt, mit einem Stift schreiben. Letzteres ist einfacher und daher empfehlenswert. Einen für Ihr Tablet geeigneten Stift können Sie auch nachträglich für wenige Euro erwerben.

1 Tippen Sie so lange auf das *Stift-Werkzeug* Ⓐ, bis eine Palette sichtbar wird, die Ihnen die Auswahl der Strichstärke ermöglicht.

2 Wählen Sie die gewünschte *Farbe* Ⓑ. Wenn Sie eine andere Farbe wünschen, tippen Sie einige Zeit auf die ausgewählte Farbe und ändern Sie diese danach wie gewünscht ab.

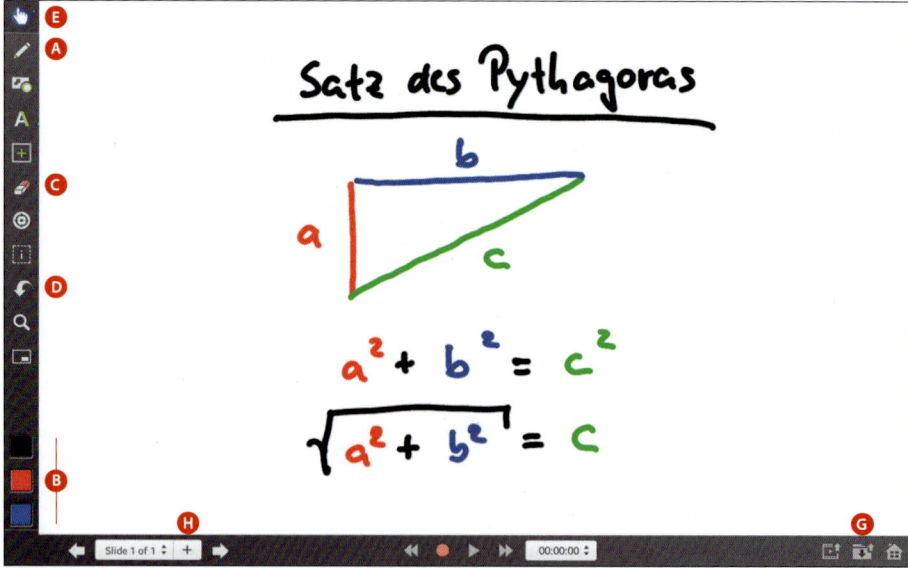

Für Handschrift empfiehlt sich die Verwendung eines Stifts

3   Machen Sie erste Schreibversuche. Mittels *Radierer* (**C** vorherige Seite) können Sie unerwünschte Linien entfernen. Alternativ können Sie auch auf den *Zurück-Pfeil* (**D** vorherige Seite) tippen.

4   Durch Antippen des *Auswahl-Werkzeugs* **E** beenden Sie den Bearbeitungsmodus. Wichtig: Ihr Text wird nun zu einem zusammenhängenden Objekt, das nicht mehr verändert werden kann. Dafür können Sie dieses Objekt nun wahlweise
   »   verschieben (Finger oder Stift),
   »   vergrößern/verkleinern (mit zwei Fingern – am besten funktioniert es mit Daumen und Mittelfinger) oder
   »   drehen (mit zwei Fingern).

Auf diese Weise können Sie ein Tafelbild nach und nach weiterentwickeln und das bisher Erarbeitete verkleinert an den Rand schieben.

5   Um ein Textobjekt zu löschen, tippen Sie auf das *Löschen-Werkzeug* **F** und anschließend auf den Text. Bestätigen Sie durch Antippen des x-Symbols.

6   Tippen Sie auf das mittlere Symbol in der unteren Leiste (**G** vorherige Seite). Vergeben Sie einen sinnvollen Namen und tippen Sie auf *Speichern*.

Textwerkzeug verwenden

Alternativ zur handschriftlichen Eingabe können Sie Text auch mit Hilfe des Textwerkzeugs erfassen. Hierbei ergeben sich drei Möglichkeiten:
»   Eintippen über die Soft-Tastatur des Tablets
»   Spracheingabe
»   Importieren über Zwischenablage

1   Erzeugen Sie eine neue leere Folie, indem Sie auf das Plus-Symbol (**H** vorherige Seite) am linken unteren Rand tippen.

2   Tippen Sie so lange auf das *Textwerkzeug* **I**, bis eine Palette sichtbar wird, die Ihnen die Auswahl der Schriftart und der Schriftgröße ermöglicht.

3   Tippen Sie nun in den oberen Bereich der leeren Seite, um einen Textrahmen zu erzeugen und die Tastatur einzublenden. Tippen Sie den gewünschten Text ein.

4 Um einen Text per Spracheingabe zu erfassen, tippen Sie auf das Mikrofon-Symbol der Tastatur. Sprechen Sie danach langsam und deutlich, damit die Texterkennung möglichst gut funktioniert.

TIPP Bei der Tastatur von Android-Tablets sind einige Tasten mehrfach belegt, so dass das Mikrofon-Symbol möglicherweise nicht aktiv ist. Halten Sie die Taste **A** kurze Zeit gedrückt und wählen Sie danach das Mikrofon-Symbol **B**.

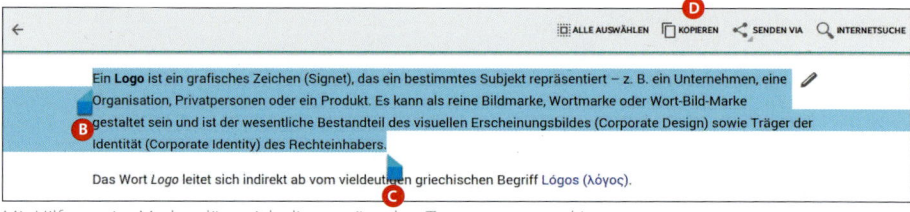

Mit Hilfe zweier Marken lässt sich die gewünschte Textpassage markieren

5 Gehen Sie folgendermaßen vor, um Text aus einer anderen Quelle, z. B. aus Wikipedia oder aus einer PDF-Datei, zu kopieren:
   - » Wechseln Sie auf die Home-Seite Ihres Tablets und öffnen Sie die gewünschte Anwendung, z. B. Wikipedia.
   - » Tippen Sie mit dem Finger oder Stift kurze Zeit auf den Beginn der Textstelle, die Sie kopieren möchten. Der Text wird markiert dargestellt und mit einer Anfangs- **B** und End-Marke **C** versehen.
   - » Verschieben Sie die Marken, bis der Textabschnitt markiert ist.
   - » Klicken Sie auf *Kopieren* **D**.
   - » Kehren Sie zu *Explain Everything* zurück.
   - » Wählen Sie – falls nicht bereits der Fall – das *Textwerkzeug*.
   - » Tippen Sie auf die Seite, um einen Textrahmen zu erzeugen. Tippen Sie in diesen Textrahmen, bis der Button *Einfügen* bzw. *Einsetzen* erscheint. Bestätigen Sie, um den Text einzufügen.

Bilder, Videos, Webseiten importieren

Ein Vorteil gegenüber analogen Tafeln ist die einfache Nutzungsmöglichkeit von Bildern und Videos. *Explain Everthing* ermöglicht auch, einen Webbrowser einzufügen, so dass Sie ins Internet gehen können, ohne die App wechseln zu müssen.

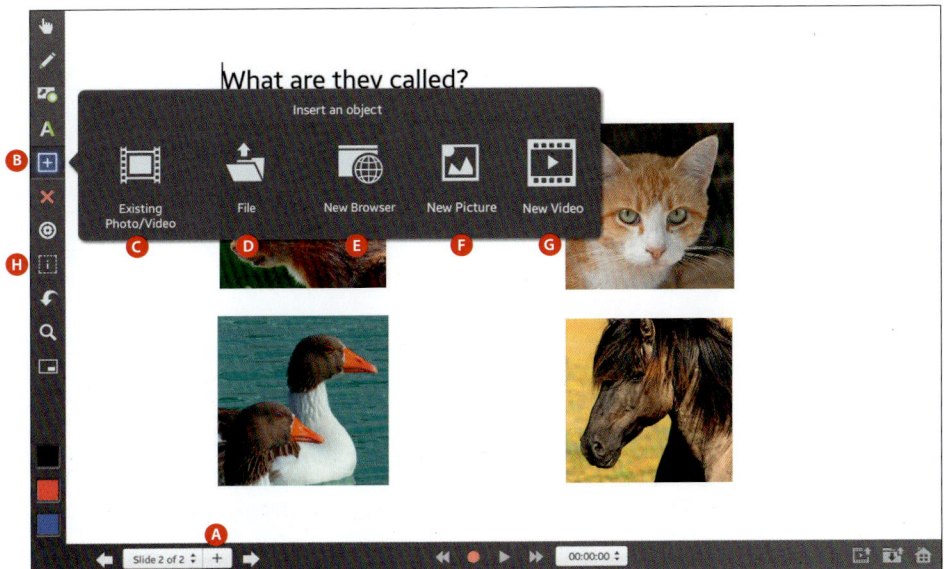

Explain Everything kann Bilder, Videos oder Webseiten importieren

1 Erzeugen Sie eine neue leere Folie **A**.

2 Klicken Sie auf das Plus-Symbol **B** , um folgende Medien einzufügen:

C Bilder oder Videos, die sich bereits auf dem Tablet befinden oder über einen Cloud-Dienst wie Dropbox importiert werden können.

D PDF-Dateien: Bei mehrseitigen Dokumenten werden automatisch weitere Seiten erzeugt.

E Webbrowser: Doppeltippen Sie auf die Adresszeile, um in diese eine Webadresse eingeben zu können. Die Webseite wird danach geladen.

F Neues Bild. Die Kamera wird aktiviert und Sie können das Foto aufnehmen, z. B. eine Seite oder Abbildung aus einem Buch.

G Neues Video: Die Videokamera wird aktiviert und Sie können ein Video aufzeichnen.

3 Nachdem die ausgewählten Medien platziert wurden, können Sie sie mit zwei Fingern in der Größe verändern und ggf. drehen.

4 Hinter diesem Symbol **H** verbergen sich Tools zur Anordnung und Bearbeitung der Objekte: Sinnvoll ist beispielsweise, ein Objekt zu sperren, damit es nicht versehentlich verschoben werden kann. Tippen Sie hierzu auf das Bild- oder Video und wählen Sie danach die Option *Sperren (Lock)*.

2.9.2   Tafelbild als Video aufzeichnen

SIE KÖNNEN

Die Entstehung eines Tafelbilds als (vertontes) Video speichern.

SIE BRAUCHEN

Tablet (iPad, Android oder Windows), App *Explain Everything*

SIE VERSTEHEN

Wenn Sie die Entstehung eines Tafelbilds als Video aufzeichnen, können sich Ihre Schülerinnen und Schüler den Videoclip auch außerhalb des Unterrichts beliebig oft ansehen. Noch weiter geht das Konzept ▶ FLIPPED CLASSROOM, bei dem sämtliche Lerninhalte, z. B. in Form von Videos, außerhalb der Schule vermittelt werden, um die Präsenzzeit in der Schule für Rückfragen, Übungen und zur Vertiefung nutzen zu können.

Explain Everything bietet die Möglichkeit, die Entstehung eines Tafelbilds aufzuzeichnen und einen Kommentar dazu zu sprechen. Im Anschluss kann das Projekt als Videodatei exportiert und damit auch außerhalb der App betrachtet werden.

SIE HANDELN

Testen Sie die Videofunktion mit kurzen Sequenzen von maximal zwei Minuten. Die Berechnung der Videodatei dauert andernfalls relativ lange.

Video aufzeichnen

1 Bereiten Sie die Aufnahme vor:
  » Wenn Sie mit Ton aufnehmen möchten, müssen Sie bei Verwendung eines iPads in den *Einstellungen > Explain Everthing* den Zugriff auf das Mikrofon zulassen. Bei Android-Tablets ist dieser Zugriff bereits standardmäßig aktiviert.
  » Suchen Sie sich einen möglichst ruhigen Platz aus, da sich Nebengeräusche störend auswirken.
  » Es empfiehlt sich, dass Sie das geplante Tafelbild zuerst auf Papier skizzieren. Sie ersparen sich hierdurch Fehlversuche.

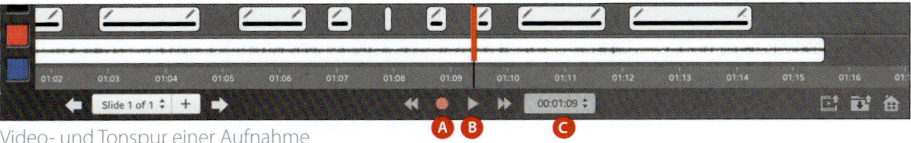

Video- und Tonspur einer Aufnahme

2 Führen Sie die Aufnahme durch:

» Tippen Sie auf den roten Aufnahmeknopf **A**, um die Aufnahme zu starten. Entwickeln Sie nun Ihr Tafelbild und sprechen Sie dazu.

» Sie können die Aufnahme durch Antippen des *Pause-Buttons* unterbrechen und anschließend fortsetzen **B**.

» Tippen Sie auf die Aufnahmezeit **C**, um die Video- und Audiospur der Aufnahme einzublenden. Sie können die Spuren mit dem Finger verschieben und zu jeder beliebigen Stelle der Aufnahme gelangen. Auf diese Weise wird es möglich, einen Teil der Aufnahme zu überschreiben.

3 Exportieren Sie die Aufnahme als Video:

» Klicken Sie auf das *Film-Symbol* **D**.

» Wählen Sie den gewünschten Speicherort **E**.

» Tippen Sie auf *Video* **F** und abschließend auf *Exportieren* (bzw. *Export*) **G**.

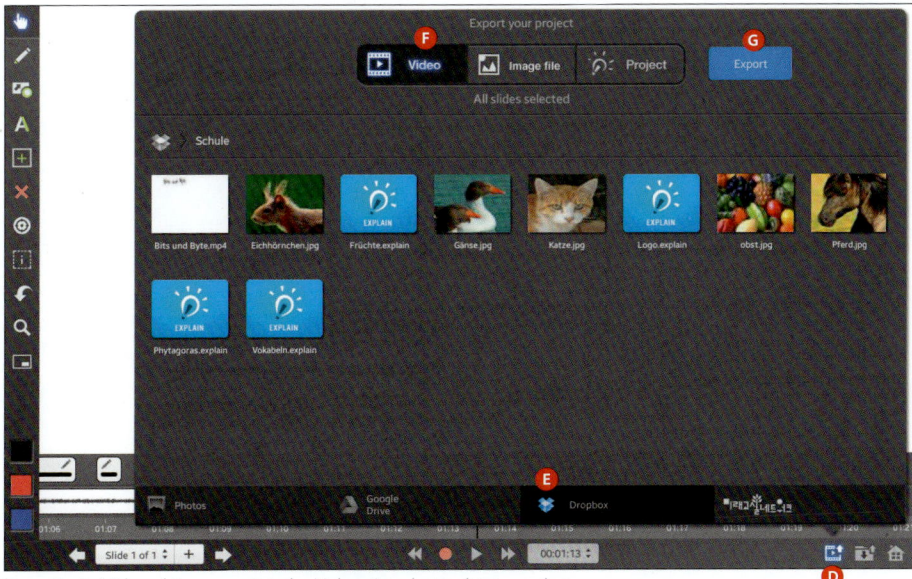

Exportierte Videos können mit jeder Video-App betrachtet werden

2.9.3 Dokumente verwalten

SIE KÖNNEN

Explain-Everything-Dokumente verwalten und für die Nutzung in der Schule vorbereiten.

SIE BRAUCHEN

Tablet (iPad, Android oder Windows), App *Explain Everything*

SIE VERSTEHEN

Wenn Sie Ihr Tablet lediglich als Whiteboard-Ersatz verwenden möchten, dann reicht es aus, das Tablet im Klassenraum mit einem Beamer zu verbinden (▶ SEITE 204).

Ein zweites interessantes Szenario ist, dass Sie einen Klassensatz an Tablets zur Verfügung haben und auch Ihre Schülerinnen und Schüler mit *Explain Everything* arbeiten können. In diesem Fall müssen Sie wissen, wie Sie vorbereitetes Unterrichtsmaterial drahtlos auf die Tablets der Schülerinnen und Schüler übertragen können. Hierfür bietet sich die Verwendung eines Cloud-Dienstes an.

SIE HANDELN

Die Dateiverwaltung auf Tablets unterscheidet sich grundlegend von der Dateiverwaltung auf Laptops oder Desktop-Computern. „Umsteiger/innen" müssen sich daran gewöhnen, dass sich Dateien immer nur in der gerade aktiv genutzten App verwalten lassen.

Folien verwalten

Vergleichbar mit einer PowerPoint-Präsentation besteht auch ein Explain-Everything-Dokument üblicherweise aus mehreren Folien, deren Reihenfolge Sie so festlegen, wie Sie sie für Ihren Unterricht benötigen.

1 Tippen Sie links unten auf *Folie* bzw. *Slide* (**A** nächste Seite), um eine Vorschau aller Folien Ihres Dokuments zu erhalten.

2 Tippen Sie einige Zeit auf eines der Vorschaubilder, bis auf jeder Folie drei Symbole eingeblendet werden. Sie können nun

B Folien löschen,

C Folien duplizieren oder

D die Hintergrundfarbe ändern.

3 Um die Reihenfolge der Folien zu ändern, tippen Sie so lange auf das Vorschaubild der Folie, bis sich diese bewegen lässt und verschieben Sie die Folie an die gewünschte Position.

4 Beenden Sie die Folienbearbeitung, indem Sie auf eine Stelle außerhalb tippen.

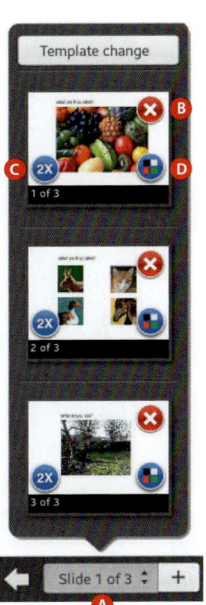

Dokumente verwalten

1 Tippen Sie auf das *Home-Symbol* rechts unten, um zur Verwaltung Ihrer Dokumente – *Explain Everything* spricht von *Projekten* – zu gelangen. Falls sich Ihr Dokument geändert hat, seit Sie es das letzte Mal gespeichert haben, werden Sie gefragt, ob Sie diese Änderungen speichern wollen.

2 Bislang besteht nur auf iPads die Möglichkeit, zwei Projekte zu verbinden:
- » Tippen Sie einige Zeit auf eines der beiden Projekte.
- » Schieben Sie es, sobald es beweglich wird, auf das zweite Projekt.
- » *Explain Everything* fragt Sie nun nach der Reihenfolge und nach einem neuen Projektnamen.

3 Wenn Sie ein Projekt löschen möchten, dann tippen Sie so lange auf das Vorschaubild, bis rechts oben ein weißes Kreuz auf rotem Hintergrund **E** erscheint. Tippen Sie darauf, um das Projekt zu löschen.

Projektverwaltung

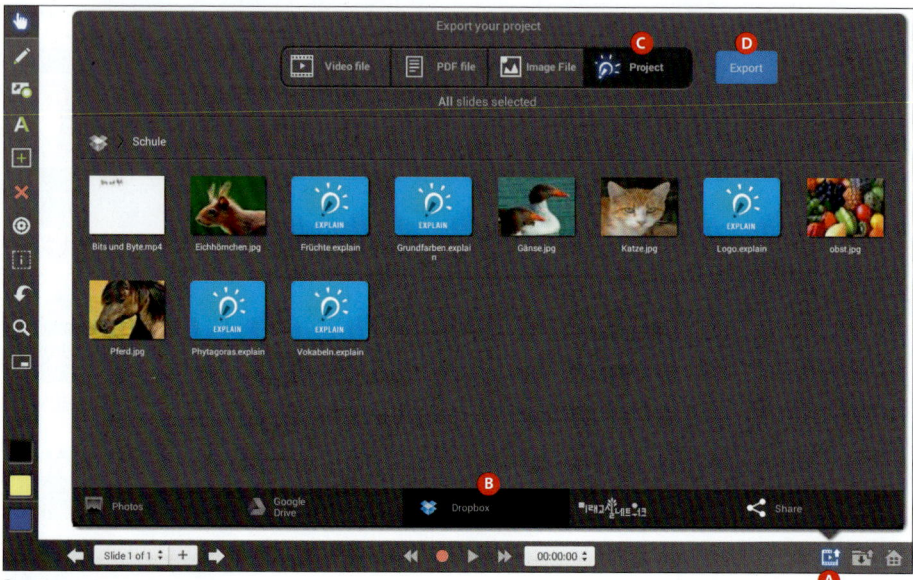

Dateiexport

Dateien exportieren

Da der Zugriff auf Dateien bei Tablets nicht ohne Weiteres möglich ist, empfiehlt es sich, dass Sie die benötigten Dateien in einen Cloud-Speicher hochladen, auf den Sie von der Schule aus zugreifen können. Voraussetzung hierfür ist, dass Sie sowohl zu Hause als auch in der Schule auf das Internet via WLAN zugreifen können.

1 Aktivieren Sie WLAN – falls es nicht bereits aktiviert ist.

2 Tippen Sie auf das zu exportierende Projekt.

3 Tippen Sie auf das *Film-Icon* **A** und danach auf die Schaltfläche *Mehr*.

4 Wählen Sie den Speicherort **B**, an den die Datei exportiert werden soll.

5 Wählen Sie das gewünschte Exportformat: Tippen Sie auf
  » *Projekt* (bzw. *Project*) **C**, wenn Sie das Tafelbild zum späteren Zeitpunkt erneut mit *Explain Everthing* nutzen möchten.
  » *PDF* (bzw. *PDF file*) **D**, wenn Sie das Tafelbild unabhängig von *Explain Everything* verwenden möchten, beispielsweise, um das Tafelbild den Schülerinnen und Schülern in digitaler Form weiterzugeben.

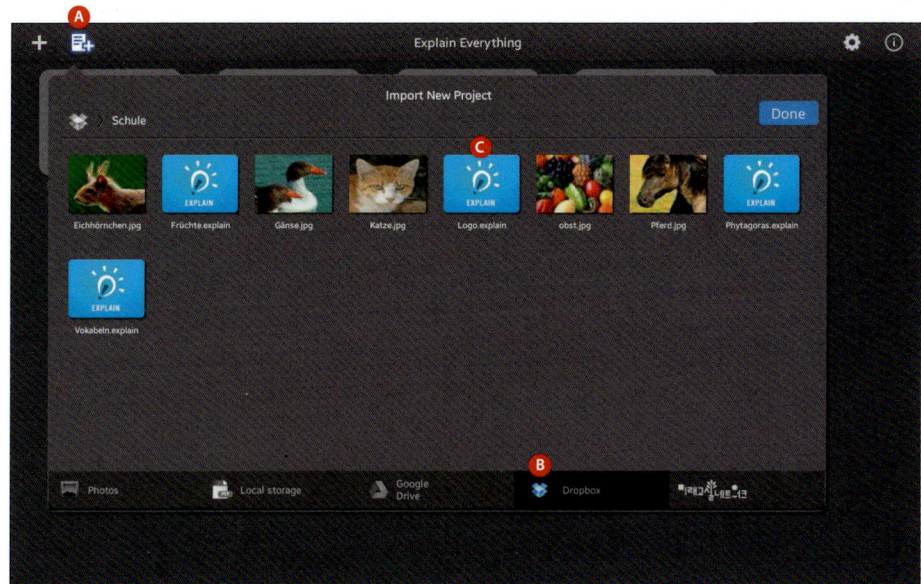

Dateiimport

6 Schließen Sie den Exportvorgang mit *Exportieren* (bzw. *Export*) (**D** vorherige Seite) ab.

Dateien importieren

Auch das Importieren bereits erstellter Explain-Everything-Dokumente ist denkbar einfach:

1 Tippen Sie auf das *Home-Symbol* rechts unten, falls Sie nicht bereits im Home-Bereich sind.

2 Tippen Sie auf das Blatt-Symbol **A**.

3 Wählen Sie den Speicherort **B**, von dem Sie die Datei importieren möchten.

4 Tippen Sie auf die zu importierende Datei. Ein Explain-Everything-Projekt erkennen Sie am blauen Icon mit Glühlampe **C**. Alternativ können Sie auch Bilder oder PDF-Dateien importieren.

2.10 Präsentation

Präsentieren gehört in modernem Unterricht wie auch im Berufsalltag zu einer *Kernkompetenz*. Nicht nur die Lehrkräfte präsentieren ständig, schon in der Grundschule werden die Schülerinnen und Schülern an die „Kunst" des Präsentierens herangeführt, und dies setzt sich durch alle Schularten hinweg bis zur Abitur- oder Berufsabschlussprüfung fort.

Aus didaktischer Sicht wirft das Thema Präsentieren zunächst eine Reihe von Fragen auf, die Lehrkräfte für sich und für ihren Unterricht beantworten müssen:

» Wie muss ich eine Präsentation gestalten, damit die verbalen und visuellen Informationen möglichst gut transportiert und rezipiert werden?

» Wie lange (wie viele Minuten?) können meine Schülerinnen und Schüler überhaupt konzentriert zuhören?

» Gibt es womöglich effizientere Möglichkeiten zur Vermittlung der Lerninhalte?

Beim Präsentieren kann sehr viel falsch gemacht werden. Jeder von uns kennt die unsäglichen PowerPoint-Folienschlachten, bei denen wir spätestens auf der zehnten Folie nicht mehr wissen, was auf der ersten gestanden hat. Reine Zeitverschwendung!

Präsentationskompetenz muss erlernt und geübt werden. Neben Software-Knowhow sind hierfür grundlegende Kenntnisse im Bereich Gestaltung und visuelle Kommunikation vonnöten. In diesem Kapitel lernen Sie, wie Sie gute Präsentationen wahlweise mit PowerPoint oder mittels Tablet-App erstellen. Die hierfür zugrunde gelegten Regeln finden Sie in der ▶ INFOBOX AUF SEITE 193 zusammengefasst.

Im Unterricht schließlich müssen Sie oder Ihre Schülerinnen und Schüler die bildlich dargestellten Informationen mit dem gesprochenen Wort zu einer harmonischen Einheit führen. Dabei gilt, dass die Visualisierung den Redner unterstützt und niemals umgekehrt.

2.10.1 Präsentation am Laptop erstellen

SIE KÖNNEN

Eine Bildschirmpräsentation unter Beachtung wichtiger Gestaltungsregeln erstellen.

SIE BRAUCHEN

Laptop oder Desktop-PC, Präsentationssoftware *PowerPoint*

SIE VERSTEHEN

Sie kennen den Ausspruch „eine PowerPoint erstellen". Er besagt, dass *Power-Point* als Synonym für Präsentationen gesehen wird. Tatsächlich hat sich *PowerPoint* weltweit zum Quasi-Standard bei Präsentationssoftware entwickelt, zumindest in der Windows-Welt – Apple-User ziehen in der Regel das dort vorinstallierte Programm *Keynote* vor.

In diesem Kapitel lernen Sie, wie Sie – unter Beachtung einiger Grundregeln – gute Präsentationen erstellen. Dabei spielt die Wahl der Software letztlich keine große Rolle, denn die hier am Beispiel von *PowerPoint* dargestellte Vorgehensweise lässt sich sehr einfach auf andere Software wie *Impress* (OpenOffice) oder *Keynote* (Apple) übertragen.

SIE HANDELN

Folienmaster erstellen

Eine gute Präsentation kennzeichnet sich dadurch, dass sich wiederkehrende Elemente, z. B. Logo, Datum, Folientitel, immer an derselben Stelle des Layouts befinden. Der Betrachter findet sich hierdurch schnell zurecht und kann sich auf den eigentlichen Inhalt konzentrieren.

In dieser Übung erstellen Sie deshalb zunächst eine Vorlage, auf der Sie das Grundlayout festlegen und alle wiederkehrenden Elemente platzieren. Diese Vorlage wird bei PowerPoint als ▶ FOLIENMASTER bezeichnet.

1 Öffnen Sie in PowerPoint eine *leere* Präsentation.

2 Wählen Sie im Menü *ANSICHT > Folienmaster*.

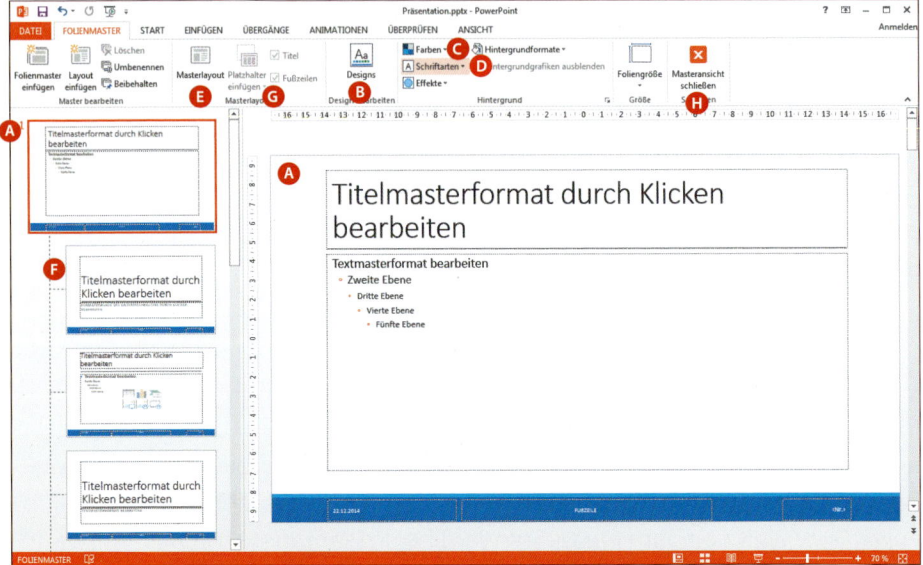

Folienmaster bearbeiten

3 Nehmen Sie auf der *Masterfolie* Ⓐ Einstellungen vor, die auf *allen* Folien zu sehen sein sollen:

» Unter *Design* Ⓑ können Sie ein Layout auswählen. Doch Achtung: Layouts mit bunten Farben, Fotos oder Grafiken lenken den Betrachter zu sehr vom Inhalt ab. Das Beispiel oben zeigt ein Layout, das als Gestaltungselement lediglich eine farbige Fußzeile verwendet.

» Unter *Farben* Ⓒ treffen Sie Ihre Farbauswahl.

» Unter *Schriftarten* Ⓓ wählen Sie die gewünschte Schrift. Entscheiden Sie sich für eine schlichte, gut lesbare Standardschrift – im Beispiel ist dies die Schrift *Calibri*.

» Unter *Masterlayout* Ⓔ bestimmen Sie die Elemente, die auf den Folien zu sehen sein sollen. Entfernen Sie die Häkchen, um nicht benötigte Element auszublenden.

4 Am linken Rand sehen Sie, dass alle Einstellungen auf der Masterfolie auf die Unterfolien des Folienmasters übertragen werden. Auf diesen können Sie nun Einstellungen vornehmen, die *nur für Folien eines bestimmten Typs* gelten sollen. Wenn beispielsweise die Fußzeile auf der Titelfolie *nicht* sichtbar sein soll:

» Klicken Sie auf die Titelfolie Ⓕ.

» Entfernen Sie das Häkchen bei *Fußzeilen* Ⓖ.

5 Beenden Sie den Folienmaster durch Anklicken des Buttons *Masteransicht schließen* (**H** vorherige Seite).

TIPP Sie können jederzeit, auch wenn Sie bereits Folien erstellt haben, zum Folienmaster zurückkehren, um dort Änderungen vorzunehmen. Diese wirken sich auf alle Folien aus.

Folien erstellen

Nach der Vorarbeit mit dem Folienmaster wird das Erstellen der eigentlichen Folien zum Kinderspiel. Beachten Sie hierbei die in der ▶ **INFOBOX AUF SEITE 193** zusammengefassten Grundregeln des Präsentationsdesigns.

1 Eine neue Präsentation enthält standardmäßig nur eine Titelfolie. Klicken Sie in den Textrahmen und tragen Sie den Titel und ggf. Untertitel ein.

2 Klicken Sie im Menü *START* oder im Menü *EINFÜGEN* auf *Neue Folie*, um eine weitere Folie einzufügen. Im sich öffnenden Fenster können Sie den Folientyp wählen, z. B. *Titel und Inhalt*, *Bild mit Überschrift* usw.

3 Soll die Folie Text erhalten, dann können Sie diesen wahlweise direkt nach Anklicken des Textrahmens eintippen oder Sie kopieren ihn aus einer Textverarbeitung über die Zwischenablage in die Folie:
   » Markieren Sie hierzu mit gedrückter Maustaste den Text und kopieren Sie ihn mit Tastenkombination [Strg] [C] in die Zwischenablage.
   » Kehren Sie zu PowerPoint zurück und machen Sie einen Rechtsklick in den Textrahmen, in den Sie den Text einfügen wollen.
   » Wählen Sie die Einfügeoption *Nur den Text übernehmen* **A**, damit die im Folienmaster eingestellten Formatierungen nicht verändert werden.

TIPP Achten Sie auf eine möglichst geringe Textmenge. Wenn Ihr Publikum mit dem Lesen des Textes beschäftigt ist, wird es nicht zuhören.

4 Falls Sie eine Fußzeile, ein Datum oder die Foliennummer anzeigen möchten, und Sie diese im Folienmaster nicht entfernt haben, dann können Sie diese Option im Menü *EINFÜGEN > Kopf- und Fußzeile* einstellen.

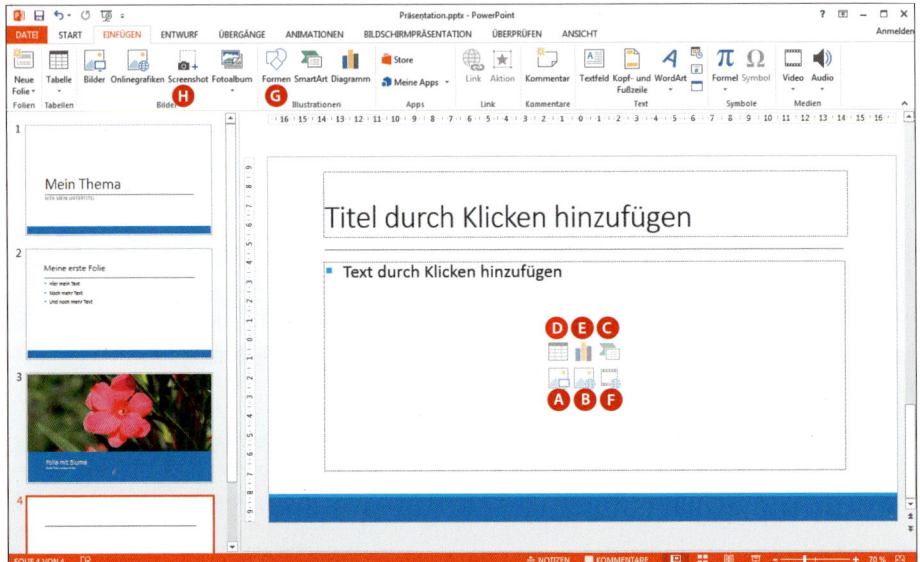

Folien erstellen

Visuelle Medien, ob dies Bilder, Grafiken, Diagramme oder Videos sind, dienen der Veranschaulichung und eignen sich für Präsentationen besser als Text. Sie müssen im Vorfeld – wie in den jeweiligen Kapiteln beschrieben – vorbereitet und im korrekten Dateiformat abgespeichert werden.

5 Fügen Sie eine neue Folie vom Typ *Titel und Inhalt* ein und klicken Sie im Textrahmen auf das gewünschte Icon:

A Eigenes Bild: Geben Sie den Speicherort des Bildes an.

B Lizenzfreie Bilder aus dem Internet: Auf *office.com* finden Sie eine Auswahl an Bildern und Grafiken, die Sie verwenden dürfen.

C Infografik: PowerPoint stellt einen selbsterklärenden Assistenten zur Erstellung von Infografiken bereit.

D Tabellen

E Diagramme: Auch hier stellt PowerPoint einen guten Assistenten bereit.

F Videos: Wahlweise verwenden Sie ein eigenes Video oder binden ein Youtube-Video ein. Beachten Sie jedoch, dass Sie dann beim Präsentieren eine Internetverbindung benötigen.

G Grafische Elemente und Formen wie Pfeile oder Sprechblasen finden Sie im Menü *START > Formen*.

H Ein Screenshot eines frei wählbaren Bildschirmausschnitts fügen Sie über das Menü *START >Screenshot > Bildschirmausschnitt* ein.

Übergänge verwenden

PowerPoint stellt zahlreiche digitale Effekte bereit, um von einer Folie auf die nächste zu überblenden. Derartige „Spielereien" sind v. a. bei Schülerinnen und Schülern sehr beliebt. Aus Sicht der visuellen Kommunikation sind sie abzulehnen, da sie vom Inhalt der Präsentation ablenken. Sie können den Ablauf einer guten Präsentation mit einem Spielfilm vergleichen, bei dem der Zuschauer vom Schnitt des Films im Idealfall nichts bemerkt.

Im Regelfall sollten Sie Ihre Folien also ohne Übergang nacheinander zeigen. Alternativ ist eine sogenannte weiche Überblendung möglich, bei der die aktuelle Folie aus- und die nächste eingeblendet wird:

1 Öffnen Sie Ihre PowerPoint-Präsentation.

2 Nehmen Sie Ihre Einstellungen im Menü *ÜBERGÄNGE* vor:
   » Klicken Sie auf den Folienübergang *Verblassen* **A**.
   » Geben Sie die Zeit **B** vor, die die Überblendung dauern soll.
   » Klicken Sie auf *Für alle übernehmen* **C**.
   » Entfernen Sie das Häkchen **D**, wenn die Präsentation selbstablaufend werden soll. Setzen Sie das Häkchen darunter und geben Sie die Zeit ein, die die Folie *vor* der Überblendung angezeigt werden soll.
   » Klicken Sie auf Vorschau **E**, um den Effekt zu testen.

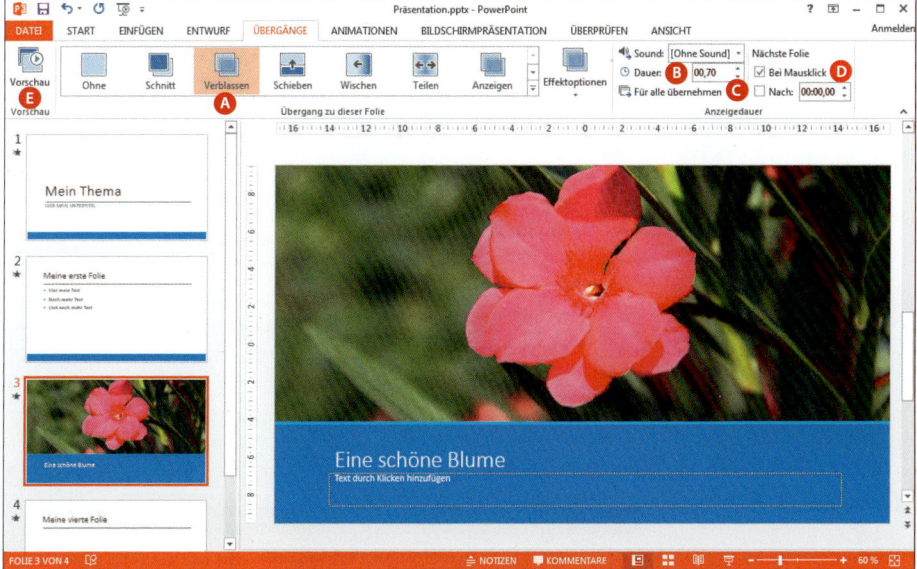

Folienübergänge

Animationen ergänzen

Mit Animationen verhält es sich wie mit Übergängen: Wenn Sie Texte oder Bilder willkürlich über Ihre Folien „fliegen" lassen, dann verschlechtern Sie damit Ihre Präsentation. Ein gezielter Einsatz von Animationen kann jedoch zu einem Mehrwert führen, z. B. durch

» zeilenweises Einblenden eines Textes,

» schrittweisen Aufbau einer Grafik.

In beiden Fällen fokussieren Sie – vergleichbar mit der Entwicklung eines Tafelbildes – die Aufmerksamkeit des Betrachters auf den von Ihnen gerade besprochenen Inhalt.

1 Wählen Sie eine Folie, die einige Zeilen Text enthält, und klicken Sie auf den Textrahmen.

2 Wechseln Sie ins Menü *ANIMATIONEN*:

» Wählen Sie *Erscheinen* Ⓐ.

» Klicken Sie auf *Effektoptionen* Ⓑ und wählen Sie die Option *Nach Absatz*. Die Ziffern Ⓒ vor den Zeilen zeigen die Animationsreihenfolge.

» Standardmäßig erfolgt die Animation nach Mausklick Ⓓ. Alternativ können Sie hier einstellen, dass sie nach einer vorgegebenen Zeit selbsttätig abläuft.

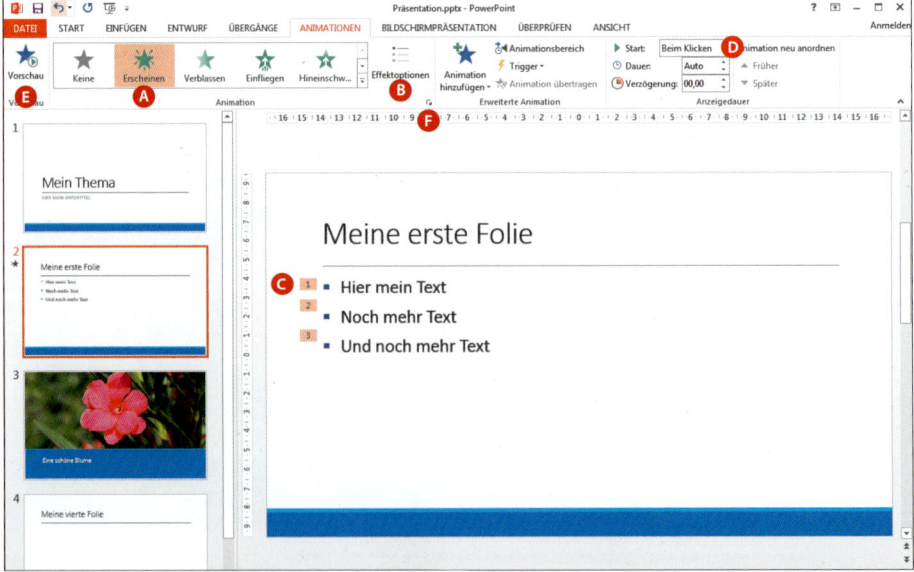

Animationen

» Klicken Sie auf Vorschau (**E** vorherige Seite), um den Effekt zu testen.
» Um den Blick der Zuschauer noch stärker auf die aktuelle Zeile zu lenken, können Sie nach Anklicken des Häkchens (**F** vorherige Seite) im erscheinenden Fenster bei *Nach der Animation* eine helle Farbe wählen. Dies hat zur Folge, dass beim Einblenden einer neuen Zeile die vorherige optisch in den Hintergrund tritt.

Präsentation speichern und testen

Wenn Sie mit dem Laptop präsentieren, auf dem Sie Ihre Präsentation erstellt haben, können Sie diesen Abschnitt überspringen. Wenn Sie hierfür einen anderen Computer oder ein Tablet-PC nutzen, können folgende Probleme auftreten:
» PowerPoint ist nicht oder nur in einer alten Version vorhanden,
» verwendete Schrift(en) fehlen,
» verknüpfte Medien (z. B. Videos) fehlen oder werden nicht abgespielt,
» Animationen funktionieren nicht wie gewünscht.
Aus diesem Grund ist es *unerlässlich*, dass Sie Ihre Präsentation auf dem Zielrechner vorab testen!

1 Binden Sie die Schriften in die PowerPoint-Datei sein:
» Wählen Sie im Menü *Datei > Optionen > Speichern*.
» Setzen Sie – falls nicht der Fall – das Häkchen bei Schriftarten in der Datei einbetten.

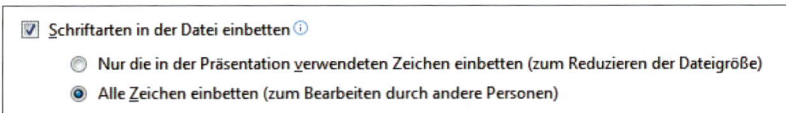

☑ Schriftarten in der Datei einbetten ⓘ
　　○ Nur die in der Präsentation <u>v</u>erwendeten Zeichen einbetten (zum Reduzieren der Dateigröße)
　　◉ Alle <u>Z</u>eichen einbetten (zum Bearbeiten durch andere Personen)

TIPP PowerPoint bindet nur Schriften ein, wenn diese ein bestimmtes Format haben und wenn dies lizenzrechtlich möglich ist. Andernfalls erscheint ein Meldung, dass die Schrift nicht eingebunden werden konnte. In diesem Fall sollten Sie im Folienmaster die Schrift ändern.

Präsentation mit einem Laptop/Desktop-PC

2 Wenn auf dem Zielrechner PowerPoint installiert ist, speichern Sie Ihre Präsentation im Menü *Datei > Speichern unter* als PowerPoint-Datei (.pptx) z. B. auf einem USB-Stick ab.

3 Wenn auf dem Zielrechner PowerPoint *nicht* installiert ist, können Sie die Präsentation als PDF-Datei exportieren: Menü *Datei > Exportieren > PDF/ XPS-Dokument erstellen.*

TIPP PDF ist ein sogenanntes geschlossenes Dateiformat, das Texte, Bilder, Grafiken und Schriften einbinden kann. Dies hat den Vorteil, dass Sie beliebige Schriften verwenden können, da diese auf dem Zielrechner nicht installiert sein müssen.

Der Nachteil besteht darin, dass PowerPoint Animationen, Übergänge, Videos und Sounds in die PDF-Datei nicht einbinden kann, diese also im PDF nicht mehr funktionieren.

Präsentation mit einem Tablet

Um Ihre PowerPoint-Präsentation mit einem Tablet präsentieren zu können, benötigen Sie eine App, die diese Dateien öffnen und anzeigen kann. Seit 2015 gibt es für *PowerPoint* eine kostenlose App, allerdings ist hierfür die Registrierung bei Microsofts Clouddienst *OneDrive* erforderlich. Wir stellen im nächsten Kapitel als Alternativen hierzu *WPS Office* und *Keynote (Apple)* vor.

1 Übertragen Sie die Präsentation auf das Tablet wie ab ▶ **SEITE 66** beschrieben.

2 Zur Verbindung von Tablet und Beamer lesen Sie bitte auf ▶ **SEITE 204** weiter.

3 Testen Sie Ihre Präsentation mit der hierfür installierten App. Mehr hierzu finden Sie auf ▶ **SEITE 221**.

2.10.2 Präsentation mit dem Tablet erstellen

SIE KÖNNEN

Eine Präsentation mit dem Tablet unter Beachtung wichtiger Gestaltungsregeln erstellen.

SIE BRAUCHEN

Tablet mit Präsentations-App, hier verwenden wir:

» Android-Tablets: *WPS Office*
» iPad (Apple):   *Keynote* (alternativ: *WPS Office*)

SIE VERSTEHEN

Durch den Einsatz von Tablets im Unterricht wird es möglich, dass Schülerinnen und Schüler Arbeits- oder Rechercheergebnisse in ansprechender Weise aufbereiten, um sie in Form einer (Kurz-)Präsentation im Plenum vorzustellen. Gegenüber analogen Präsentationsmedien wie Pinnwand, Tageslichtprojektor oder Tafel besteht der Vorteil, dass sich diese Präsentationen entweder in digitaler Form weitergeben oder als Handout ausdrucken und vervielfältigen lassen. Die Präsentation dient somit zusätzlich als Ergebnissicherung.

Für Tablets gibt es mehrere Apps, mit denen sich einfache Präsentationen erstellen lassen. Seit 2015 ist auch *PowerPoint* für Tablets verfügbar, allerdings mit eingeschränktem Funktionsumfang und mit erforderlicher Anmeldung bei Microsofts Clouddienst OneDrive. Aus diesem Grund haben wir uns in diesem Kapitel bei Android-Geräten für *WPS Office* und bei iPads für *Keynote* entschieden.

Wichtiger als die verwendete App erscheint uns, dass Ihre Schülerinnen und Schülern die Regeln zur Erstellung guter Präsentationen kennen und beachten (▶ **INFOBOX AUF SEITE 193**).

SIE HANDELN

Bei der Verwendung einer App zur Erstellung Ihrer Präsentation müssen Sie auf viele Features verzichten, die eine Präsentationssoftware wie PowerPoint bietet. Um jedoch relativ schnell zu einem brauchbaren Ergebnis zu kommen, reichen die Möglichkeiten aus.

Im Unterschied zu PowerPoint beginnen Sie am Tablet gleich mit der Erstellung Ihrer Folien. Achten Sie dabei auf eine durchgängige Schrift- und Farbgestaltung und auf eine einheitliche Platzierung der Text- und Bildrahmen.

 Präsentation mit einem Android-Tablet erstellen

1 Installieren Sie *WPS Office* auf Ihrem Tablet.

2 Starten Sie die App und tippen Sie links auf *Neu* und auf *Präsentation*.

3 Gestalten Sie die Titelfolie:
  » Doppeltippen Sie auf den Textrahmen und geben Sie den Titel ein.
  » Tippen Sie einmal auf den Textrahmen: An den Anfassern **Ⓐ** können Sie ihn mit dem Finger verschieben, verkleinern oder vergrößern.
  » Über *Schnellformat* **Ⓑ** können Sie den Rahmen mit einer Hintergrundfarbe versehen.
  » Tippen Sie auf *Bearbeiten > Schriftart* und wählen Sie die gewünschte Schrift **Ⓒ** und Schriftgröße **Ⓓ**.
  » Wenn Sie einen Textrahmen, z. B. den für den Untertitel, nicht benötigen, dann tippen Sie auf den Rahmen und nach kurzer Pause ein zweites Mal. Tippen Sie danach auf *Löschen*.

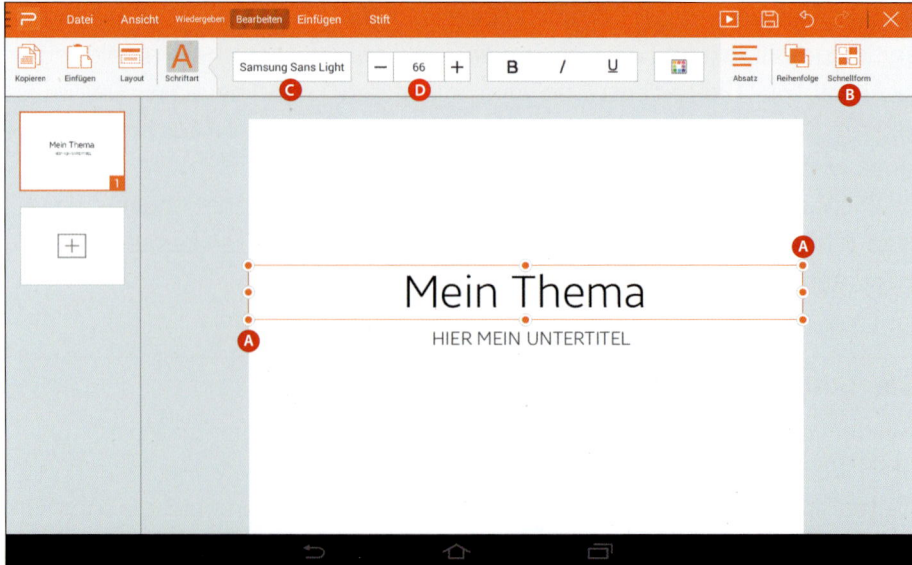

Bearbeiten der Titelfolie

4   Tippen Sie links auf das Plus Ⓐ, um eine weitere Folie zu erstellen:
- » Wählen Sie im Menü *Bearbeiten > Layout* den gewünschten Folientyp, hier: *Title and Content*.
- » Geben Sie den gewünschten Titel und Text ein. Alternativ können Sie Text auch aus einer anderen Anwendung oder aus einer Website kopieren. Mehr hierzu finden Sie auf ▶ **SEITE 73**.
- » Formatieren Sie die Textrahmen: Schrift, Schriftgröße, Ausrichtung der Absätze, hier: links.
- » Ergänzen Sie im Menü *Einfügen > Form* ggf. ein grafisches Element, hier: blauer Balken.

5   Kopieren Sie die eben erstellte Folie, damit stellen Sie sicher, dass die neue Folie dasselbe Layout erhält:
- » Tippen Sie links auf die Folienvorschau Ⓑ und wählen Sie *Kopieren*.
- » Nehmen Sie auf der Kopie die gewünschten Änderungen vor.

6   Erstellen Sie eine Folie mit Bild:
- » Erstellen Sie durch Kopie eine weitere Folie.
- » Tippen Sie den Textrahmen zweimal an und löschen Sie ihn.
- » Tippen Sie auf Menü *Einfügen > Bild* und wählen Sie das gewünschte Bild aus. Alternativ können Sie ein Bild mit der Kamera aufnehmen.

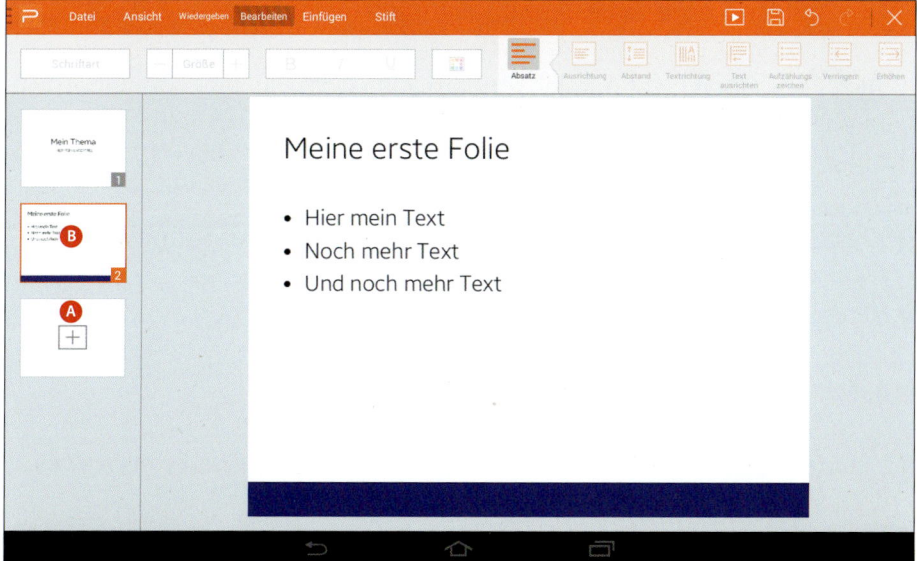

Erstellen weiterer Folien

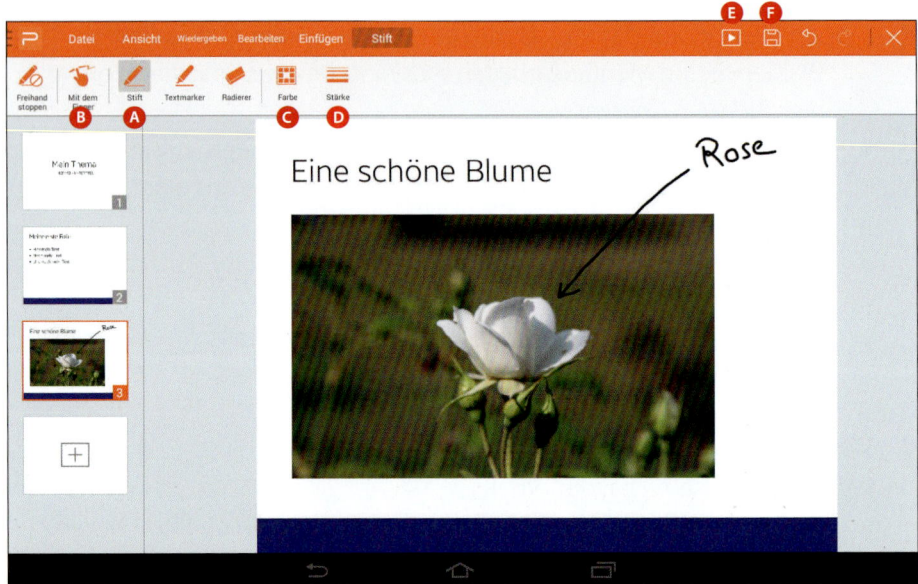

Einfügen von Bildern

> » Platzieren Sie das Bild im Layout ohne es dabei zu verzerren.

7 Ein Vorteil von Tablet-Präsentationen besteht darin, dass Sie – je nach Tablet – mit Stift und/oder Finger handschriftlich arbeiten können.
  > » Wählen Sie im Menü *Stift > Stift* **A** oder *Mit dem Finger* **B**.
  > » Wählen Sie die *Farbe* **C** und *Strichstärke* **D** des Stiftes.

TIPP Sie können nicht nur vor, sondern auch *während* der Präsentation mit dem Stift schreiben und die Schülerinnen und Schüler so einbeziehen. Auf diese Weise wird die Präsentation interaktiv.

8 Testen Sie Ihre Präsentation durch Antippen des *Abspiel-Buttons* **E**.

9 Speichern Sie Ihre Präsentation **F**.

 Präsentation mit einem iPad erstellen

1 Starten Sie *Keynote* und tippen Sie links oben auf das Plus-Symbol. Wählen Sie das gewünschte Präsentationsdesign aus (hier: Weiß).

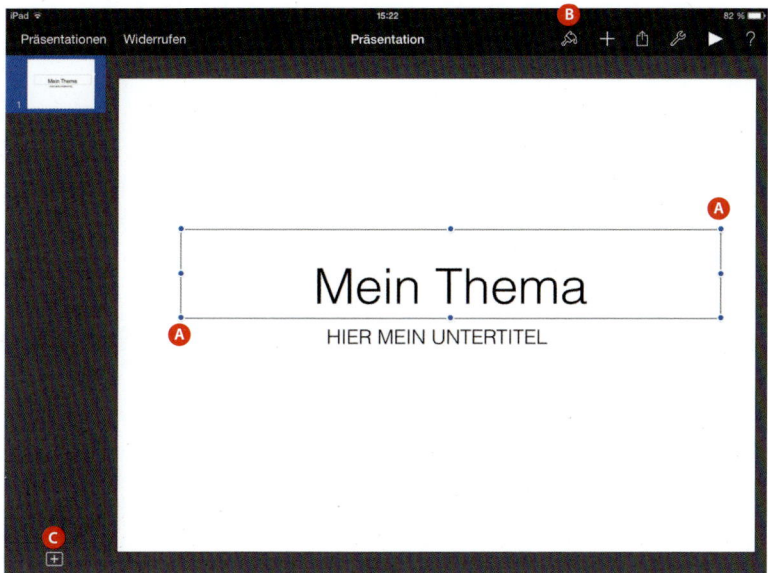

Bearbeiten der Titelfolie

2 Gestalten Sie die Titelfolie:
- » Doppeltippen Sie auf den Textrahmen und geben Sie den Titel ein.
- » Tippen Sie auf den Textrahmen: An den Anfassern **A** können Sie ihn mit dem Finger verschieben, verkleinern oder vergrößern.
- » Tippen Sie auf das *Pinsel-Symbol* **B**, um ggf. die Schrift, Schriftgröße und Hintergrundfarbe des Rahmens anzupassen.
- » Wenn Sie einen Textrahmen, z.B. den für den Untertitel, nicht benötigen, dann tippen Sie auf den Rahmen und danach auf den eingeblendeten *Löschen*-Button.

3 Tippen Sie links auf das Plus **C**, um eine weitere Folie zu erstellen:
- » Wählen Sie aus den vorgegebenen Layouts die passende Vorlage aus.
- » Geben Sie den gewünschten Titel und Text ein. Alternativ können Sie Text auch aus einer anderen Anwendung oder aus einer Website kopieren. Mehr hierzu finden Sie auf ▶ SEITE 73.
- » Formatieren Sie die Folie: *Keynote* bietet unter **B** unterschiedliche Werkzeuge in Abhängigkeit davon, ob Sie einen Text bearbeiten (nach Doppeltippen) oder einen Textrahmen markieren (einfaches Antippen). Im ersten Fall können Sie beispielsweise die Aufzählungszeichen bei Listen oder den Zeilenabstand ändern, im zweiten Fall die Rahmenfarbe oder -linie.

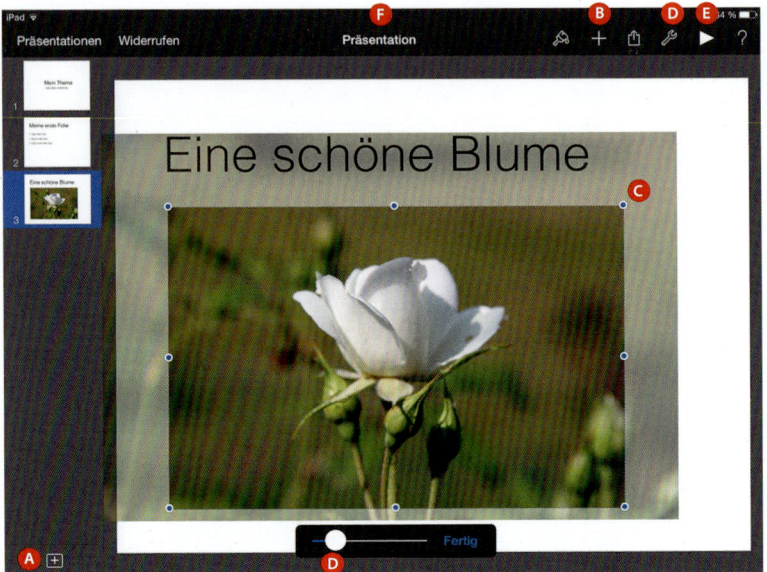

Innerhalb eines Bildrahmens kann der gewünschte Bildausschnitt gewählt werden

4   Erstellen Sie eine Folie mit Bild:
  »   Tippen Sie auf das Plus am linken unteren Bildrand **A** und wählen Sie eine Vorlage mit Bild.
  »   Tippen Sie auf das Plus-Symbol **B** und wählen Sie das gewünschte Bild aus. Alternativ können Sie ein Bild mit der Kamera aufnehmen.
  »   Passen Sie die Bildgröße mit Hilfe der Anfasser **C** an.
  »   Doppeltippen Sie auf Bild: Mit Hilfe des Schiebereglers **D** können Sie den Bildausschnitt wählen. Verschieben Sie den gewählten Bildausschnitt mit dem Finger innerhalb des Bildrahmens.
  »   Tippen Sie außerhalb des Bildrahmens, um die Bearbeitung zu beenden.

5   Sie können Ihre Folien durchnummerieren, indem Sie auf das *Werkzeug-Symbol* **C** tippen und *Einstellungen > Foliennummern* aktivieren.

6   Testen Sie Ihre Präsentation durch Antippen des *Abspiel-Buttons* **E**.

7   *Keynote* speichert Ihre Präsentation automatisch. Sie können sie umbenennen, indem Sie auf *Präsentation* **F** tippen und danach den gewünschten Titel eingeben.

INFOBOX – PRÄSENTATIONSDESIGN

An dieser Stelle fassen wir die wichtigsten Grundregeln zusammen, die Sie oder Ihre Schülerinnen und Schüler bei der Erstellung von Präsentationen beachten sollten:

Layout

Wie bei einer Zeitung, Zeitschrift oder einem Buch ist es auch bei Präsentationen unerlässlich, dass alle sich wiederholenden Elemente wie Überschriften, Bilder oder eine Fußzeile immer an derselben Stelle befinden. Hierdurch helfen Sie dem Betrachter, sich schnell zurechtzufinden und sich auf den Inhalt konzentrieren zu können.

Damit dies gelingt, erstellen Sie bei einer PowerPoint-Präsentation zunächst eine Folienvorlage, die bei PowerPoint als ▶ FOLIENMASTER bezeichnet wird.

Wenn Sie Ihre Präsentation mit einer App auf dem Tablet erstellen, dann haben Sie deutlich weniger Gestaltungsmöglichkeiten.

Text

Gehen Sie sparsam mit Text um, denn Lesen lenkt vom Zuhören ab. Reduzieren Sie den Inhalt auf Stichworte oder Halbsätzen.

Verwenden Sie für Ihre Texte eine schlichte, gut lesbare Standardschrift in ausreichender Schriftgröße. Bei einer typischen Projektionsfläche von 2 bis 2,5 m Breite gilt als Faustregel: Abstand hinterste Stuhlreihe in m x 2,5 = Schriftgröße in Punkt (pt), also z.B. 10 (m) x 2,5 = 25 pt. Testen Sie dies im Raum, indem Sie sich in die hinterste Stuhlreihe setzen und die Lesbarkeit beurteilen.

Bilder/Grafiken/Farben

Wir Menschen können visuelle Informationen sehr gut aufnehmen und verarbeiten. Setzen Sie farbige Fotos, Grafiken, Diagramme deshalb zur Veranschaulichung ein. Gute Fotos oder Grafiken helfen dabei, die eigentliche Botschaft im Gedächtnis des Betrachters zu verankern. In der Werbung spricht man hier von einem ▶ KEYVISUAL. Denken Sie an die Milka-Kuh, das Coca-Cola-Rot oder das Nike-Logo

Videos/Sound

Audiovisuelle Medien erfreuen sich – nicht nur bei Jugendlichen – großer Beliebtheit. Das Einbinden dieser Medien in Präsentationen ist sehr einfach. Testen Sie jedoch immer, ob das Video oder der Sound auch auf dem Computer/Tablet funktioniert, mit dem Sie präsentieren.

Animationen

Verzichten Sie auf digitale Spielereien, die vom Inhalt ablenken. Setzen Sie Animationen nur ein, wenn sich damit ein Mehrwert erzielen lässt. Wie bei den audiovisuellen Medien müssen Sie hier testen, ob die Animation auch auf dem Computer/Tablet funktioniert, mit dem Sie präsentieren.

Dauer/Folienanzahl

Auch bei gut gestalteten Präsentationen ist die Konzentrations- und Aufnahmefähigkeit der Schülerinnen und Schüler schnell erschöpft. Beschränken Sie eine Präsentation im Schulbereich auf maximal zehn Minuten und auf wenige Folien.

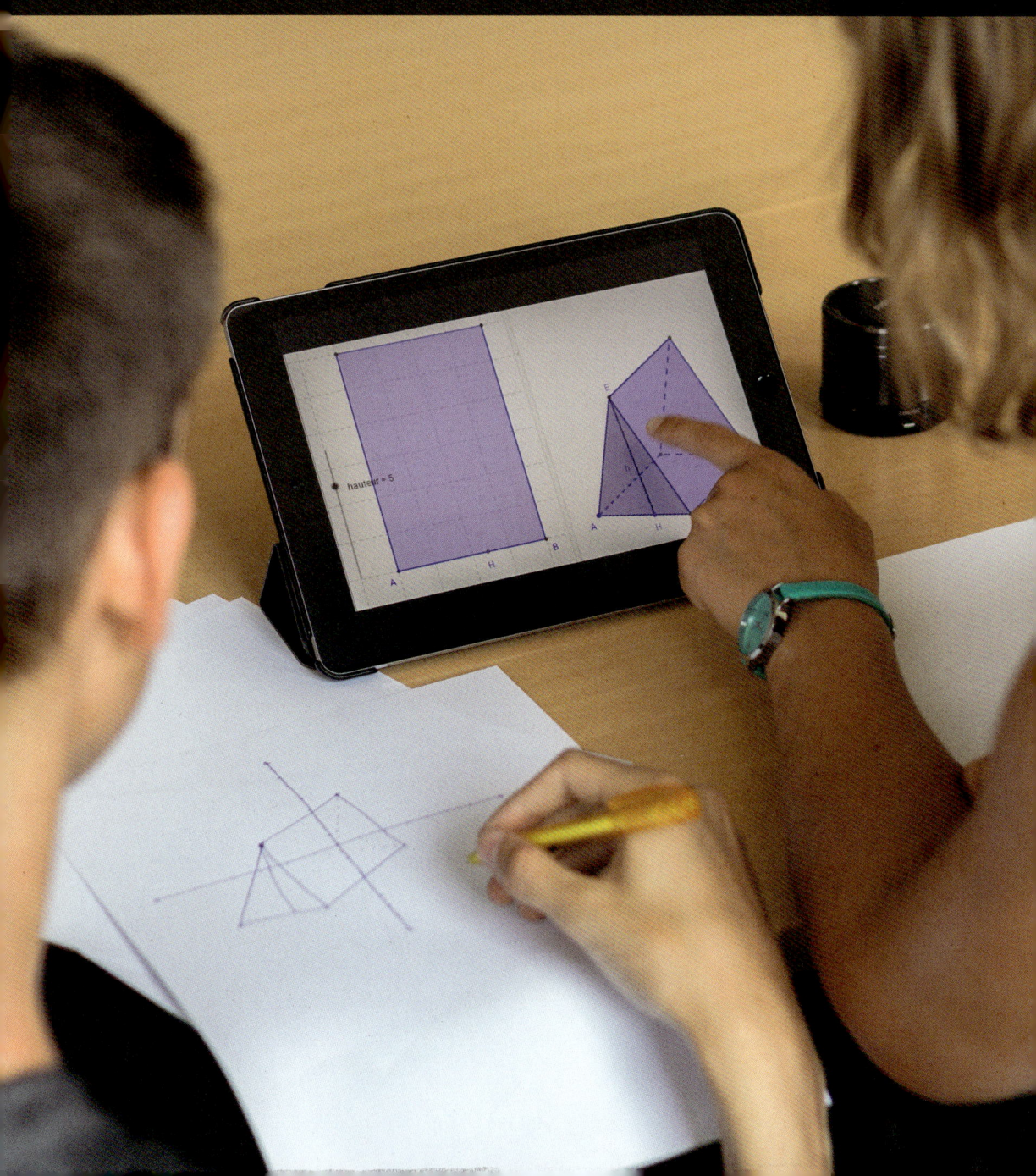

Medien einsetzen

3.1 Technische Vorbereitung

Das Szenario ist ein Alptraum: Unterricht vorbereitet, Laptop angeschlossen, – Beamer zeigt kein Bild. Die PowerPoint-Präsentation, das Youtube-Video, die PDF-Datei mit dem Arbeitsauftrag – alles umsonst? Zum Glück kann eine Schülerin weiterhelfen…

Als Lehrkraft kennen Sie diese Sorge vor der nicht-funktionierenden Technik. Doch auch wenn ein Restriskio bleibt – einen Stromausfall oder eine gekappte Internetverbindung kann es geben – können Sie dieses Risiko durch eine gute Vorbereitung minimieren und machen sich nicht von der potenziellen technischen Kompetenz Ihrer Schülerinnen und Schüler abhängig.

Dabei sehen wir es nicht als Aufgabe von Lehrkräften an, dass sie die technische Infrastruktur beherrschen, die zur Verwaltung und Nutzung digitaler Medien erforderlich ist. Als Autofahrer müssen Sie schließlich auch nicht wissen, wie der Motor funktioniert. Aber um das Auto nutzen zu können, müssen Sie die hierfür notwendige Bedienung kennen. Übertragen auf digitale Medien bedeutet dies also, dass Sie die Technik soweit verstehen, wie dies zur Bedienung und Nutzung dieser Geräte erforderlich ist. Denn aus (leidiger) Erfahrung wissen wir, dass es in den Schulen immer wieder vorkommt, dass aus Unachtsamkeit Stecker gezogen oder Kabel vertauscht werden und ein bislang funktionierendes Geräte nicht mehr benutzbar ist.

Je höher Ihre eigene medientechnische Kompetenz ist, umso eher werden Sie sich selbst helfen und das Gerät wie geplant einsetzen können. In diesem Kapitel möchten wir Ihnen etwas Hilfe zur Selbsthilfe leisten.

3.1.1 Laptop an Beamer anschließen

SIE KÖNNEN

Laptop mit dem Beamer verbinden und korrekt einstellen.

SIE BRAUCHEN

Laptop, Beamer, Verbindungskabel, evtl. Adapter

SIE VERSTEHEN

Nicht alle Klassenzimmer verfügen über einen Medienwagen oder über fest installierte PC/Beamer. Und selbst wenn PC und Beamer vorhanden sind, empfiehlt es sich, mit dem eigenen Laptop zu arbeiten, wenn Sie

» sicher sein wollen, dass sämtliche Software installiert ist und funktioniert – dies gilt z. B. auch für verwendete Schriften und für sogenannte Codecs, die Sie für das Abspielen von Sound oder Videos benötigen,

» ein Laptop mit anderem Betriebssystem verwenden, z. B. Mac OS,

» das Hin- und Herkopieren von Dateien vermeiden möchten.

Gegen die Verwendung des eigenen Laptops könnte sprechen, dass Sie eine Internetverbindung benötigen und diese für externe Geräte möglicherweise nicht verfügbar ist (Lösungsmöglichkeit siehe ▶ SEITE 200).

SIE HANDELN

1 Informieren Sie sich mit Hilfe der ▶ INFOBOX AUF SEITE 198 über die Anschlüsse Ihres Laptops und Beamers. Fragen Sie, falls nicht vorhanden, Ihren Administrator nach dem Verbindungskabel und/oder Adapter.

2 Verbinden Sie den *Ausgang* des Laptops mit dem *Eingang* des Beamers. Achten Sie darauf, dass Sie Ihr Laptop nicht versehentlich an einen *Ausgang* des Beamers (zum Anschluss eines externen Monitors) anschließen.

3 Schalten Sie nun zuerst den Beamer, danach Ihr Laptop ein. Normalerweise erkennt das Laptop den angeschlossenen Beamer, so dass Sie das Bild auf dem Beamer sehen müssten.

INFOBOX – EIN-/AUSGÄNGE AN BEAMER UND LAPTOP

Eingänge des Beamers
▶ **VGA** ist der ältere Standard, der nur das Bildsignal ohne Ton übertragen kann. Bei Präsentationen ist dies von untergeordneter Bedeutung, da Lautsprecher, falls benötigt, am Laptop angeschlossen werden können.
▶ **HDMI** überträgt das Bild- und Tonsignal in höherer (digitaler) Qualität als bei VGA.

VGA

HDMI

Ausgänge des Laptops
Während ältere *Laptops* einen VGA-Ausgang besitzen, bieten neuere Modelle oft nur noch HDMI oder, z. B. bei Mac Books, einen ▶ **MINI DISPLAYPORT** an. Wenn Laptop und Beamer nicht über die gleiche Schnittstelle verfügen, ist zusätzlich zum Kabel ein Adapter erforderlich, der das eine in das andere Signal umwandelt. Folgende Kombinationen sind möglich:

LAPTOP	BEAMER	KABEL	ADAPTER
VGA	VGA	VGA	–
VGA	HDMI	VGA	VGA auf HDMI
HDMI	HDMI	HDMI	–
Mini DisplayPort	VGA	VGA	Mini DisplayPort auf VGA
Mini DisplayPort	HDMI	HDMI	Mini DisplayPort auf HDMI

4 Wird der Beamer *nicht* erkannt, führen Sie folgende Schritte durch:

» Prüfen Sie, ob das Verbindungskabel und evtl. der Adapter korrekt eingesteckt wurden.

» Prüfen Sie mit Hilfe der Fernbedienung des Beamers, ob der korrekte Eingang ausgewählt ist. Betätigen Sie mehrmals die Taste *Source* Ⓐ, um die verschiedenen Eingänge zu testen. Alternativ hat die Fernbedienung hierfür mehrere Tasten, die mit *Computer*, *HDMI*, *Video* o. ä. beschriftet sind.

» Betätigen Sie die Tastenkombination ⊞ Ⓟ und testen Sie mit ◄ bzw. ► die unterschiedlichen Möglichkeiten. In manchen Fällen funktioniert die Anzeige erst, wenn Sie die Option *Nur Projektor* (Ⓑ nächste Seite) wählen. Die Option

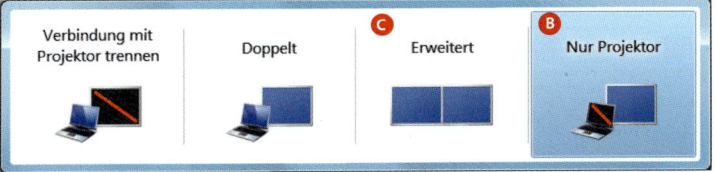

Optionen zur Bildausgabe bei Anschluss eines Beamers

Erweitert C behandelt Laptop und Beamer wie einen gemeinsamen Bildschirm, so dass Sie eine geöffnete Präsentation mit gedrückter Maustaste über den linken oder rechten Bildschirmrand vom Laptop zum Beamer verschieben können.

5 Möglicherweise zeigt der Beamer das Bild verzerrt oder unscharf an. Dies hat den Grund, dass Laptop und Beamer eine unterschiedliche ▶ **AUFLÖSUNG** besitzen. Die Grafik illustriert, dass Kreise zu Ellipsen werden:

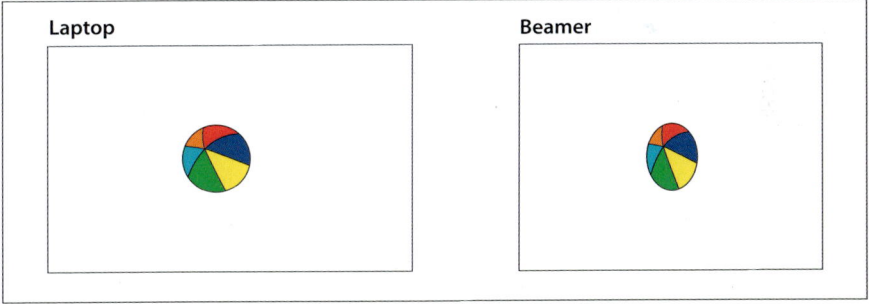

Unterschiedliche Auflösungen führen zur Verzerrung

Mögliche Maßnahmen sind:

» Wählen Sie die Option *Nur Projektor* B wie oben beschrieben, da dann das Bild nur an den Projektor angepasst werden muss.

» Ändern Sie die Bildauflösung: Machen Sie hierzu einen *Rechtsklick* auf den Desktop und wählen Sie *Bildauflösung*. Wählen Sie unter *Auflösung* D einen anderen Wert und betrachten Sie das Ergebnis am projizierten Bild. Wiederholen Sie den Vorgang falls erforderlich.

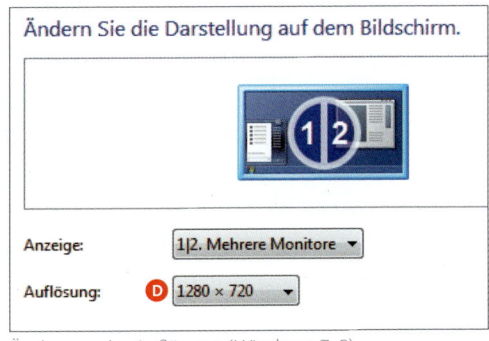

Änderung der Auflösung (Windows 7, 8)

3.1.2 Internetzugang über Smartphone nutzen

SIE KÖNNEN

Internetnutzung mit Laptop und Smartphone einrichten.

SIE BRAUCHEN

Laptop, Beamer, internetfähiges Smartphone, evtl. ▶ USB-Kabel

SIE VERSTEHEN

Nicht alle Klassenzimmer verfügen über einen Computer mit Internetzugang oder WLAN. Wenn Sie auf das Internet während des Unterrichts zugreifen möchten, beispielsweise um ein Youtube-Video zu zeigen oder eine Landkarte über Google Maps aufzurufen, können Sie Ihr Smartphone als mobilen WLAN-Hotspot nutzen und mittels Laptop darauf zugreifen. Diese Methode wird als ▶ TETHERING bezeichnet.

Voraussetzung für Tethering ist, dass Sie ein internetfähiges Smartphone besitzen und Ihr Vertrag die mobile Internetnutzung und Tethering zulässt. Beachten Sie, dass v. a. beim Abspielen von Videos hohe Datenmengen anfallen und Ihnen somit, falls Sie keine Flatrate besitzen, Kosten entstehen können. Mehr hierzu erfahren Sie in der ▶ INFOBOX AUF SEITE 203.

SIE HANDELN

Sie haben ein Android-Smartphone

1 Deaktivieren Sie *WLAN* und aktivieren Sie *Mobile Daten* Ⓐ.

2 Öffnen Sie die Einstellungen Ⓑ und wählen Sie im Menü *Verbindungen > Weitere Einstellungen > Tethering und Mobiler Hotspot*.

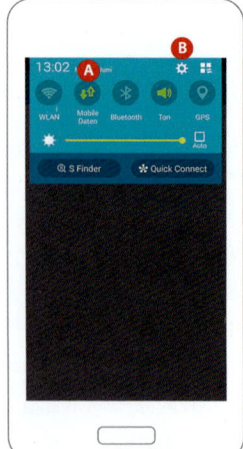
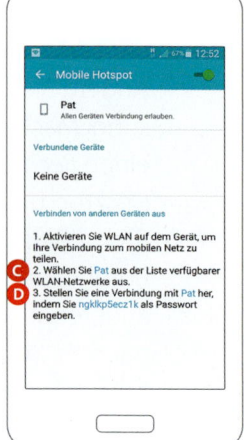

Mobiler WLAN-Hotspot bei Android-Smartphones

3 Schalten Sie *Mobile WLAN-Hotspot* ein und tippen Sie auf den Menüpunkt, um den für die erstmalige Anmeldung erforderlichen Netznamen (**C** vorherige Seite) und das Passwort (**D** vorherige Seite) angezeigt zu bekommen. Bei der zweiten Anmeldung ist dieser Schritt nicht erforderlich.

Sie haben ein iPhone

1 Aktivieren Sie unter *Einstellungen > Mobiles Netz* die Option *Mobile Daten* **A**.

2 Ebenfalls unter *Einstellungen* aktivieren Sie nun die Option *Persönlicher Hotspot* **B**.

3 Weiter unten werden Ihnen nun der für die erstmalige Anmeldung erforderliche Netzname **C** und das Passwort **D** angezeigt. Bei der zweiten Anmeldung ist dieser Schritt nicht mehr erforderlich.

Mobiler WLAN-Hotspot mit dem iPhone

Vorbereitung eines Windows-Laptop

Um WLAN an einem Laptop ein- und auszuschalten, verfügen Laptops üblicherweise über eine Sondertaste in der oberen Reihe. Sie muss in der Regel zusammen mit der Taste Fn gedrückt werden, die sich meistens unten links befindet. (Alternativ verfügen manche Laptop-Modelle auch über einen separaten Schalter für WLAN.)

Ihr Laptop hat Windows 7

1 Das Symbol unten rechts zeigt an, dass WLAN vorhanden ist. Klicken Sie auf das Symbol und wählen Sie das Netz aus, das auf dem Smartphone angezeigt wird **C**.

2 Bei erstmaliger Anmeldung werden Sie nun aufgefordert, das auf Ihrem Smartphone angezeigte Passwort **D** einzugeben. Warten Sie einige Sekunden, bis das Symbol anzeigt, dass die Verbindung hergestellt ist.

Ihr Laptop hat Windows 8.1

1 Wählen Sie die Tastenkombination ⊞ C und rufen Sie Einstellungen auf.

2 Das Symbol 📶 unten rechts zeigt an, dass WLAN vorhanden ist. Klicken Sie auf das Symbol und wählen Sie das Netz aus, das auf dem Smartphone angezeigt wird (**C** vorherige Seite).

3 Bei erstmaliger Anmeldung werden Sie nun aufgefordert, das auf Ihrem Smartphone angezeigte Passwort (**D** vorherige Seite) einzugeben. Warten Sie einige Sekunden, bis das Symbol 📶 anzeigt, dass die Verbindung hergestellt ist.

Ihr Laptop hat Windows 10

1 Klicken Sie auf das Symbol 🖳 unten rechts, um die verfügbaren Netze anzuzeigen. Wählen Sie das Netz aus, das auf dem Smartphone angezeigt wird (**C** vorherige Seite).

2 Bei erstmaliger Anmeldung werden Sie aufgefordert, das auf Ihrem Smartphone angezeigte Passwort (**D** vorherige Seite) einzugeben. Warten Sie kurz, bis das Symbol 📶 anzeigt, dass die Verbindung hergestellt ist.

 Apple

Vorbereitung eines Apple-Laptops

1 Wählen Sie im Menü > *Systemeinstellungen…* oder klicken Sie auf *Systemeinstellungen* **A** im Dock.

2 Klicken Sie auf *Netzwerk* **B**.

3 Wählen Sie das Netz aus, das auf dem Smartphone angezeigt wird (**C** vorherige Seite).

4 Bei erstmaliger Anmeldung werden Sie nun aufgefordert, das auf Ihrem Smartphone angezeigte Passwort (**D** vorherige Seite) einzugeben. Warten Sie einige Sekunden, bis die Verbindung hergestellt ist **E**.

INFOBOX – DATENMENGE

Während die Datenmenge von Videos, Sounds und Bildern bei Laptops oder Desktop-PCs aufgrund großer Festplatten fast keine Rolle mehr spielt, sollten Sie sich mit diesem technischen Thema bei der Nutzung mobiler Endgeräte (Smartphones, Tablets) ein wenig auskennen.

Die Datenmenge wird in Bit oder Byte (= 8 Bit) angegeben. Vielfache davon sind
Kilobyte (KB)   = 1024 Byte
Megabyte (MB)   = 1024 KB
Gigabyte (GB)   = 1024 MB
Terabyte (TB)   = 1024 GB

Smartphones und Tablets besitzen aufgrund ihrer begrenzten Abmessungen nicht beliebig viel Speicherplatz. Ein weiterer Aspekt ist, dass der Zugriff auf Daten aus dem Internet ebenfalls begrenzt ist. Selbst bei einem Smartphone-Vertrag mit ▶ **FLATRATE** können Sie nicht unbegrenzt surfen, weil nach Erreichen der im Vertrag angegebenen Höchstmenge (z. B. 1 GB/Monat) die Geschwindigkeit deutlich reduziert wird und das Internet dadurch praktisch nicht mehr genutzt werden kann.

Bei SMS oder E-Mails handelt es sich um Textdaten, die mit wenigen Byte oder Kilobyte kaum ins Gewicht fallen. Aufpassen müssen Sie hingegen beim ▶ **STREAMING**, also dem Abspielen von Sound oder Video über das Internet. Die Tabelle zeigt beispielhaft, welche Datenmenge anfallen und wann Sie eine bestimmte Höchstgrenze erreicht haben:

AKTION	DATEN[1]	1 GB/MONAT	3 GB/MONAT
Foto downloaden	3 MB/Bild	333 Bilder	1000 Bilder
Webradio hören	1 MB/min	16 Stunden	48 Stunden
Youtube-Video schauen	6 MB/min	3 Stunden	9 Stunden

TIPP Die übertragene Datenmenge spielt *keine* Rolle, wenn Sie in der Schule oder zu Hause per *WLAN* Ⓐ ins Internet gehen, sondern nur, wenn Sie mit Ihrem Smartphone über *Mobile Daten* Ⓑ ins Internet gehen.
   Achten Sie bitte auf die richtige Einstellung und schalten Sie die Mobilen Daten aus und WLAN ein, falls dieses verfügbar ist.

WLAN und Mobile Daten bei Android-Geräten

[1] Bei den Angaben handelt es sich um Durchschnittswerte.

3.1.3 Tablet/Smartphone am Beamer anschließen

SIE KÖNNEN

Tablet/Smartphone mit einem Beamer verbinden.

SIE BRAUCHEN

Tablet/Smartphone, Beamer, Verbindungskabel, Adapter bzw. Dongle für kabellose Verbindung

SIE VERSTEHEN

Grundsätzlich gibt es zwei Möglichkeiten, wie Sie Ihr Smartphone oder Tablet mit einem Beamer verbinden können: kabelgebunden oder kabellos.

Falls nur Sie ein Smartphone/Tablet im Einsatz haben (und die Schüler nicht), genügt im Prinzip die kabelgebundene Lösung. Ein Nachteil ist jedoch, dass Sie sich im Raum nicht frei bewegen können.

Für den Fall, dass Sie mit einem Klassensatz an Tablets arbeiten, bietet die kabellose Variante deutliche Vorteile. Insbesondere Apple bietet hier mit *AirPlay* eine elegante Lösung, bei der sehr schnell vom einem iPad auf ein anderes umgeschaltet werden kann.

In diesem Kapitel kommen beide Varianten zur Sprache.

SIE HANDELN

Zunächst stellen wir Ihnen die Verbindung zwischen Smartphones/Tablets und Beamer mit Hilfe eines Adapters und Kabels vor:

  Kabelgebundene Verbindung von Smartphone/Tablet und Beamer

1 Informieren Sie sich über die Anschlüsse an Ihrem Smartphone/Tablet und Beamer (▶ **INFOBOX AUF SEITE 207**). Fragen Sie, falls nicht vorhanden, Ihren Administrator nach dem passenden Verbindungskabel und/oder dem evtl. benötigten Adapter.

2 Schließen Sie Ihr Smartphone/Tablet am Beamer an:
  » Verbinden Sie den *Adapter* mit der Schnittstelle Ihres Smartphones bzw. Tablets.

» Einige Adapter benötigen eine Stromversorgung: Schließen Sie die Stromversorgung Ihres Smartphones beziehungsweise Tablets am Adapter an.

» Verbinden Sie Adapter und Beamer-Eingang mit Hilfe des VGA- bzw. HDMI-Verbindungskabels.

3 Schalten Sie Beamer und Smartphone bzw. Tablet ein. Normalerweise erkennt das Smartphone bzw. Tablet den angeschlossenen Beamer, so dass Sie das Bild auf dem Beamer sehen müssten.

4 Zeigt der Beamer kein Bild, kann dies mehrere Ursachen haben. Gehen Sie bei der Fehlersuche vor wie auf ▶ SEITE 198 unter Punkt 4 beschrieben.

Kabellose Verbindung von iPads/iPhones mit einem Beamer

Apple bietet für etwa 50 € eine schicke Box namens *Apple TV* an, die – wie der Name sagt – ursprünglich zur Verbindung von Apple-Geräten mit einem Fernseher gedacht war. Das Gerät können Sie auch zur drahtlosen Verbindung mit einem Beamer nutzen. Voraussetzung hierfür ist, dass Sie im Klassenzimmer über WLAN verfügen.

Apple TV

1 Verbinden Sie Apple TV und Beamer mit einem HDMI-Kabel. Falls Ihr Beamer ausschließlich über VGA verfügt, benötigen Sie zusätzlich einen HDMI-VGA-Adapter.

2 Schalten Sie den Beamer ein – das Hauptmenü von Apple TV müsste sichtbar werden:

» Navigieren Sie mit Hilfe der Apple-TV-Fernbedienung zur App *Einstellung*.

» Öffnen Sie *Allgemein* und wählen Sie das WLAN der Schule aus.

» Kehren Sie zu den Einstellungen zurück und prüfen Sie, ob *AirPlay* eingeschaltet ist.

3 Aktivieren Sie AirPlay auf Ihrem iPhone oder iPad:

» Wählen Sie zunächst, falls nicht der Fall, in der App *Einstellungen* das WLAN der Schule aus.

» Wischen Sie vom unteren Rand des iPhones oder iPads nach oben.

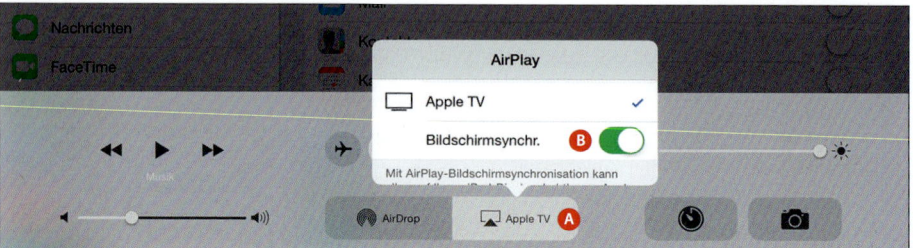

Herstellung der Verbindung zwischen iPad/iPhone und Apple TV

» Tippen Sie auf *Apple TV* Ⓐ und bewegen Sie den Schieberegler *Bildschirmsynchr.* Ⓑ nach rechts, um die Verbindung herzustellen.

 Kabellose Verbindung von Android-Tablets mit einem Beamer
Für Android-Tablets gibt es unterschiedliche Lösungen. Wir stellen Ihnen hier den *AllShare Cast Dongle* für Samsung-Geräte vor, der für etwa 50 € erhältlich ist.

1 Verbinden Sie den AllShare Cast Dongle und den Beamer mit einem HDMI-Kabel. Falls Ihr Beamer ausschließlich über VGA verfügt, benötigen Sie zusätzlich einen HDMI-VGA-Adapter.

AllShare Cast Dongle

2 Schaltern Sie den Beamer ein und drücken Sie die Reset-Taste am Dongle.

3 Aktivieren Sie AllShare auf Ihrem Samsung-Gerät:
» Gehen Sie in den Einstellungen auf *Weitere Einstellungen > AllShare Cast*. Aktivieren Sie diese Option.
» Der Dongle müsste nach kurzer Zeit sichtbar sein. Tippen Sie ihn an und die Verbindung zum Beamer wird hergestellt.

Herstellung der Verbindung zwischen Samsung-Tablet/-Smartphone und einem AllShare Cast Dongle

INFOBOX – VERBINDUNG VON SMARTPHONE/TABLET UND BEAMER

Eingänge des Beamers

▶ **VGA** ist der ältere Standard, der nur das Bildsignal ohne Ton übertagen kann. Bei Präsentationen ist dies von untergeordneter Bedeutung, da Lautsprecher, falls benötigt, am Laptop angeschlossen werden können.

VGA

▶ **HDMI** überträgt das Bild- und Tonsignal in höherer (digitaler) Qualität als bei VGA.

HDMI

Ausgänge von Smartphones/Tablets

Leider unterscheiden sich die Anschlüsse von Smartphones oder Tablets je nach Hersteller. Und selbst bei Geräten vom *selben* Hersteller gibt es Unterschiede. Bei der Suche nach einem passenden Adapter müssen Sie deshalb die genaue Modellbezeichnung Ihres Gerätes angeben. Beachten Sie, dass es auch Geräte gibt, für die es keine Anschlussmöglichkeit an einen Beamer gibt.

Die Kosten für entsprechende Adapter schlagen mit 10 € bis 50 € zu Buche. Trotz des höheren Preises empfehlen wir, nur Original-Adapter der Hersteller zu erwerben, weil kostengünstige No-Name-Produkte oft nicht funktionieren und Sie somit nur vermeintlich Geld gespart haben.

Die derzeit am häufigsten vorkommenden Ausgänge von Smartphones bzw. Tablets sind:

▶ **MICRO-USB** Ⓐ ist eine USB-Schnittstelle, wie Sie sie von Ihrem Laptop kennen, nur in einer kleineren Ausführung (deshalb Micro). Um ein Bild- und Tonsignal übertragen zu können, benötigen Sie einen sogenannten *MHL-Adapter*, je nach Beamereingang von Micro-USB auf VGA oder von Micro-USB auf HDMI Ⓑ. Beachten Sie, dass der Adapter eine Stromversorgung benötigt. Hierzu schließen Sie die Stromversorgung Ihres Smartphones/Tablets am Adapter an Ⓒ.

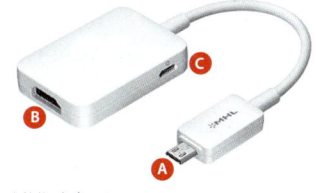
MHL-Adapter
(Micro-USB auf HDMI)

MHL-Adapter funktionieren bei relativ vielen Geräten, z. B. aus den Serien *Samsung Galaxy*, *Sony Xperia* oder *LG Optimus*.

▶ **LIGHTNING** ist die aktuelle Schnittstelle von *Apple* ab *iPad Air* bzw. *iPhone 5*. Bei älteren Geräten wurde der sogenannte Dock Connector verwendet. Um einen Beamer anschließen zu können, benötigen Sie einen Adapter von Lightning auf VGA bzw. von Lightning auf HDMI.

▶ **MICRO-HDMI** ist – wie der Name sagt – eine verkleinerte HDMI-Schnittstelle, die Sie deshalb ohne Adapter direkt mit dem HDMI-Eingang des Beamers verbinden können. Für den Anschluss an den VGA-Eingang des Beamers ist ein Adapter von (Micro-)HDMI auf VGA erforderlich. Geräte mit Micro-HDMI-Ausgang finden Sie bei vielen Windows-Tablets.

Tonwiedergabe

Wie oben beschrieben, überträgt HDMI auch das Tonsignal an den Beamer. An diesen sind jedoch in der Regel keine Lautsprecher angeschlossen, so dass wir Sie auf die ab
▶ **SEITE 208** beschriebenen Möglichkeiten verweisen möchten.

3.1.4 Tablet/Smartphone mit Lautsprecher verbinden

SIE KÖNNEN

Tablet/Smartphone kabellos mit einem Lautsprecher verbinden.

SIE BRAUCHEN

Tablet/Smartphone, Bluetooth-Lautsprecher

SIE VERSTEHEN

Jedes Smartphone/Tablet verfügt über einen Kopfhörer-Anschluss, an den Sie alternativ zum Kopfhörer auch kleine Aktiv-Lautsprecher anschließen können, wie sie häufig in den PC-Räumen vorzufinden sind.

Interessanter ist die hier vorgestellte Möglichkeit, Ihr Gerät kabellos über ▶ BLUETOOTH mit einem Lautsprecher zu verbinden. Diesen platzieren Sie an geeigneter Stelle im Klassenzimmer und können sich mit Ihrem Smartphone oder Tablet frei im Raum bewegen.

Es gibt ein großes Angebot an Bluetooth-Lautsprechern ab 20 €. Eine Leistung von fünf Watt ist für einen Klassenraum ausreichend. Beachten Sie, dass einige Modelle neben einem Netzanschluss auch mit Batterien oder Akkus betrieben werden können. Dies ist praktisch, wenn sich keine Steckdose in der Nähe befindet.

SIE HANDELN

Die beschriebene Vorgehensweise ist nur bei der ersten Verbindung von Smartphone/Tablet und Lautsprecher erforderlich. Bei Wiederholung erkennen und verbinden sich die Geräte.

1 Bereiten Sie den Bluetooth-Lautsprecher vor:
   » Platzieren Sie ihn an der gewünschten Stelle.
   » Verbinden Sie das Netzteil mit dem Lautsprecher und mit einer Steckdose.
   » Schalten Sie den Lautsprecher ein.

Bluetooth-Lautsprecher

TIPP Manche Geräte besitzen zusätzlich eine Bluetooth-Taste, die Sie zur Aktivierung betätigen müssen.)

  Sie haben ein Android-Smartphone oder -Tablet

1 Öffnen Sie die *Einstellungen* **A** und aktivieren Sie *Bluetooth* **B**.

2 Es öffnet sich ein Fenster und das Gerät sucht die Umgebung nach Bluetooth-Geräten ab. Nach kurzer Zeit müsste die Lautsprecher-Bezeichnung sichtbar werden.

 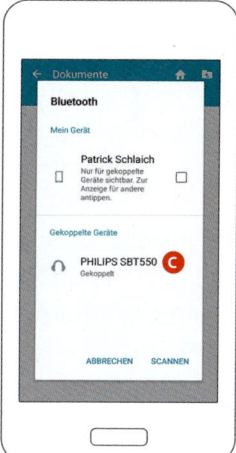

3 Tippen Sie auf diese Anzeige, um die Verbindung zu aktivieren **C**. Am Lautsprecher müsste dies in Form eines Tonsignals oder durch eine Leuchtdiode bestätigt werden.

Bluetooth bei Android-Tablets/Smartphones

  Sie haben ein iPhone oder iPad

1 Öffnen Sie die *Einstellungen* und aktivieren Sie *Bluetooth* **D**.

2 Das Gerät sucht die Umgebung nach Bluetooth-Geräten ab. Nach kurzer Zeit müsste die Lautsprecher-Bezeichnung sichtbar werden.

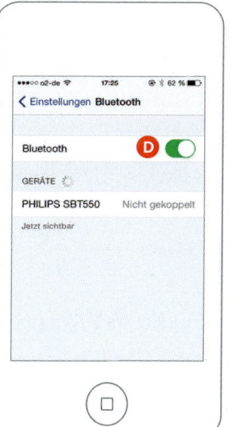 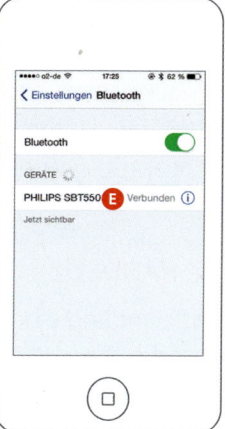

3 Tippen Sie auf diese Anzeige, um die Verbindung zu aktivieren **E**. Am Lautsprecher müsste dies in Form eines Tonsignals oder durch eine Leuchtdiode bestätigt werden.

Bluetooth mit dem iPhone/iPad

3.1.5   Interaktives Whiteboard vorbereiten

SIE KÖNNEN

Interaktives Whiteboard für den Unterrichtseinsatz vorbereiten.

SIE BRAUCHEN

Interaktives Whiteboard, Laptop/PC, Treibersoftware, Kabel

SIE VERSTEHEN

Die Installation eines interaktiven Whiteboards (IWB) ist *nicht* Aufgabe von Lehrkräften, sondern wird in der Regel von der Herstellerfirma oder durch den Administrator der Schule übernommen.

Ihre Aufgabe ist es jedoch, ein installiertes Board für die Nutzung im Unterricht vorzubereiten. Dies müsste mit wenigen Handgriffen erledigt sein. In diesem Kapitel unterscheiden wir zwei Szenarien: Sie nutzen das IWB mit dem dort vorhandenen Computer und bringen die vorbereiteten Dateien z. B. per USB-Stick in die Schule mit. Dies ist die einfache Variante.

Im zweiten Szenario verwenden Sie, falls dies schulorganisatorisch zulässig ist, Ihr eigenes Laptop. In diesem Fall benötigen Sie (einmalig) die Treibersoftware, die zur Ansteuerung des Boards erforderlich ist, und müssen Laptop und Board verbinden. Was zunächst aufwändiger ist, bietet einige Vorteile:

» Es stehen Ihnen sämtliche Dateien zur Verfügung, die sich auf Ihrem Laptop befinden.

» Sie können sich sicher sein, dass alles wie gewünscht funktioniert, Videos abgespielt und Präsentationen korrekt angezeigt werden.

» Die im Unterricht erarbeiteten Inhalte werden automatisch auf Ihrem Laptop gespeichert und stehen Ihnen zu Hause zur Verfügung.

SIE HANDELN

Das Handling eines interaktiven Whiteboards ist gewöhnungsbedürftig. Aufgrund seiner didaktischen Möglichkeiten (▶ SEITE 28) lohnt es sich jedoch, sich einmal die Zeit zu nehmen, um die Boardnutzung in aller Ruhe außerhalb des Unterrichts auszuprobieren.

IWB mit vorinstalliertem Computer vorbereiten

1 Fahren Sie den Computer hoch und melden Sie sich – falls erforderlich – mit Ihren Anmeldedaten an.

2 Schalten Sie per Fernbedienung den Beamer des Boards ein. Sie können nun das Board – ohne interaktive Funktionen – als Projektionsfläche nutzen.

3 Schalten Sie das Interaktive Whiteboard ein, wenn Sie
   » das Board interaktiv mit dem Stift (oder evtl. mit dem Finger) bedienen möchten und/oder
   » die eingebauten Lautsprecher nutzen möchten. (Dies setzt voraus, dass der Audioausgang des PCs mit dem Board verbunden ist.) Lesen Sie unter Punkt 4 weiter.

IWB mit eigenem Laptop nutzen

1 Verbinden Sie Ihr Laptop mit dem IWB:
   » Zur Übertragung des Bildes an den Beamer des Whiteboards ist ein ▶ VGA- oder ▶ HDMI-Kabel erforderlich (▶ INFOBOX AUF SEITE 198).
   » Zur Ansteuerung des Boards ist ein ▶ USB-Kabel erforderlich, um die USB-Schnittstelle des Laptops mit der des Boards zu verbinden.
   » Falls Sie die Board-Lautsprecher nutzen möchten, verbinden Sie den Kopfhöreranschluss des Laptops mit dem Audio-Eingang des Boards mit Hilfe eines sogenannten 3,5 mm-Klinken-Kabels (Foto ▶ SEITE 34).

TIPP Wenn Sie häufiger mit dem eigenen Laptop arbeiten, dann empfiehlt es sich, die Kabel am Board eingesteckt zu lassen, so dass sie nur noch an ihrem Laptop eingesteckt werden müssen.

2 Schalten Sie mit Hilfe der Fernbedienung den Beamer des Boards ein. Sie können nun das Board – ohne interaktive Funktionen – als Projektionsfläche nutzen.

3 Schalten Sie das interaktive Whiteboard ein. Bei der erstmaligen Nutzung müssen Sie die Treibersoftware zur Ansteuerung des Boards auf Ihrem Laptop installieren. Diese Software wurde mit dem Board geliefert oder kann von der Herstellerseite im Internet heruntergeladen werden. Wen-

den Sie sich an Ihren Administrator, wenn hierfür eine Lizenz- oder Serien-
nummer erforderlich ist. Ihr Laptop erkennt – bei installierter Software
– das Board und stellt die Verbindung her. Das Board ist nun einsatzbereit.

4 Starten Sie die IWB-Software, z. B. die ab ▶ **SEITE 151** beschriebene Software
Open-Sankoré.

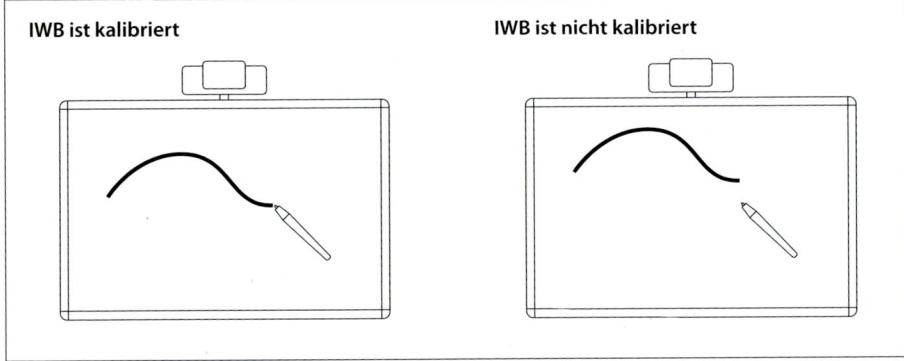

IWB ist kalibriert

IWB ist nicht kalibriert

Vor dem Einsatz ist häufig die Kalibration des interaktiven Whiteboards erforderlich

5 Führen Sie einen Schreibtest durch, um zu prüfen, ob das Board richtig
kalibriert ist. Bei einem kalibrierten Board befindet sich der Strich bzw.
Mauscursor direkt unter dem Stift und ist nicht versetzt.

6 Kalibrieren Sie – falls erforderlich – das Board. Dies geschieht dadurch,
dass Sie mit dem Stift nacheinander auf einige Testfelder tippen müssen.
Aufgrund der unterschiedlichen Boards ist es leider nicht möglich, die
Kalibration für alle Boards zu beschreiben. Fragen Sie hierzu entweder
Ihren Administrator oder geben Sie den Boardtyp und „kalibrieren" in Youtube ein. Für weit verbreitete Boards wie *SMART Boards*, *Hitachi StarBoards*
oder *Promethean Activeboards* werden Sie schnell fündig.

3.1.6 Dokumentenkamera anschließen

SIE KÖNNEN

Dokumentenkamera für den Unterrichtseinsatz vorbereiten.

SIE BRAUCHEN

Dokumentenkamera, Laptop, VGA- oder HDMI-Kabel, evtl. USB-Kabel

SIE VERSTEHEN

Dokumentenkameras, oft auch als Visualizer bezeichnet, sind seit einigen Jahren in den Schulen angekommen und ersetzen nach und nach den Overhead-Projektor. Ihre Bedienung ist einfach und ihre Einsatzmöglichkeiten sind, wie auf ▶ SEITE 27 beschrieben, vielfältig.

Wenn im Klassenzimmer eine Dokumentenkamera dauerhaft installiert ist, dann können Sie dieses Kapitel überspringen, da Sie in diesem Fall lediglich Dokumentenkamera und Beamer einschalten müssen.

In diesem Kapitel beschreiben wir weitere Szenarien, die für den Einsatz einer Dokumentenkamera in Ihrem Unterricht von Interesse sein könnten:

» Ihre Schule verfügt nur über mobile Dokumentenkameras, die bei Bedarf für den Unterricht ausgeliehen verwendet werden können.
» Sie möchten eine Dokumentenkamera und Ihren Laptop *parallel* verwenden und per Knopfdruck von der Kamera- auf das Computerbild umschalten.
» Sie möchten das Bild der Dokumentenkamera mit Hilfe eines interaktiven Whiteboards bearbeiten.

SIE HANDELN

In diesem Kapitel behandeln wir nacheinander, wie Sie
» Dokumentenkamera und Beamer,
» Dokumentenkamera, Laptop und Beamer,
» Dokumentenkamera, Laptop und interaktives Whiteboard
verbinden.

Dokumentenkamera und Beamer

1 Verbinden Sie den *Ausgang* der Dokumentenkamera mit dem *Eingang* des Beamers mit einem ▶ VGA- oder ▶ HDMI-Kabel wie in der ▶ INFOBOX AUF SEITE 215 beschrieben.

2 Schalten Sie beide Geräte ein. Zeigt der Beamer kein Bild, stellen Sie per Fernbedienung des Beamers die Quelle (Taste *Source*) des Eingangs um.

Dokumentenkamera, Laptop und Beamer

3 Verbinden Sie zusätzlich zu Punkt 1 den *Ausgang* Ihres Laptop und den *Eingang* der Dokumentenkamera mit einem VGA- oder HDMI-Kabel.

4 Schalten Sie alle Geräte ein.

5 Drücken Sie an der Dokumentenkamera die Taste, mit der von Kamera auf Computer umgestellt werden kann. Nun müsste am Beamer das Computerbild erscheinen. Durch erneutes Drücken wechseln Sie wieder zur Kamera zurück.

Dokumentenkamera, Laptop und interaktives Whiteboard

Bei dieser Variante ist das Bild der Dokumentenkamera in einem Fenster auf dem mit dem Whiteboard verbundenen Computer zu sehen. Hierdurch ergibt sich der Vorteil, dass Sie das durch die Kamera erzeugte Bild beispielsweise beschriften oder speichern können und dabei das Original unverändert bleibt.

6 Verbinden Sie Laptop und interaktives Whiteboard wie ab ▶ SEITE 210 beschrieben.

7 Schließen Sie die Dokumentenkamera mit einem ▶ USB-Kabel am Laptop an.

8 Bei der erstmaligen Nutzung müssen Sie die Software der Dokumentenkamera auf Ihrem Laptop installieren. Diese wurde mit der Dokumentenkamera geliefert oder kann von der Herstellerseite im Internet heruntergeladen werden. Beispiele:

  » *Image Mate* für Dokumentenkameras von Elmo

▶ **ELMO-GERMANY.DE/SUPPORT/DOWNLOADS/SOFTWARE**

» *vSolution* für Dokumentenkameras von WolfVision:

▶ **WWW.WOLFVISION.COM**

9 Starten Sie die Software. Sie können das projizierte Bild nach Belieben beschriften, bearbeiten und speichern.

INFOBOX – VERBINDUNG EINER DOKUMENTENKAMERA MIT COMPUTER UND BEAMER

Anschlüsse einer Dokumentenkamera

Eine Dokumentenkamera besitzt Eingänge **A** und Ausgänge **B**. Wichtig ist, dass Sie diese nicht verwechseln, weil das Gerät sonst nicht funktionieren kann. Optisch unterscheiden sich die Anschlüsse leider nicht, so dass Sie die Beschriftung lesen müssen.

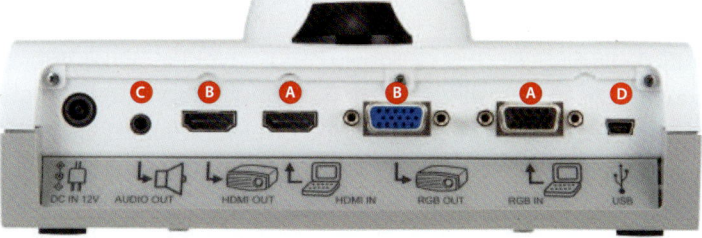

Anschlüsse einer Dokumentenkamera (Abb.: Elmo L-12iD)

Beamer oder IWB am Ausgang anschließen

Ein Beamer oder ein interaktives Whiteboard muss immer am ▶ **VGA**- oder ▶ **HDMI**-*Ausgang* angeschlossen werden, da dem Beamer bzw. Board das Bildsignal der Kamera weitergeleitet wird. Lesen Sie ggf. in der ▶ **INFOBOX AUF SEITE 198** nach.

VGA

Laptop am Eingang anschließen

Ein PC oder ein Laptop muss immer am VGA- oder HDMI-*Eingang* angeschlossen werden. Dies ist zunächst unverständlich, da die Dokumentenkamera kein Monitorbild anzeigen kann. Tatsächlich ist der Eingang der Dokumentenkamera mit deren Ausgang verbunden, so dass das Computerbild quasi an der Kamera vorbei zum Beamer oder IWB geleitet wird.

HDMI

Weitere Anschlüsse

Je nach Gerät und Ausstattung hat eine Dokumentenkamera weitere Anschlüsse:

» Audio-Ausgang **C** zum Anschluss externer Lautsprecher

» USB-Schnittstelle **D** zur Verbindung von Dokumentenkamera und Laptop. Auf diese Weise können Sie beispielsweise Fotos oder Videos auf Ihren Laptop übertragen.

» Steckplatz für Speicherkarten, so dass Sie gemachte Fotos oder Videos auch ohne Computer speichern können.

3.2 Tablet und Smartphone

Der Medienhype um Tablets und Smartphones ist derzeit fast unerträglich, und in der Fachpresse wird manchmal suggeriert, dass diese Geräte unabdingbar für guten Unterricht seien.

So einfach ist es natürlich nicht, denn jeder, der schon einmal vor einer Klasse gestanden hat, weiß, dass Unterrichten ein komplexer Prozess ist, der vielen Einflussfaktoren unterliegt. Die Auswahl und der Einsatz von Unterrichtsmedien ist dabei nur ein Aspekt unter vielen.

Dennoch stehen uns mit Tablets und Smartphones Geräte zur Verfügung, die die mediale Unterstützung des Unterrichts nicht nur erleichtern, sondern auch Möglichkeiten bieten, die davor nicht oder nur mit erheblichem Aufwand realisierbar waren. Denken Sie beispielsweise an die im Smartphone verbauten Sensoren, die sich für den Einsatz im naturwissenschaftlichen Unterricht nutzen lassen, an das Mikrofon zur Nutzung im Sprachunterricht oder an Apps wie *GeoGebra*, die ein Smartphone oder Tablet zum grafischen Taschenrechner im Matheunterricht machen.

Ein großer Vorteil von Smartphones ist, dass die Schülerinnen und Schüler diese Geräte – im Unterschied zu Schulbüchern und -heften – auch garantiert dabei haben. Die Forderung nach einem *eigenen* Gerät wird als ▶ BYOD („bring your own device") bezeichnet und von vielen als unabdingbare Voraussetzung dafür gesehen, dass sich diese Geräte mittel- und langfristig im Unterrichteinsatz bewähren.

In diesem Kapitel ist es unmöglich, auf die zahllosen Anwendungsmöglichkeiten von Tablets und Smartphones in den einzelnen Fächern einzugehen. Vielmehr möchten wir Ihnen – wie in den anderen Kapitel auch – einen Überblick darüber verschaffen, wie sich die Geräte grundsätzlich im Unterricht einsetzen lassen. Denn wenn Sie diesen Schritt gewagt und erste Erfahrungen gemacht haben, werden sich daraus ganz automatisch Ideen für den Einsatz in Ihrem konkreten Fach ergeben.

Bitte beachten Sie, dass wir hier nicht auf die technischen Aspekte des Tablet- und Smartphoneeinsatzes eingehen. Lesen Sie dies bei Bedarf in Kapitel 3.1 ab ▶ SEITE 204 nach.

3.2.1 Tablet als interaktive Tafel nutzen

SIE KÖNNEN

Ein Tablet als interaktive Tafel einsetzen.

SIE BRAUCHEN

Tablet mit Stift, Beamer, Verbindungskabel, Adapter bzw. Dongle für kabellose Verbindung, App *Explain Everything*

SIE VERSTEHEN

Die Verwendung eines Tablets als Tafelersatz bietet einige didaktische Vorteile im Vergleich zu Interaktiven Whiteboards:

» Sie sind nicht davon abhängig, dass im Klassenraum ein Interaktives Whiteboard vorhanden sein muss, ein Raumwechsel ist problemlos möglich.

» Sie wenden beim Schreiben Ihren Schülerinnen und Schülern nicht den Rücken zu.

» Sie können wahlweise stehend arbeiten oder an einen Tisch sitzen.

» Sie können das Tablet – zumindest bei drahtloser Verbindung mit dem Beamer – Ihren Schülern in die Hand geben, um sie an der Erstellung des Tafelbildes zu beteiligen.

» Sie können auf die Unterrichtsergebnisse jederzeit wieder zugreifen, weil sie auf Ihrem Tablet gespeichert werden.

Für die Nutzung des Tablets als Tafel ist eine App erforderlich. Wir haben uns für die App *Explain Everything* entschieden, die derzeit für unter drei Euro erhältlich ist. Zur Einarbeitung in diese App lesen Sie bitte ab ▶ **SEITE 167** nach. In diesem Kapitel kommt die Anwendung von *Explain Everything* im Unterricht zur Sprache.

SIE HANDELN

In diesem Kapitel gehen wir davon aus, dass *Explain Everything* auf Ihrem Tablet installiert ist und Sie das Tablet mit dem Beamer verbinden können. Sollte dies nicht der Fall sein, bitten wir Sie, zunächst ab ▶ **SEITE 204** nachzulesen, wie hierbei vorzugehen ist.

Handschriftliche Tafelbilder

Das Tablet übernimmt die Funktion der Kreidetafel. Neben einem Stift mit unterschiedlichen Strichstärken und Farben stehen Ihnen ein „Radiergummi" und einfache Formen wie Rechtecke, Kreise und Pfeile zur Verfügung.

1 Nehmen Sie Tablet und Beamer in Betrieb.

2 Starten Sie *Explain Everything* und tippen Sie links oben auf das Plus-Symbol. Wählen Sie eine von vier möglichen Vorlagen für die Hintergrundfarbe der Tafel aus.

3 Tippen Sie kurze Zeit auf das *Stift-Werkzeug* **A** und wählen Sie die gewünschte Linienstärke aus.

4 Wählen Sie die gewünschte(n) Farbe(n) **B**.

5 Tippen Sie auf Icon **C**, um die aktuell nicht benötigten Werkzeuge auszublenden (siehe Screenshot unten).

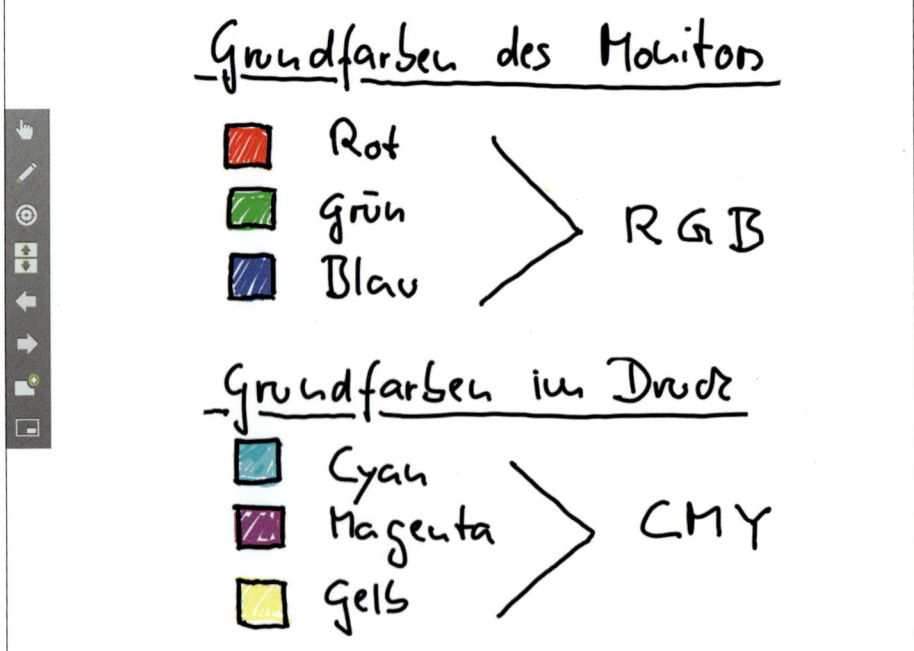

Für Tafelbilder empfiehlt sich die Verwendung eines Stiftes

6 Schreiben auf dem Tablet können Sie wahlweise mit einem Finger oder mit einem Stift. Letzteres ist vorzuziehen, weil Sie mit einem Stift wesentlich exakter arbeiten können.

7 Prüfen Sie durch Blick auf den Beamer, ob Ihre Schrift überall im Raum gut lesbar ist.

8 Wichtig: Tippen Sie erst auf das *Auswahl-Werkzeug* **A**, wenn Sie die Bearbeitung Ihres Tafelbildes abschließen möchten. Ihr Tafelbild wird nun zu einem sogenannten Objekt, das nachträglich nicht mehr bearbeitbar ist. Objekte können Sie mit
   » dem Finger oder Stift verschieben,
   » zwei Fingern vergrößern/verkleinern – am besten funktioniert es mit Daumen und Mittelfinger,
   » zwei Fingern drehen.

9 Fügen Sie (leere) Seiten hinzu, indem Sie auf das *Seiten-Werkzeug* **B** tippen. Mit den Pfeiltasten **C** können vor- oder zurückblättern.

10 Speichern Sie das oder die Tafelbild(er):
   » Blenden Sie – falls nicht sichtbar – durch Tippen auf Icon **D** die ausgeblendeten Werkzeuge wieder ein.
   » Tippen Sie auf das *Ordner-Symbol* **E** rechts unten.
   » Vergeben Sie einen sinnvollen Namen und tippen Sie auf *Speichern*.

11 Auf ▶ **SEITE 174** finden Sie die Information, wie Sie ein Tafelbild exportieren können, z. B., um es den Schülerinnen und Schülern in digitaler Form als PDF-Datei zur Verfügung stellen oder später ausdrucken zu können.

Multimediale Tafelbilder

Erst durch die Ergänzung von Bildern, Sounds und Videos auf Ihren Tafelbildern nutzen Sie die Möglichkeiten von Tablets so richtig aus. Durch die Integration eines Webbrowsers in Explain Everything können Sie ins Internet gehen ohne die App verlassen zu müssen.

1 Aktivieren Sie ggf. WLAN.

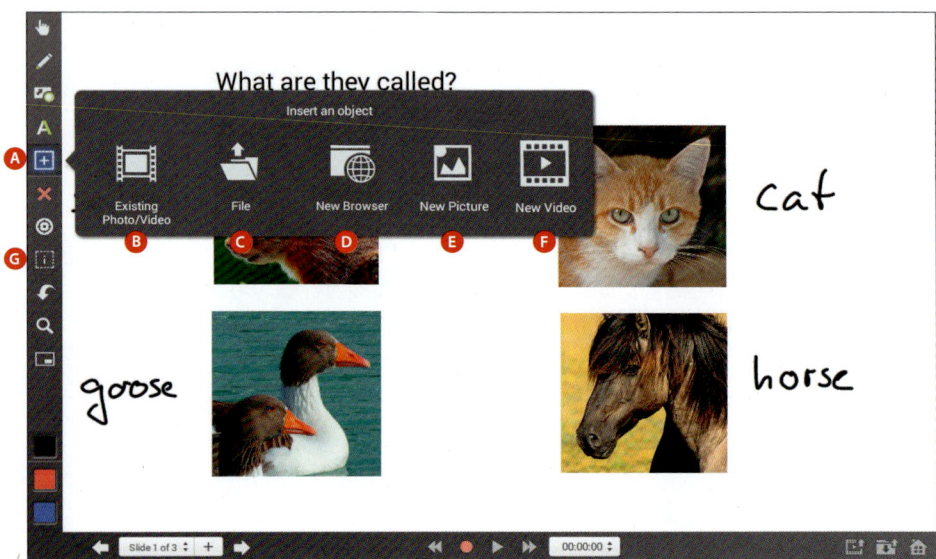

EE_Bildimport.tif

2 Tippen Sie auf das Plus-Symbol **A**, um folgende Medien einzufügen:

B Bilder oder Videos, die sich bereits auf dem Tablet befinden oder über einen Cloud-Dienst wie Dropbox importiert werden können.

C PDF-Dateien: Bei mehrseitigen Dokumenten werden automatisch weitere Seiten erzeugt.

D Webbrowser: Doppeltippen Sie auf die Adresszeile, um eine Webadresse eingeben zu können. Die Webseite wird danach geladen.

E Neues Bild: Die Kamera wird aktiviert und Sie können das Foto aufnehmen, z. B. eine Seite oder Abbildung aus einem Buch oder das Arbeitsblatt einer Schülerin oder eines Schülers.

F Neues Video: Die Videokamera wird aktiviert und Sie können ein Video aufzeichnen.

3 Nachdem die ausgewählten Medien platziert wurden, können Sie sie mit zwei Fingern in der Größe verändern und ggf. drehen.

4 Hinter diesem Icon **G** verbergen sich Tools zur Anordnung und Bearbeitung der Objekte: Sinnvoll ist beispielsweise, ein Objekt zu sperren, damit es nicht versehentlich verschoben werden kann. Tippen Sie hierzu auf das Objekt und wählen Sie danach die Option *Sperren (Lock)*.

3.2.2 Mit dem Tablet präsentieren

SIE KÖNNEN

Ein Tablet als Präsentationsmedium einsetzen.

SIE BRAUCHEN

Tablet, Beamer, Verbindungskabel, Adapter bzw. Dongle für kabellose Verbindung, App zur Präsentation z. B. *Keynote* , *WPS Office*

SIE VERSTEHEN

Präsentationen, egal ob diese durch Lehrer oder Schüler gehalten werden, spielen im Unterricht eine zentrale Rolle. Dies gilt insbesondere auch für offenen Unterricht oder bei Projektarbeiten, da hier die Präsentation der erarbeiteten Ergebnisse als Lernkontrolle unabdingbar ist.

Tablets eignen sich sehr gut für Präsentationen, v. a. wenn sie kabellos mit dem Beamer verbunden sind. Der Präsentierende kann sich frei im Raum bewegen und braucht seinen Blick nicht von der Klasse abzuwenden, da er die projizierte Folie vor sich auf dem Tablet sieht. Ein zusätzlicher Presenter entfällt – die Präsentation wird mit dem Finger oder Stift gesteuert.

In diesem Kapitel gehen wir *nicht* auf Erstellung von Präsentationen mit dem Tablet ein. Dies können Sie ab ▶ **SEITE 187** am Beispiel der Apps *WPS Office* für Android-Tablets und *Keynote* für iPads nachlesen. Auch für *PowerPoint* gibt es eine App, die derzeit (Stand: 2016) allerdings die Anmeldung bei Microsofts Clouddienst *OneDrive* erfordert. Sie können PowerPoint-Präsentationen jedoch auch mit obigen Alternativen nutzen.

SIE HANDELN

In diesem Kapitel stellen wir zunächst das Präsentieren mit einem Android-Tablet und der App *WPS Office* vor. Danach wird die Vorgehensweise für iPads und *Keynote* beschrieben.

Wenn Sie die Präsentation bereits mit dem Tablet erstellt haben, dann brauchen Sie zur Präsentation lediglich Tablet und Beamer zu verbinden. Falls Sie zur Erstellung ein Laptop benutzt haben, dann muss die Präsentationsdatei zunächst auf das Tablet übertragen werden. Dies kann wahlweise kabelgebunden oder kabellos erfolgen (siehe ▶ **SEITE 66**).

Mit einem Android-Tablet präsentieren

1 Verbinden Sie Tablet und Beamer wie ab ▶ **SEITE 204** beschrieben.

2 Starten Sie *WPS Office* und öffnen Sie die gewünschte Präsentation.

3 Tippen Sie rechts oben auf den Play-Button ▶, um die Präsentation abzuspielen. Durch Wischbewegungen mit einem Finger blättern Sie vor- und rückwärts.

4 Tippen Sie auf den kleinen Kreis am linken Bildrand, um die Optionen einzublenden:
- **Ⓐ** Laserpointer
- **Ⓑ** Stift (Strichstärke und Farbe sind wählbar)
- **Ⓒ** Textmarker
- **Ⓓ** Mit dem Finger zeigen, schreiben oder markieren

Leider lassen sich die Annotationen nicht speichern.

5 Tippen Sie auf Icon **Ⓔ**, um die Präsentation zu beenden.

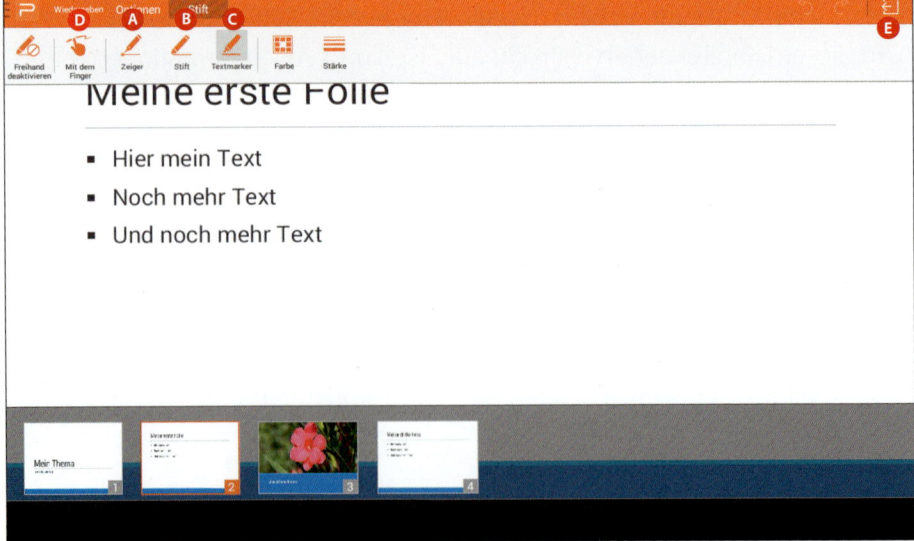

Tools zur Annotation bei WPS Office

Mit einem iPad präsentieren

1 Verbinden Sie Tablet und Beamer wie ab ▶ SEITE 204 beschrieben.

2 Starten Sie *Keynote* und öffnen Sie die gewünschte Präsentation.

3 Tippen Sie rechts oben auf den Play-Button ▶, um die Präsentation abzuspielen. Durch Wischbewegungen mit einem Finger blättern Sie vor- und rückwärts.

4 Tippen Sie etwa eine Sekunde auf eine beliebige Stelle, um die Optionen einzublenden:
- **Ⓐ** Laserpointer
- **Ⓑ** Stifte in verschiedenen Farben
- **Ⓒ** Eingabe löschen

Leider lassen sich die Annotationen nicht speichern.

5 Um die Präsentation vorzeitig zu beenden, bewegen Sie den Daumen und Mittelfinger ein Stück aufeinander zu.

Tools zur Annotation bei Keynote

3.2.3 Mit PDF-Dateien arbeiten

SIE KÖNNEN

Schülerinnen und Schüler mit PDF-Dateien arbeiten lassen.

SIE BRAUCHEN

Tablets, App *Adobe Acrobat Reader*

SIE VERSTEHEN

Bei PDF-Dateien handelt es sich um ein weltweites Austauschformat für Texte, Bilder und Grafiken. Es integriert Layoutinformationen wie Farben, Linien und Schriften und kann deshalb – im Unterschied zu einer Word-Datei – nicht mehr ohne Weiteres bearbeitet werden. Der große Vorteil besteht darin, dass sich PDF-Dateien auf sämtlichen Computern und mobilen Endgeräten öffnen und betrachten lassen – daher auch die Bezeichnung Austauschformat.

Um PDF-Dateien öffnen zu können, ist ein sogenannter Reader erforderlich. Die größte Bekanntheit besitzt der von der Firma Adobe in der Basisversion kostenlos zur Verfügung gestellte Adobe Reader, wobei die Software neuerdings als *Adobe Acrobat Reader* bezeichnet wird.

Mit Hilfe des PDF-Readers können Sie bzw. Ihre Schülerinnen und Schüler PDF-Dateien nicht nur betrachten, sondern auch mit Lesezeichen versehen, Notizen hinzufügen oder Textstellen markieren. Auf diese Weise lassen sich PDF-Dateien fast wie ein gedrucktes Buch verwenden.

SIE HANDELN

Wir gehen davon aus, dass Ihnen der Transfer von PDF-Dateien auf das Tablet, z. B. via Cloud-Speicher, bekannt ist. Lesen Sie andernfalls bitte auf ▶ SEITE 61 nach.

 Adobe Acrobat Reader mit Android-Tablets verwenden

1 Starten Sie die App *Adobe Acrobat Reader*.

2 Tippen Sie links oben auf *Eigene Dateien* und wählen Sie die gewünschte PDF-Datei aus.

3 Tippen Sie auf das Brillen-Icon **A**, um auszuwählen, ob Sie die PDF-Datei seitenweise oder fortlaufend durchblättern möchten.

4 Um in den Seiten zu blättern, haben Sie folgende Möglichkeiten:
» Wischen nach links oder rechts,
» Antippen der Seitenzahl **B**, um einen Ziffernblock einzublenden.
» Verschieben der Seitenzahl **B** nach links oder rechts.

5 Lesezeichen setzen Sie durch Antippen des Icons **C**. Um zu einer Seite mit Lesezeichen zu gelangen, tippen Sie auf das Buch-Icon **D** und wählen die gewünschte Seite aus.

6 Links können Sie antippen, um zur verlinkten Textstelle zu gelangen. Zur Rückkehr auf die vorherige Seite tippen Sie auf die Seitenzahl und danach auf *Zuletzt angezeigte Seite*.

7 *Adobe Acrobat Reader* bietet einige Tools zur Annotation von PDF-Dateien:
» Tippen Sie auf Blatt-Icon **E**, um das Menü einzublenden.

Werkzeugleiste zur Bearbeitung von PDF-Dateien

» Die eingeblendeten Icons sind fast selbsterklärend: Sie können Text markieren, unterstreichen, durchstreichen oder eigenen Text ergänzen, Notizen ergänzen oder per Finger/Stift schreiben oder zeichnen.
» Tippen Sie auf eine Anmerkung, wenn Sie diese verändern oder wieder löschen möchten.
» Um die Bearbeitung zu beenden, tippen Sie in die Ecke links oben und wählen Sie *Anzeigeprogr.*

TIPP Sie können auch Anmerkungen hinzufügen *ohne* die Toolleiste öffnen zu müssen: Tippen Sie etwas länger auf die Textstelle, an der Sie eine Anmerkung machen möchten. Die Textstelle wird markiert und Sie können die Markierung durch Ziehen der Anfasser verändern. Wählen Sie danach aus, ob Sie hervorheben, durchstreichen oder unterstreichen möchten.

8 Die Anzeige vergrößern/verkleinern können Sie durch
» Doppeltippen auf die Seite oder
» Spreizen von zwei Fingern (Daumen und Mittelfinger).

 Adobe Acrobat Reader mit dem iPad verwenden

1 Starten Sie die App *Adobe Acrobat Reader*.

2 Tippen Sie links oben auf *Eigene Dateien* und wählen Sie die gewünschte PDF-Datei aus.

3 Wählen Sie durch Antippen des Brillen-Icons **A**, ob Sie die PDF-Datei seitenweise oder fortlaufend durchblättern möchten.

4 Um in den Seiten zu blättern, haben Sie folgende Möglichkeiten:
» Wischen nach links oder rechts,
» Antippen einer Seite, um im unteren Bereich einen Schieberegler **A** einzublenden, den Sie nach links oder rechts bewegen können,
» Antippen der Seitenzahl **B**, um einen Ziffernblock einzublenden.
» Verschieben der Seitenzahl **B** nach links oder rechts.

5 Links können Sie direkt antippen, um zur verlinkten Textstelle zu gelangen. Leider gibt es in der derzeitigen Version keine Funktion, um zur vorherigen Seite zurückzukehren. Sie müssen sich also die Seitenzahl merken und wie unter 4 beschrieben zu dieser Seite zurückkehren.

6 *Adobe Acrobat Reader* bietet einige Tools zu Annotation von PDF-Dateien:
» Tippen Sie auf das Icon (**C** vorherige Seite), um die Werkzeugleiste einzublenden:

Werkzeugleiste zur Bearbeitung von PDF-Dateien

» Die eingeblendeten Icons sind fast selbsterklärend: Sie können Text markieren, unterstreichen, durchstreichen oder eigenen Text ergänzen, Notizen ergänzen oder per Finger/Stift schreiben oder zeichnen.
» Tippen Sie auf eine Anmerkung, wenn Sie diese verändern oder wieder löschen möchten.
» Tippen Sie links oben auf *Fertig*, um die Bearbeitung zu beenden.

TIPP Sie können auch Anmerkungen hinzufügen *ohne* die Toolleiste einblenden zu müssen: Tippen Sie etwas länger auf die Textstelle, an der Sie eine Anmerkung machen möchten. Die Textstelle wird markiert und Sie können die Markierung durch Ziehen der Anfasser verändern. Wählen Sie danach aus, ob Sie hervorheben, durchstreichen oder unterstreichen möchten.

7 Die Anzeige vergrößern/verkleinern können Sie durch
» Doppeltippen auf die Seite oder
» Spreizen von zwei Fingern (Daumen und Mittelfinger).

3.2.4   Mit einem Klassensatz Tablets arbeiten

SIE KÖNNEN

Schülerinnen und Schüler mit Tablets arbeiten lassen.

SIE BRAUCHEN

Tablets, WLAN, Beamer, Adapter bzw. Dongle für kabellose Verbindung

SIE VERSTEHEN

In den vorherigen Abschnitten wurden im Wesentlichen die Einsatzmöglichkeiten von Tablets für Lehrkräfte beschrieben.

Aufgrund ihrer intuitiven Bedienung, der kompakten Abmessungen und der damit verbundenen Mobilität bietet sich die Nutzung von Tablets durch Schülerinnen und Schüler von der Primar- bis zur Oberstufe an.

Was früher einen Computerraum erforderlich machte, kann in einer „Tabletklasse" an jedem beliebigen Ort – auch außerhalb der Schule – stattfinden. Dabei sind zahlreiche Szenarien denkbar, die mittlerweile erprobt und für sinnvoll befunden wurden. Beispiele hierfür sind

» gezielte *Recherche* im Internet oder in bereitgestellten Materialien (PDF, E-Books, Wikipedia, Youtube, Podcasts, Online-Magazine usw.),

» Nutzung der Foto- und Videokamera zur *Dokumentation* z. B. von Versuchen oder durchgeführten Projekten,

» Vorbereitung von (Schüler-)*Präsentationen* zur Ergebnissicherung und als Lernkontrolle für die Lehrkraft,

» Nutzung des Mikrofons für *Tonaufnahmen*, z. B. im Fremdsprachenunterricht oder bei Interviews,

» Durchführung *naturwissenschaftlicher Experimente* mit Hilfe der Tablet-Sensoren,

» Arbeiten mit *Apps*, die es für nahezu alle Fächer in großer Vielfalt und gibt. Alle im Kapitel „Medien erstellen" beschriebenen Tätigkeiten können im Unterricht durch die Schülerinnen und Schüler durchgeführt werden.

» *individualisiertes und selbstorganisiertes Lernen* z. B. nach dem Prinzip des
   ▶ FLIPPED CLASSROOM,

» Auflösung der Beschränkung des Lernens auf den Lernort Schule, falls die Schülerinnen und Schüler das Tablet dauerhaft zur Verfügung haben.

Bevor jedoch der Einsatz von Tablets im Klassenverband möglich ist, müssen die rechtlichen, organisatorischen und administrativen Rahmenbedingungen hierfür geschaffen werden.

Personal Device vor Leihgerät

Die Forderung nach dezentralem, vom Lernort unabhängigen Lernen mit dem Tablet lässt sich nur erfüllen, wenn die Geräte den Schülerinnen und Schülern dauerhaft – also auch auf dem Schulweg und zu Hause – zur Verfügung stehen. Dies macht die Klärung einer Reihe von Fragen erforderlich, z. B. nach der Finanzierung, Administration, Versicherung und Haftung.

Bleiben die Geräte im Besitz der Schule und werden an die Schülerinnen und Schüler lediglich für die Dauer des Unterrichts ausgeliehen, mag dies schulorganisatorisch einfacher sein, aus didaktischer Sicht ist es nur die zweitbeste Lösung.

Schneller WLAN-Internetzugang

In den Studien, die es mittlerweile zu Tablets im Schuleinsatz gibt, steht unisono, dass ein WLAN-Internetzugang mit ausreichender Bandbreite zwingend erforderlich ist. Denn selbst wenn viele Apps auch offline funktionieren, gehört es zu den wesentlichen Vorteilen des Mediums, dass auf tagesaktuelle Informationen aus dem Internet zugegriffen werden kann. Auch zur Bereitstellung und Sicherung der Daten und Dateien bietet sich die Verwendung eines Internet-Cloudspeichers an.

iPad vor Android

Android-Tablets sind in der Beschaffung oft kostengünstiger als iPads von Apple. Die Geräteadministration ist jedoch aufgrund der guten Anpassung von Hard- und Software bei Apple deutlich einfacher, zumal Apple den Tableteinsatz im Bildungsbereich früh erkannt hat. Gute Tools wie *Apple TV*, *AirDrop, AirPlay* oder *Apple Configurator* ermöglichen und erleichtern kooperative Lernformen wesentlich.

Administration

Die Administration der Geräte ist – auch bei Apple – nicht trivial und kann nicht Aufgabe der einzelnen Lehrkräfte sein. Das technische Know-how zum Einsatz der Geräte im Unterricht ist hingegen relativ leicht erlernbar und auch nicht komplizierter als der PC-Einsatz im Computerraum.

SIE HANDELN

1 Bevor Sie bzw. Ihre Schülerinnen und Schüler im Unterricht mit Leihgeräten „loslegen", prüfen Sie, ob
- » die Tablets im Klassensatz vorhanden und
- » aufgeladen sind (oder über Netzteil und Ladekabel verfügen),
- » die benötigten Apps installiert sind (oder ob Sie diese nachinstallieren können),
- » ein (Bluetooth-)Lautsprecher vorhanden ist, falls Sie Ton oder Videos abspielen möchten,
- » ein Hardware-Dongle (z. B. Appe TV, AllShare Cast) und Verbindungskabel zur Verbindung der Geräte mit dem Beamer vorhanden ist
   ▶ **SEITE 204**.

2 Stellen Sie den Schülerinnen und Schülern evtl. benötigte Dateien wie PDFs, Bilder, Präsentationen bereit, z. B. über
- » einen Cloudspeicher wie Dropbox oder Google Drive,
- » eine Lernmanagement-Software wie Moodle oder
- » eine WLAN-fähige Festplatte.

3 Falls Arbeitsergebnisse präsentiert werden sollen, müssen die Schülertablets mit dem Beamer verbunden werden.
- » Bei iPads ist dies kabellos über *Apple TV* und *AirPlay* sehr einfach möglich (▶ **SEITE 205**).
- » Auch für Android-Tablets gibt es kabellose Lösungen, z. B. von Samsung (▶ **SEITE 206**), allerdings kann nicht so einfach von einem Gerät auf ein anderes umgeschaltet werden. Eventuell geht es schneller, das Tablet, mit dem präsentiert werden soll, per Kabel mit dem Beamer zu verbinden.

4 Lassen Sie die Schülerinnen und Schüler nach der Arbeitsphase ihre Ergebnisse auf das unter Punkt 2 gewählte Medium hochladen, falls Sie zu einem späteren Zeitpunkt darauf zugreifen möchten.

5 Falls es sich bei den Tablets um Leihgeräte handelt, sollten diese in einem einheitlichen Grundzustand zurückversetzt und ggf. mit den Ladegeräten verbunden werden. Der/die nächste Kollege/Kollegin wird es Ihnen danken… ☺.

3.2.5   Smartphone/Tablet als Dokumentenkamera nutzen

SIE KÖNNEN

Ein Smartphone (oder Tablet) zur Projektion zwei- oder dreidimensionaler Objekte oder zur Dokumentation verwenden.

SIE BRAUCHEN

Smartphone bzw. Tablet, Tischstativ, Verbindungskabel, Adapter bzw. Dongle für kabellose Verbindung, Kamera-App

SIE VERSTEHEN

Dokumentenkameras, oft auch als Visualizer bezeichnet, ersetzen nach und nach den Overhead-Projektor. Falls in Ihrem Klassenzimmer zwar ein Beamer, jedoch keine Dokumentenkamera installiert ist, kann Ihr Smartphone oder Tablet diese Funktion übernehmen und bietet folgende Möglichkeiten:

» Fachbuchseiten, Arbeitsblätter oder dreidimensionale Objekte lassen sich an die Wand projizieren und mittels Zoom-Funktion vergrößert darstellen.

» Jedes dargestellte Objekt kann fotografiert und in digitaler Form weiterbearbeitet werden.

» Chemische, physikalische oder andere Experimente können durch die Schülerinnen und Schüler mitverfolgt werden. Zusätzlich können Sie zur späteren Analyse auch gefilmt werden.

Für die Verwendung eines Smartphones bzw. Tablets empfiehlt sich die Verwendung eines Tischstativs, das um die zwanzig Euro kostet.

SIE HANDELN

1 Befestigen Sie das Smartphone bzw. Tablet am Tischstativ.

2 Verbinden Sie Smartphone/Tablet und Beamer
– lesen Sie ggf. ab ▶ **SEITE 204** nach.

3 Starten Sie die Kamera-App.

3.3   Interaktives Whiteboard

Ein interaktives Whiteboard, kurz: IWB, wird auch als interaktive Tafel bezeichnet und vereint die didaktischen Möglichkeiten digitaler Bildschirmpräsentationen mit denen der „klassischen" Tafel (siehe ▶ SEITE 28). Der Terminus *interaktiv* deutet an, dass Sie Ihre Schülerinnen und Schüler auch in Plenumsphasen in den Unterricht einbeziehen können. Auf diese Weise wird ein Lehr- zum Lernprozess.

Kritiker führen an, dass trotz potenzieller Schülerbeteiligung der Unterricht nach wie vor „frontal" stattfindet, bei dem eine Person agiert und der Rest zur Passivität verurteilt ist. Zwei Argumente sprechen jedoch unserer Meinung nach für den Einsatz von (klassischen oder) interaktiven Tafeln:

Selbst in Gemeinschaftsschulen, die auf einen maximal offenen und schüleraktiven Unterricht bauen, sind Instruktionsphasen vorgesehen, in denen die Lehrkraft ihr fachliches und fachdidaktisches Know-how einbringen kann und muss, um damit Lernprozesse zu initiieren und zu unterstützen. Frontale Unterrichtsphasen haben auch im offenen Unterricht ihre Berechtigung.

Zweitens sind Szenarien denkbar, bei dem lediglich ein Teil der Klasse um das interaktive Whiteboard versammelt ist, während Rest entweder im Einzel- oder im Gruppenunterricht beschäftigt wird. Auf diese Weise ist eine Binnendifferenzierung innerhalb der Lerngruppe möglich.

Die Ausstattung von Schulen mit interaktiven Whiteboards schreitet voran – einige Schulen haben bereits sämtliche Klassenräume damit ausgestattet. Es lohnt sich also, sich einerseits mit deren technischer Handhabung (siehe auch ▶ SEITE 210) und andererseits mit den didaktischen Möglichkeiten dieser Geräte auseinanderzusetzen.

3.3.1 Tafelfunktionen nutzen

SIE KÖNNEN

Ein interaktives Whiteboard (IWB) als digitale Tafel einsetzen.

SIE BRAUCHEN

IWB-Software *Open-Sankoré* ▶ **OPEN-SANKORE.ORG/DE**

SIE VERSTEHEN

Jedes interaktive Whiteboard wird mit einer Software ausgeliefert, die einerseits die Verbindung zwischen Board und Computer herstellt und andererseits die Steuerung des Boards mittels Stift ermöglicht. Eine weitere Software ist prinzipiell nicht erforderlich.

Wir haben uns in diesem Kapitel dennoch für die freie Sofware *Open-Sankoré* entschieden, weil sie auf *jedem* Board einsetzbar ist, egal ob dieses von Promethean, SMART, Hitachi oder einem anderen Hersteller ist. Natürlich steht es Ihnen frei, zusätzlich oder alternativ die Software „Ihres" Boards zu benutzen. Letztlich werden Sie nach einer kurzen Einarbeitungszeit mit jeder Boardsoftware zurechtkommen.

SIE HANDELN

In diesem Kapitel gehen wir davon aus, dass *Open-Sankoré* auf dem mit dem Whiteboard verbundenen Computer bereits installiert ist. Sollte dies nicht der Fall sein, bitten wir Sie, zunächst ab ▶ **SEITE 151** nachzulesen, wie hierbei vorzugehen ist. Sie finden dort auch eine kurze Einführung in die Benutzeroberfläche von *Open-Sankoré*.

1 Nehmen Sie das Whiteboard in Betrieb (lesen Sie ggf. auf ▶ **SEITE 210** nach).

2 Starten Sie *Open-Sankoré*.

3 Wählen Sie das *Stift-Werkzeug* (**A** nächste Seite) und machen Sie einen kurzen Schreibtest. Wenn die Schriftlinie versetzt angezeigt wird, müssen Sie das Whiteboard zunächst kalibrieren (siehe ▶ **SEITE 212**).

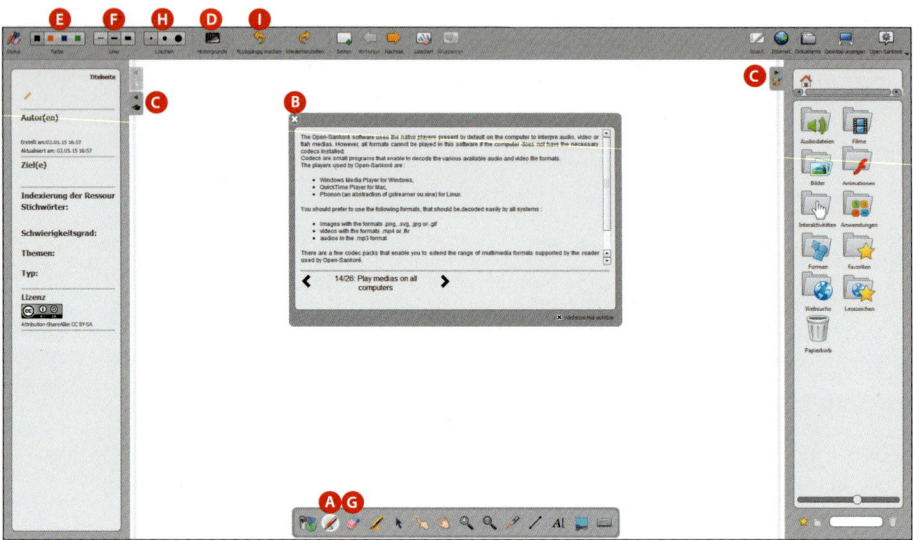

Vorbereitung eines Tafelbilds

4 Schließen Sie – falls sichtbar – das Fenster mit dem Tagestipp **B**.

5 Tippen Sie auf die kleinen Pfeile **C**, um die aktuell nicht benötigten Fenster auszublenden.

6 Unter *Hintergründe* **D** können Sie Ihre Boardfläche wahlweise mit einem schwarzen Hintergrund und/oder mit Linien versehen.

7 Wählen Sie die gewünschte *Stiftfarbe* **E** und *Linienstärke* **F**.

8 Das Schreiben am interaktiven Whiteboard ist gewöhnungsbedürftig. Achten Sie darauf, dass die Spitze des Stiftes das Board nur berührt, wenn Sie schreiben wollen. Das Schreiben in Schreibschrift ist einfacher als in Druckschrift.

9 Um Radieren zu können, tippen Sie auf das *Radier-Werkzeug* **G** und danach auf die gewünschte *Größe* **H** des Radierers.

10 Alternativ zum Radierer können Sie die letzte(n) Aktion(en) rückgängig machen, indem Sie einmal (oder mehrfach) auf den Linkspfeil **I** tippen.

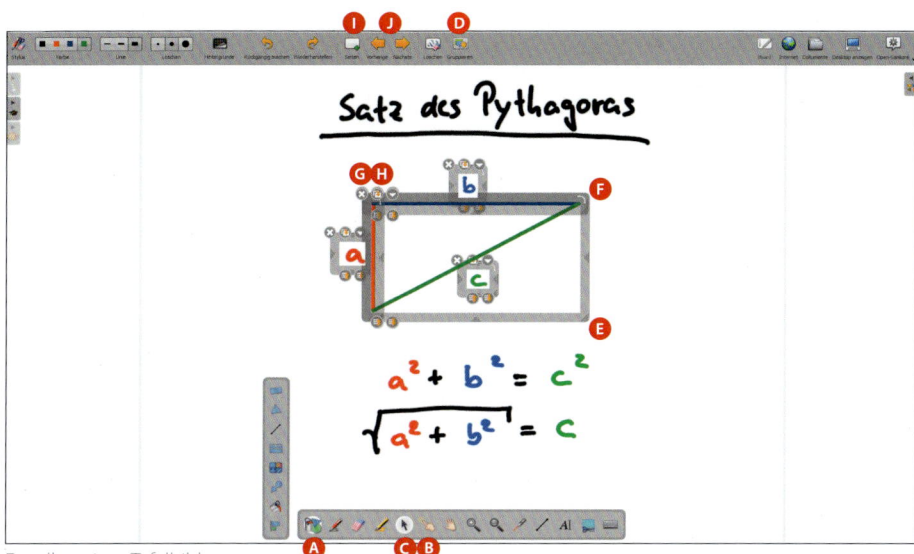

Erstellen eines Tafelbilds

11 Tippen Sie auf das *Zeichen-Werkzeug* Ⓐ, wenn Sie geometrische Formen wie Linien, Dreiecke, Rechtecke, Kreise oder Pfeile verwenden möchten.

12 Mit Hilfe des *Finger-Werkzeugs* Ⓑ können Sie ein einzelnes, *zusammenhängendes* Objekt verschieben.

13 Um mehrere Objekte gleichzeitig bearbeiten zu können, müssen diese gruppiert werden:
» Tippen Sie auf das *Objekt-Werkzeug* Ⓒ.
» Umfahren Sie mit gedrückter Taste am Stift alle Objekte, die Sie gruppieren möchten.
» Tippen Sie auf *Gruppieren* Ⓓ. (Die Gruppierung können Sie an derselben Stelle auch wieder rückgängig machen.)

14 Mit Hilfe des *Objekt-Werkzeugs* Ⓒ können Sie Objekte
» vergrößern/verkleinern (durch Ziehen am rechten unteren Eck Ⓔ),
» drehen (rechtes oberes Eck Ⓕ),
» löschen (durch Antippen des x-Symbols links oben Ⓖ),
» duplizieren Ⓗ.

15 Tippen Sie auf *Seiten* Ⓘ, um eine neue Seite hinzuzufügen. Über die Pfeiltasten Ⓙ blättern Sie vor oder zurück.

3.3.2 Mit PDF-Dateien arbeiten

SIE KÖNNEN

Ein interaktives Whiteboard zur Bearbeitung von PDF-Dateien einsetzen.

SIE BRAUCHEN

IWB-Software *Open-Sankoré* ▶ **OPEN-SANKORE.ORG/DE**

SIE VERSTEHEN

Wenn Sie das interaktive Whiteboard anstatt einer klassischen Tafel benutzen, dann ergibt sich hieraus der Vorteil, dass Ihre Tafelbilder automatisch gespeichert werden und Sie somit zu einem späteren Zeitpunkt wieder darauf zurückgreifen können.

Um das Tafelbild den Schülerinnen und Schülern in digitaler Form weitergeben zu können, empfiehlt sich der Export in das PDF-Format. In diesem Kapitel stellen wir Ihnen darüber hinausgehend vor, wie Sie PDF-Dateien in *Open-Sankoré importieren* und dort weiterbearbeiten können. Auf diese Weise wird es möglich, Ihre beispielsweise mit Word oder PowerPoint vorbereiteten Unterrichtsmaterialien in Verbindung mit einem interaktiven Whiteboard zu nutzen, ohne dass dies für Sie einen zusätzlichen Aufwand bedeutet.

SIE HANDELN

Auch in diesem Kapitel setzen wir voraus, dass *Open-Sankoré* auf dem mit dem Whiteboard verbundenen Computer bereits installiert ist und dass Sie das Whiteboard in Betrieb nehmen und kalibrieren können. Lesen Sie ggf. nochmals in den entsprechenden Kapiteln nach.

PDF-Datei erzeugen

Egal, ob Sie zur Erstellung Ihrer Unterrichtsmaterialien vorzugsweise mit Word, PowerPoint oder einer anderen Software arbeiten, das Exportieren Ihrer Dokumente als PDF ist mit allen Programmen möglich. Bei Microsoft Office (Word, PowerPoint, Excel) gehen Sie folgendermaßen vor:

1 Öffnen Sie Ihr Dokument, z. B. in Word.

2 Wählen Sie im Menü *Datei > Exportieren > PDF/XPS-Dokument erstellen*.

3 Klicken Sie auf den Button *PDF/XPS-Dokument erstellen*.
» Geben Sie den gewünschten Dateinamen ein.
» Klicken Sie auf den Button *Optionen*, wenn Sie bei mehrseitigen Dokumenten eine bestimmte Seite auswählen möchten. *Open-Sankoré* erstellt beim Import des PDFs aus jeder Seite eine neue *Open-Sankoré*-Seite. Leider ist es nicht möglich, beim Import zu entscheiden, welche Seite(n) importiert werden soll(en).
» Schließen Sie den Vorgang durch Anklicken von *Veröffentlichen* ab.

PDF-Datei importieren

Selbstverständlich können Sie nicht nur selbst erstellte PDFs importieren, sondern auch PDFs, die Sie beispielsweise im Internet finden.

1 Starten Sie *Open-Sankoré*.

2 Tippen Sie auf *Dokumente* Ⓐ.

3 Tippen Sie auf *Importieren* Ⓑ und wählen Sie die gewünschte Datei aus.

4 Schließen den Vorgang durch Antippen von *Öffnen* ab: *Open-Sankoré* erstellt aus jeder PDF-Seite eine Open-Sankoré-Seite.

5 Tippen Sie auf *Board* Ⓒ, um in den Bearbeitungsmodus zurückzukehren.

PDF-Datei bearbeiten

Die importierte PDF-Seite(n) bildet den Hintergrund des interaktiven Tafelbildes. Dies hat zur Folge, dass Sie mit den verschiedenen Schreib- und Malwerkzeugen auf diesem Hintergrund schreiben können. Für den Betrachter ergibt sich der Eindruck, als ob Sie in der PDF-Datei arbeiten. Tatsächlich bearbeiten Sie lediglich eine transparente Ebene über dem PDF.

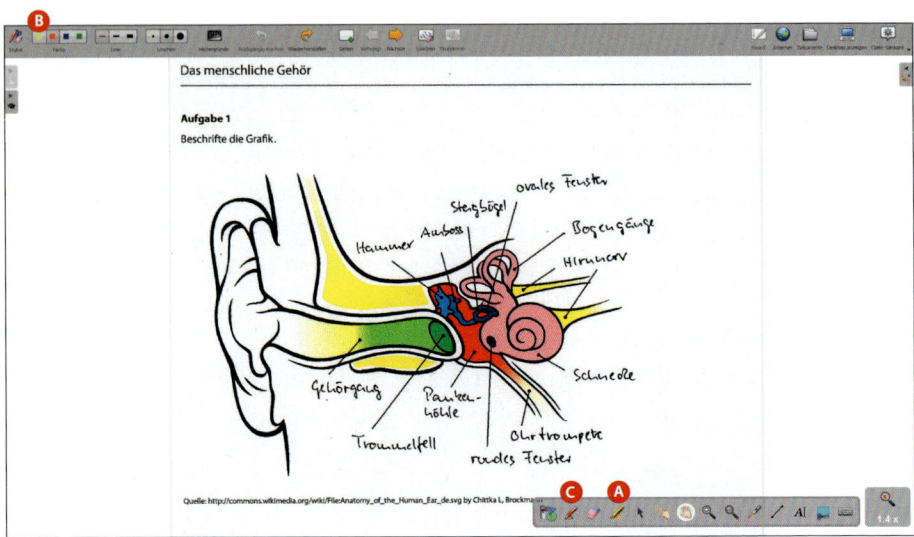

PDF-Dateien lassen sich importieren, bearbeiten und wieder als PDF speichern

1 Um Textstellen zu markieren, wählen Sie das *Marker-Werkzeug* **A** und die gewünschte *Marker-Farbe* **B**.

2 Zur Beschriftung des PDFs verwenden Sie das *Stift-Werkzeug* **C** wie im letzten Abschnitt beschrieben.

PDF-Datei exportieren

Sie können jedes Open-Sankoré-Dokument als PDF exportieren – nicht nur importierte PDFs. Dies ist z. B. sinnvoll, wenn Sie das Arbeitsergebnis Ihren Schülerinnen und Schülern in digitaler Form weitergeben möchten.

1 Tippen Sie auf *Dokumente* **D**.

2 Tippen Sie auf *Exportieren* **E** und wählen Sie *In PDF exportieren* aus.

3 Geben Sie den gewünschten Dateinamen ein und wählen Sie den Speicherort.

4 Bestätigen Sie mit *Speichern*.

3.3.3 Mit Programmen oder im Internet arbeiten

SIE KÖNNEN

Ein interaktives Whiteboard (IWB) in Verbindung mit Programmen und dem Internet einsetzen.

SIE BRAUCHEN

IWB-Software *Open-Sankoré* ▶ **OPEN-SANKORE.ORG/DE**

SIE VERSTEHEN

Im vorherigen Abschnitt haben Sie kennengelernt, wie sich PDF-Dateien in *Open-Sankoré* importieren, bearbeiten und wieder exportieren lassen. Wenn Sie jedoch Unterrichtsmaterialien verwenden möchten, die nicht als PDF-Datei vorliegen, dann funktioniert diese Vorgehensweise nicht. Dies gilt beispielsweise für die Arbeit mit einer bestimmten Software oder im Internet.

In diesem Abschnitt lernen Sie kennen, wie Sie *Open-Sankoré* mit jedem beliebigen Programm oder im Internetbrowser einsetzen können. Das Arbeitsergebnis können Sie bei Bedarf mit Hilfe von Screenshots sichern.

SIE HANDELN

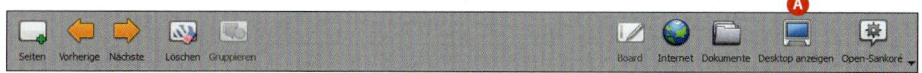

1 Starten Sie *Open-Sankoré*.

2 Tippen Sie auf *Desktop anzeigen* **A**: Von *Open-Sankoré* bleiben nur noch die Werkzeugleiste in vertikaler Ausrichtung **B** und das (verkleinerbare) Materialfenster sichtbar.

TIPP Wenn Sie die Werkzeugleiste aktuell nicht benötigen, dann ziehen Sie diese mit gedrückter Stifttaste an den linken oder rechten Rand des interaktiven Whiteboards. Es bleibt lediglich ein Icon **C** sichtbar. Durch Antippen des Icons vergrößert sich die Darstellung wieder.

3 Tippen Sie auf das Objekt-Werkzeug **Ⓐ**. Hierdurch wird es möglich, den Stift wie eine Maus zu verwenden und damit Programme oder einen Internetbrowser starten.

4 Blenden Sie die virtuelle Tastatur **Ⓑ** ein, um beispielsweise im Internetbrowser mit Hilfe des Stiftes die gewünschte Webadresse einzutippen. Auf diese Weise verhindern Sie, sich zwischendurch an den Computer setzen zu müssen.

5 Wählen Sie das *Stift-* **Ⓒ** oder *Marker-Werkzeug* **Ⓓ**, um den dargestellten Inhalt zu annotieren.

6 Tippen Sie auf das *Screenshot-Werkzeug* **Ⓔ**, um einen gewünschten Bildausschnitt in *Open-Sankoré* zu kopieren:

» Ziehen Sie den Bildausschnitt von links oben nach rechts unten mit gedrückter Stifttaste auf.

» Sie können den Screenshot wahlweise auf der aktuellen **Ⓕ** oder auf einer neuen **Ⓖ** Open-Sankoré-Seite einfügen. Die zweite Option empfiehlt sich, wenn Sie eine mehrseitige Dokumentation erstellen möchten.

Ergebnissicherung durch Screenshots

» Sie können Screenshots wie alle anderen Objekte skalieren, platzieren oder – wie im letzten Abschnitt beschrieben – in ein PDF konvertieren.

7 Wenn Sie ohne Screenshot zu *Open-Sankoré* zurückkehren möchten, tippen Sie auf das *Board-Symbol* **Ⓗ**.

3.3.4   Mit einer Dokumentenkamera arbeiten

SIE KÖNNEN

Ein interaktives Whiteboard (IWB) in Verbindung mit einer Dokumenten-kamera nutzen.

SIE BRAUCHEN

Dokumentenkamera mit zugehöriger Software

SIE VERSTEHEN

Mit Hilfe einer verbundenen Dokumentenkamera können Sie mit einem interaktiven Whiteboard auch analoge Materialien annotieren, z. B. Seiten aus Schulbüchern, Arbeitsblätter oder auch dreidimensionale Objekte und Experimente. Der Vorteil ist, dass die Originale unverändert bleiben.

Damit dieses Szenario möglich ist, benötigen Sie eine Software, die das Kamerabild auf dem interaktiven Whiteboard darstellen kann. Informationen hierzu und zur Verbindung von Dokumentenkamera und interaktivem Whiteboard finden Sie ab ▶ **SEITE 213**.

SIE HANDELN

1 Starten Sie die Software, im Beispiel ist dies die Software *Image Mate* für Dokumentenkameras von Elmo.

2 Sie können das projizierte Bild nach Belieben beschriften, bearbeiten und abspeichern – das Original bleibt unverändert. Alternativ sind auch Videoaufnahmen, z. B. von Experimenten, möglich.

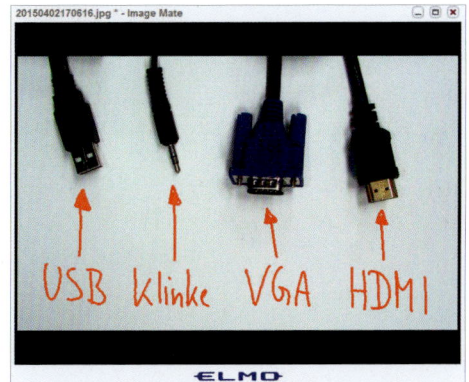

Weiterbearbeitung mit Elmo ImageMate

Anhang

4.1 Glossar

ANDROID

Android ist ein von Google entwickeltes Betriebssystem für mobile Endgeräte (Smartphones, Tablets). Der Marktanteil von Android-Geräten beträgt derzeit etwa 80 %. Es gibt verschiedene Android-Versionen, die alle nach Süßigkeiten benannt sind, z. B. Jelly Bean, KitKat, Lollipop.

Android ist – im Unterschied zu ▶ IOS und Windows – ein offenes Betriebssystem, das von allen Geräteherstellern verwendet werden darf. Demzufolge werden Android-Geräte von vielen Firmen (Samsung, HTC, Sony, LG u. a.) in jeder Preiskategorie angeboten.

ATMO

Atmo ist ein Begriff aus den Bereichen Audio und Video. Der Begriff ist von Atmosphäre abgeleitet. Die Atmo vermittelt einen akustischen Eindruck der Situation z. B. durch Raum- und Umweltgeräusche.

AUFLÖSUNG

Bei Monitoren und Displays bezeichnet die Auflösung die horizontale und vertikale Anzahl an Pixeln: Die Angabe 1920 x 1080 besagt, dass sich in jeder Reihe 1920 Pixel befinden und es senkrecht 1080 Pixelreihen gibt. Je größer die Auflösung ist, umso detaillierter und kontrastreicher können Schriften und Grafiken dargestellt werden.

Bei der Druckausgabe bezeichnet Auflösung die Anzahl an Punkten, die auf eine bestimmte Länge gedruckt wird. Die Druckauflösung wird meistens mit der Einheit dpi (dots per inch) angegeben, wobei ein Inch einer Länge von etwa 2,5 cm entspricht.

AVAILABLE LIGHT FOTOGRAFIE

Mit diesem Fachbegriff wird die Aufnahme vorhandenem verfügbarem Licht bezeichnet. Dies kann natürliches Licht aber auch künstliches Licht wie Raumbeleuchtung oder Straßenbeleuchtung sein. Auf spezielle Studiobeleuchtung wird verzichtet.

BLUETOOTH

Bluetooth ermöglicht die kabellose Verbindung von Laptops, Smartphones oder Tablets mit anderen bluetoothfähigen Geräten wie z. B. Maus, Tastatur,

Lautsprecher. Die Reichweite, also der maximale Abstand zwischen den Geräten, beträgt einige Meter.

BRENNWEITE

In der fotografischen Optik bezeichnet die Brennweite den Abstand zwischen der optischen Mitte eines Objektivs und seinem Brennpunkt. Die Brennweite charakterisiert ein Objektiv als Weitwinkel-, Normal- oder Teleobjektiv.

BYOD

Die Abkürzung steht für „bring your own device" und sagt aus, dass Schülerinnen und Schülern zur Nutzung digitaler Medien ein eigenes Gerät zur Verfügung stehen sollte. Hierdurch wird dezentrales Lernen, auch außerhalb des Lernorts Schule, möglich. Als Geräte kommen hierfür Smartphones und evtl. Tablets in Frage.

CMYK

CMYK sind die Grundfarben der subtraktiven Farbmischung Cyan, Magenta, Gelb (Y für Yellow) und zusätzlich noch Schwarz (K für Black). Sie sind die Grundfarben für den farbigen Druck.

CONCEPT-MAP

Eine Concept-Map, auf deutsch Wissenslandkarte, ist ein Begriffsnetz zur Visualisierung von Begriffen und deren Zusammenhänge.

DATENMENGE

Die Datenmenge bezeichnet die Größe einer Datei. Sie wird in Bit oder Byte (= 8 Bit) angegeben. Vielfaches eines Byte sind:

» Kilobyte (KB) = 1024 Byte
» Megabyte (MB) = 1024 KB
» Gigabyte (GB) = 1024 MB
» Terabyte (TB) = 1024 GB

DIGITALISAT

Dieser insbesondere im Rahmen der Rechtssprechung verwendete Begriff bezeichnet Medien, die in digitaler Form gespeichert sind, also Text-, Bild-, Sound- und Videodateien. Im Unterschied handelt es sich bei einem Video, das direkt in Youtube abgespielt wird, um kein Digitalisat, da hier keine Daten gespeichert werden.

EINSTELLUNG

Eine Einstellung ist die kleinste Einheit eines Films. Sie wird ohne Unterbrechung und Schnitt aufgenommen.

EINSTELLUNGSGRÖSSE

Die Einstellungsgröße im Film beschreibt die Größe, in der Motivelemente im Bild in Beziehung zueinander dargestellt werden. Ihre absolute Größe hängt immer vom jeweiligen Filmthema ab. So kann z. B. die Totale einen Blick über eine Landschaft, einen Raum oder in einem Lernvideo auch über eine Versuchsanordnung sein.

FARBTON

Der Farbton ist die Farbeigenschaft, die sich mit Farbwörtern wie Rot, Orange oder Gelb beschreiben lässt. Die Farbtöne sind im Farbkreis angeordnet.

FARBWERT

Mit dem Begriff Farbwert wird der Anteil einer Grundfarbe eines Pixels bezeichnet. Je höher der Farbwert, desto höher ist der Farbanteil. So bilden beipielsweise die RGB-Farbwerte Rot = 255, Grün = 255 und Blau = 0 zusammen die Farbe Gelb auf dem Display.

FLATRATE

Mit Flatrate werden Pauschaltarife bezeichnet: Im Bereich der Smartphone-Verträge gibt es sie beispielsweise für Telefonate, SMS und Internetnutzung. Bei der Internetnutzung wird allerdings nach Erreichen einer vorgegebenen Datenhöchstmenge mit deutlich reduzierter Geschwindigkeit übertragen, wodurch die weitere Internetnutzung quasi unmöglich wird.

FLIPPED CLASSROOM

Bei diesem Unterrichtskonzept finden die Instruktionsphasen außerhalb der Schule statt, v. a. in Form von Video-Tutorials. Die Idee dahinter ist, die Präsenzzeit in der Schule für Übungen, zur Beantwortung offener Fragen und zur Vertiefung nutzen zu können.

FOLIENMASTER

Als Folienmaster wird bei PowerPoint eine Folienvorlage bezeichnet, auf der das Grundlayout der Präsentation, die Schriften, Farben sowie die auf jeder

Folie befindlichen Elemente wie z. B. ein Logo platziert werden. Hierdurch wird gewährleistet, dass die Präsentation ein einheitliches Erscheinungsbild erhält.

GAMMA-WERT

Der Gamma-Wert bestimmt die mittlere Helligkeit eines Fotos.

GRADATION

Mit dem Begriff Gradation wird die Tonwertverteilung zwischen der hellsten Bildstelle (Licht) und der dunkelsten Bildstelle (Tiefe) bezeichnet.

HDMI

HDMI ist ein moderner Standard zur Bild- und Tonübertragung. Neuere Laptops und Beamer verfügen über einen HDMI-Ausgang bzw. -Eingang, zur Verbindung ist ein HDMI-Kabel erforderlich.

HIGH DYNAMIC RANGE, HDR

High Dynamic Range steht allgemein für hohen Dynamikumfang. HDR-Bilder geben große Helligkeitsunterschiede und damit auch einen hohen Kontrast im Motiv sehr detailliert wieder.

IN-APP-KAUF

Viele Apps sind in einer Basisversion kostenfrei, blenden jedoch Werbung ein und bieten nicht den vollen Funktionsumfang. Über eine Zuzahlung können die Werbung ausgeblendet und weitere Funktionen freigeschaltet werden.

IOS

iOS ist das Betriebssystem für mobile Endgeräte von Apple (iPhones, iPads). Der Marktanteil von iOS-Geräten beträgt etwa 15 % – der Löwenanteil an Smartphones und Tablets besitzt das Betriebssystem ▶ ANDROID.

iOS unterscheidet sich vom Betriebssystem Mac OS X, das mit Apple-Laptops ausgeliefert wird.

KEYVISUAL

Der aus der Werbung stammende Begriff bezeichnet Bilder, Farben oder auch ein Slogan, die zur Wiedererkennung einer Marke beitragen. In Präsentationen setzen Sie Keyvisuals ein, damit die präsentierten Inhalte besser im Gedächtnis haften bleiben.

KOMPLEMENTÄRFARBE

Komplementärfarbe ist ein Begriff aus der Farbenlehre. Komplementärfarben sind Farbenpaare, die in einer besonderen Beziehung zueinander stehen. Sie liegen sich im Farbkreis gegenüber und ergänzen sich in der Mischung zu Unbunt (Komplement: lat. Ergänzung).

LIGHTNING

Lightning ist eine Schnittstelle von Apple, die sich an allen neueren iPhones und iPads befindet. Um die Geräte mit einem Beamer verbinden zu können, benötigen Sie einen Adapter von Lightning auf VGA bzw. auf HDMI.

MEDIENBRUCH

Im Bereich der Didaktik bezeichnet der Begriff die Unterbrechung des Informationsflusses durch den Wechsel des Mediums. Beispielsweise könnte bei einer Präsentation am Tageslichtprojektor der Wechsel an den PC erforderlich sein, um ein Video zu zeigen. Danach werden Notizen an der Tafel gemacht.

Medienbrüche können didaktisch sinnvoll sein und zu einem abwechslungsreichen Unterricht beitragen. Häufig führen sie jedoch zu einer störenden Unterbrechung des Unterrichtsflusses.

Ein Vorteil von interaktiven Tafeln oder auch von Tablets besteht darin, dass sich hiermit Medienbrüche vermeiden lassen, weil sich die Geräte für sämtliche Unterrichtsphasen, z. B. zur Eröffnung, Erarbeitung, Präsentation, für Übungen usw, einsetzen lassen.

MICRO-HDMI

Verkleinerte ▶ HDMI-Schnittstelle, die u. a. an vielen Window-Tablets befindet.

MICRO-USB

Verkleinerte ▶ USB-Schnittstelle, die sich an vielen Android-Tablets befindet. Um die Geräte mit einem Beamer verbinden zu können, benötigen Sie einen MHL-Adapter von Micro-USB auf VGA bzw. auf HDMI.

MINI DISPLAYPORT

Der Mini DisplayPort befindet sich ausschließlich an Apple-Laptops (Mac Books). Um ein Display mit dem VGA- oder HDMI-Eingang eines Beamers verbinden zu können, benötigen Sie einen Adapter von MiniDisplayPort auf VGA bzw. HDMI.

MP3

Wichtigstes Dateiformat für Musik- oder Sprachdateien. Die Tonqualität bleibt (nahezu) erhalten, obwohl die Datenmenge im Vergleich zu ▶ **WAV** deutlich geringer ist.

OPEN SOURCE

Der Begriff kann wörtlich mit „quelloffen" übersetzt werden. Dies meint, dass der Programmcode – die Quelle – einer Software eingesehen und auch verändert werden kann. Weiterhin darf diese Software von jedermann genutzt und weitergegeben werden. Große Open-Source-Projekte sind z. B. Open Office oder das Betriebssystem Android.

PEGEL

Unter dem Pegel versteht man in der Audiotechnik die Höhe des aufzunehmenden bzw. aufgenommenen Signals. Um eine gute Aufnahmequalität zu erzielen, darf der Pegel weder zu niedrig (Aufnahme zu leise) noch zu hoch (Aufnahme rauscht) sein.

PIXEL

Pixel ist ein Kunstwort, zusammengesetzt aus den beiden englischen Wörtern *picture* und *element*. Ein Pixel beschreibt die kleinste Flächeneinheit eines digitalisierten Bildes.

PODCAST

Das Kunstwort setzt sich aus iPod, dem Musikplayer von Apple, und Broadcast (engl.: Rundfunk) zusammen. Es bezeichnet digitale Radio- oder Fernsehsendungen, die via Internet „abonniert" werden können.

RGB

RGB steht für die drei additiven Grundfarben Rot, Grün und Blau. Alle Farben in digitalen Medien werden aus diesen drei Grundfarben gebildet.

SCHÄRFENTIEFE

Die Schärfentiefe bezeichnet den Bereich der räumlichen Tiefe, in der eine Aufnahme ein Motiv scharf abbildet.

SERIFEN

Serifen sind Querstriche oder Rundungen am Ende eines Buchstabenstrichs. Eine bekannte Serifenschrift ist die Times (New Roman).

STREAMING

Als Streaming wird das Abspielen von Videos oder Sounds im Internet bezeichnet, ohne dass die Dateien zuvor heruntergeladen und gespeichert werden müssen. Das Laden der Daten erfolgt dabei während des Abspielens, so dass immer nur einige Sekunden im voraus vorhanden sind. Dies ist aus rechtlichen Gründen von Bedeutung, weil beim Streaming kein ▶ **DIGITALISAT** entsteht.

Streaming findet beispielsweise bei Youtube, Webradios oder -fernsehen Anwendung.

SZENE

Handlungseinheit eines Films aus mehreren Einstellungen.

TAKE

Mit Take werden die Versionen einer ▶ **EINSTELLUNG** bezeichnet.

TETHERING

Unter Tethering versteht man die Verbindung eines Smartphones mit einem Laptop über WLAN, USB oder Bluetooth, um dem Laptop den Internetzugang des Smartphones zur Verfügung zu stellen. Das Smartphone wird hierbei also als mobiler WLAN-Hotspot genutzt.

TONWERT

Mit dem Begriff Tonwert wird die Helligkeit eines Pixels bezeichnet. Je höher der Tonwert, desto heller das Pixel.

TRIMMEN

Trimmen bezeichnet in der Audio- und Videotechnik das Zuschneiden der Ton- oder Videoaufnahme auf die gewünschte Länge.

USABILITY

Usability kann mit Nutzbarkeit oder Bedienbarkeit, freier auch mit Benutzerfreundlichkeit übersetzt werden. Im Bereich der Software versteht man darunter, dass eine Bildschirmseite so gestaltet werden muss, dass sich der

Betrachter intuitiv darauf zurechtfindet. Ein Beispiel hierfür ist, dass sich alle sich wiederholenden Elemente einer Präsentation, z. B. Logo, Überschriften oder Textfelder, immer an derselben Stelle im Layout befinden müssen.

Usability ist eine zentrale Forderung an und ein Qualitätskriterium für (multi-)mediale Produkte.

USB

USB ist die Universalschnittstelle von Laptops und Desktop-Computern. Auch viele Smartphones und Tablets mit dem Betriebssystem Android haben eine (Micro-)USB-Schnittstelle. An die USB-Schnittstelle lassen sich sehr viele Peripheriegeräte wie Mäuse, Tastaturen, Drucker usw. anschließen.

VGA

VGA ist ein älterer Standard zur Bildübertragung. Zur Verbindung des VGA-Ausgangs eines Laptops mit dem VGA-Eingang eines Beamers wird ein VGA-Kabel benötigt.

WAV

Dateiformat für Musik- oder Sprachdateien, das die Aufnahme in hoher Qualität, aber dafür mit großer Datenmenge speichert. Zur Reduktion der Datenmenge werden die Dateien als ▶ **MP3** gespeichert.

WEISSABGLEICH

Ein Weißabgleich ist die Farbanpassung der Aufnahme an die Beleuchtung. Damit wird gewährleistet, dass die Aufnahme keinen Farbstich bekommt und Weiß neutral wiedergegeben wird.

4.2   Index

4.3   Quellenverzeichnis

10	Grafiken: Peter Bühler, Patrick Schlaich
11	Grafiken: Peter Bühler, Patrick Schlaich
13	Grafiken: Peter Bühler, Patrick Schlaich
17	Foto: Pascal Oertel, Miriam Schlaich
23	Grafik: Peter Bühler, Patrick Schlaich, http://www.app-entwicklung.info, (abgerufen am 21.03.2016)
24	Peter Bühler, Patrick Schlaich
34	Peter Bühler, Patrick Schlaich
36	Fotos: Peter Bühler, Patrick Schlaich
41	1a: Peter Bühler, Patrick Schlaich
	1b: Peter Bühler, Patrick Schlaich
	2a: Peter Bühler, Patrick Schlaich
	2b: Flickr, CC BY-NC-SA(abgerufen am 21.03.2016)
43	www.lmz-bw.de (abgerufen am 7.3.2015)
46	www.wikipedia.de (abgerufen am 7.3.2015)
48	Grafik: Peter Bühler, Patrick Schlaich
50	1: www.google.de (abgerufen am 17.3.2015) 2: www.pixelio.de (abgerufen am 17.3.2015)
51	www.youtube.de (abgerufen am 17.3.2015)
53	Foto: Pascal Oertel, Miriam Schlaich
54	1a: Peter Bühler, Patrick Schlaich
	1b: Peter Bühler, Patrick Schlaich
56	1a: Apple App Store, 1b: Google Play Store
64	Fotos: Peter Bühler, Patrick Schlaich
68	Foto: Peter Bühler, Patrick Schlaich
72	Grafik: Peter Bühler, Patrick Schlaich
76	Grafik: Peter Bühler, Patrick Schlaich
77	Grafik: Peter Bühler, Patrick Schlaich
78	Grafiken: Peter Bühler, Patrick Schlaich
80	Grafiken: Peter Bühler, Patrick Schlaich
81	Tabelle: Peter Bühler, Patrick Schlaich
82	Grafiken: Peter Bühler, Patrick Schlaich
83	Grafiken: Peter Bühler, Patrick Schlaich
87	Fotos: Peter Bühler, Patrick Schlaich
92	Fotos: Peter Bühler, Patrick Schlaich
93	Fotos: Peter Bühler, Patrick Schlaich
95	Fotos: Peter Bühler, Patrick Schlaich
98	Fotos: Peter Bühler, Patrick Schlaich
99	www.irfanview.de (abgerufen am 17.3.2015
104	Fotos: Peter Bühler, Patrick Schlaich
108	Peter Bühler, Patrick Schlaich
109	Grafik: Peter Bühler, Patrick Schlaich
115	www.diagrammerstellen.de (abgerufen am 17.3.2015)

118	JIM-Studie 2014: Tätigkeiten im Internet/am Computer - Schwerpunkt: sich informieren 2014
121	Fotos: Peter Bühler, Patrick Schlaich
123	Grafik: Peter Bühler, Patrick Schlaich
140	Grafik: Peter Bühler, Patrick Schlaich
160	Grafik: Talos, colorized by Jakov, https://de.wikipedia.org/wiki/Auge#/.media/File:Eye_scheme.svg, Bearbeitung: Patrick Schlaich
161	Foto Eichhörnchen: Pixabay.com, Neu-Ulm (abgerufen am 25.03.2016)
168	Peter Bühler, Patrick Schlaich
171	1a: Pixabay.com, Neu-Ulm
	1b: Pixabay.com, Neu-Ulm
	2a: Pixabay.com, Neu-Ulm
	2b: Pixabay.com, Neu-Ulm
	(abgerufen am 15.09.2015)
175	Foto Obst: Pixabay.com, Neu-Ulm (abgerufen am 07.10.2015)
183	Foto: Peter Bühler, Patrick Schlaich
190	Foto: Peter Bühler, Patrick Schlaich
195	Foto: Pascal Oertel, Miriam Schlaich
199	Grafik: Peter Bühler, Patrick Schlaich
205	Apple Deutschland, München (abgerufen am 25.05.2015)
206	Samsung Electronics GmbH, Schwalbach (abgerufen: 25.06.2015)
207	Samsung Electronics GmbH, Schwalbach (abgerufen am 02.10.2015)
208	Creative Europe, Dublin (abgerufen am 03.06.2015)
212	Grafik: Peter Bühler, Patrick Schlaich
215	Elmo Europe, Düsseldorf (abgerufen am 07.08.2015)
218	Peter Bühler, Patrick Schlaich
220	siehe 171
235	Peter Bühler, Patrick Schlaich
238	Mathias M., https://de.wikipedia.org/wiki/Ohr#/media/File:Anatomy_of_the_Human_Ear_de.svg (abgerufen am 10.08.2015)
241	Peter Bühler, Patrick Schlaich
243	Foto: Pascal Oertel, Miriam Schlaich